Headington, July 1986.

£3-50
DC

Actualités Françaises

Actualités Françaises

A Complete Course for Advanced Students

Part two

D O Nott

Assistant Master
Manchester Grammar School

J E Trickey

Head of Modern Languages
Stockport School

The English Universities Press

ISBN 0 340 15048 3

First printed 1971

The English Universities Press Ltd
St Paul's House Warwick Lane London EC4P 4AH

Printed and bound in Great Britain by
Fletcher & Son Ltd Norwich Norfolk

Preface

This is Part 2 of a course in advanced French language studies. Schools and colleges which have used Part 1 will find in Part 2 ample material from which to choose work for the year leading up to G.C.E. 'A' and 'S' level. Groups and individuals doing post-'A' level work such as preparation for Oxford and Cambridge entrance could concentrate on the units based on the longer or more difficult passages (these are marked with an asterisk in the list of Contents). The range of topics covered in Part 2 offers scope for work in French language and 'civilisation' for students in their first year at University, and in Colleges of Education and Technical Colleges.

Part 2 follows the same lines as Part 1: thirty-five units, each based on a passage of contemporary French, are grouped under eight main themes and illustrated by photographs, diagrams and simple statistical tables. Each passage is accompanied by a vocabulary of words and phrases to be learned, comprehension questions in French, ideas and subjects for discussion and essays, grammar notes illustrated by examples from the passages, and exercises. An index to the points of grammar covered is provided at the end of the book. Sections from many of the passages (marked ✳ in the text) are suitable for French–English translation; for English–French translation there are thirty-seven passages in English at the end of the book, for use in conjunction with the tape recording of the original French text (*see below*).

Tape recordings

As in Part 1, the material on tape can be used in the language laboratory or the classroom, and gives scope for useful work with the French assistant, who could, for example, record the comprehension questions and take part in discussion on the passages. The recordings consist of:

(1) A reading of eight of the passages printed in this book (marked ☻), giving practice in listening to material previously studied and providing further opportunities for oral work.

(2) Recordings of sixteen passages for listening comprehension. (A vocabulary, and comprehension and essay questions for each of these are provided at the end of this book.) These take the form of interviews or 'reportages' closely related in ideas and language to the passages in the course book. They are intended to give training in listening profitably to spoken French such

as one might hear on French radio or in the B.B.C. programmes for Sixth Forms. In addition, they provide useful material for certain of the essays in the main body of the book (marked ☻). As an alternative to the essay, the class could be asked to write a résumé of the passage, using the printed questions as a guide.

(3) The French text of thirty-seven passages from modern French authors, for retranslation; the English version of these is printed at the end of this book. The passages contain the sort of linguistic difficulties generally met with in 'A' and 'S' level prose composition. Their advantage over the traditional 'prose' approach is that they provide a definite point of arrival—a genuine passage of French—while at the same time focusing the student's attention on the different ways in which the two languages express a particular idea.

These retranslations can be used in several ways, but basically all involve the student listening to the French text, studying the English version, then writing down in French an accurate retranslation of the English version, using as much as he can of the vocabulary and constructions of the recording. Suggestions for using these retranslations are given in the booklet accompanying the tapes.

These three sets of recordings may be used for exercises of various types, apart from those already mentioned:

(a) Dictation. The retranslation passages may be found particularly suitable in this respect.

(b) Translation. The retranslation passages may be used in reverse, with the student writing down his own English version of the French passage, and then comparing it with the one offered at the end of this book.

(c) Transcription. Certain sections of the listening comprehension passages may be found useful for this exercise, enabling the student to study and retain ideas for the essay question.

Using the course

Like Part 1, Part 2 is designed to be used with flexibility: while the students can be expected to read most of the passages for themselves in the course of the year, available class time will be devoted to a number of units selected according to the interests of the students and the teacher's view of the points of grammar and essay topics the class needs to cover. For example, the passages in Chapter VII dealing with particular books and plays are intended for classes which have read, or can be encouraged to read, the work in question.

A suggested teaching sequence was given in the Preface to Part 1; broadly speaking, the same principles apply in using Part 2, though by the second year many different approaches will have suggested themselves, according to the needs and abilities of the class. Particular points to be noted are given below.

Vocabulary

The vocabulary given alongside the passages contains more uncommon words than in Part 1, but, used selectively, it is still intended to provide a basis for regular learning and testing.

Comprehension

It is advisable to insist on a close and careful reading of any passage to be discussed: students should as far as possible note down answers to the comprehension questions before the passage is discussed in class.

Grammar

Much of the grammar in Part 2 is a consolidation of points already dealt with in Part 1. Where appropriate, the corresponding language laboratory drills from Part 1 can be repeated. Grammar—both new material and revision—should still be tested regularly.

Further reading

The following list of works by twentieth-century authors supplements the one given in the Preface to Part 1. The emphasis should be on reading the book over as short a period of time as possible; the student can then be set to write in French a summary or a critical appraisal of the work.

Reading list

	(1) Novels
A. Camus	*La Peste*
	La Chute
	L'Exil et le Royaume
G. Cesbron	*Notre prison est un royaume*
	Les Saints vont en enfer
R. Gary	*Les Racines du ciel*
A. Gide	*La Porte étroite*
	Les Caves du Vatican

A. Malraux	*Les Conquérants*
	La Condition humaine
F. Mauriac	*Thérèse Desqueyroux*
A. Robbe-Grillet	*La Jalousie*
J.-P. Sartre	*La Nausée*
	Le Mur

	(2) Plays
J. Anouilh	*Antigone*
	Becket
S. Beckett	*En attendant Godot*
	Fin de partie
A. Camus	*Les Justes*
J. Giraudoux	*La Guerre de Troie n'aura pas lieu*
E. Ionesco	*La Cantatrice chauve*
	La Leçon
J.-P. Sartre	*Les Mouches*
	Huis clos
	Les Mains sales

	(3) Memoirs
S. de Beauvoir	*Mémoires d'une jeune fille rangée*
	La Force de l'âge
	La Force des choses
R. Gary	*La Promesse de l'aube*
C. de Gaulle	*Mémoires de guerre*

We wish to express our thanks to colleagues in schools for helping to test our material; to Mrs Elizabeth Nott for reading and typing the manuscript; to Mme Simone Wyn Griffith for her valuable help and suggestions, particularly in the listening comprehension tests and the retranslations; and to our editors, Messrs P. J. Downes and E. A. Griffith.

D. O. N.
J. E. T.

Acknowledgements

Thanks are due to the following for kind permission to reprint the extracts included in Units 1 to 35:

(Unit) 1 from 'Le Paris de l'an 2000', Gilles Martinet, © *Le Nouvel Observateur*, 24/6/65; 2 from 'La mort de Paris', André Fermigier, © *Le Nouvel Observateur*, 17/5/67 and 'Les espaces bleus des Halles', Pierre Faucheux, © *Le Nouvel Observateur*, 28/2/68; 3 from 'La folie de la résidence secondaire', Monique Gilbert, *L'Express*, 17/3/69; 4 from 'Decazeville' in *Les Cahiers Français* No. 113, September 1966, La Documentation Française; 5 from 'La mondovision donne sa vraie dimension à la TV', André Brincourt, *Le Figaro littéraire*, 16/9/68; 6 from 'Les Martiens nous auront', Michel Cournot, © *Le Nouvel Observateur*, 17/12/64; 7 from 'L'ère du transistor', Lucien Barnier, *Le Figaro littéraire*, 9/9/68; 8 from 'La concentration de la presse française', Pierre Albert, *Notes et études documentaires*, La Documentation Française, January 1969; 9 from 'La culture et l'information', P.-H. Simon, © 1968 *Le Monde* and Opera Mundi Paris; 10 from 'Y a-t-il un Marché commun', Paul Fabra, Éditions du Seuil, 1965; 11 from 'Le destin de la Grande-Bretagne est entre les mains des Six', *Le Figaro littéraire*, 8/4/68; 12 from 'Il est de l'intérêt de la France que la Grande-Bretagne signe le Traité de Rome', *Communauté Européenne* No. 137, December 1969; 13 from 'Les races humaines et la biologie moderne', Joseph Ruffié, © 1967 *Le Monde* and Opera Mundi Paris; 14 from 'La France, première "Terre d'Accueil" d'Europe', Marcelle Padovani, *L'Express*, 24/2/69; 15 from 'Les droits de l'homme et la pratique', © 1968 *Le Monde* and Opera Mundi Paris; 16 from 'Le sigle des damnés', Claude Moisy, © *Le Nouvel Observateur*, 31/1/68; 17 from 'Interview avec André Cayatte', Nicolas Chatelain, *Le Figaro*, 16/10/69; 18 from 'L'aide aux pays sous-développés', le général Béthouart, *Le Figaro*, 1964; 19 from 'Pour une autorité politique mondiale', Jacques de Bourbon-Busset, © 1964 *Le Monde* and Opera Mundi Paris; 20 from 'La démocratie sans le peuple', Maurice Duverger, Éditions du Seuil, 1967; 21 from 'Le gaullisme et la démocratie', © *Le Nouvel Observateur*, 8/12/65; 22 from 'Éloge de la politique', Roger Vailland, © *Le Nouvel Observateur*, 26/11/64; 23 from 'On votait dans mon village', Pierre Gaxotte, *Le Figaro*, 26/1/67; 24 from 'Grandeur et décadence du livre français', Robert Escarpit, © 1967 *Le Monde* and Opera Mundi Paris; 25 from 'Les Jeux sont faits', Henry Magnan, © 1947 *Le Monde* and Opera Mundi Paris; 26 from 'Quatre coups brefs à la porte du malheur', Guy Dumur, © *Le Nouvel Observateur*, 15/2/67; 27 from 'La vie moderne', Sylvain Regard, © *Le Nouvel Observateur*, 12/10/66; 28 from 'Beckett ou l'honneur de Dieu', B. Poirot-Delpech, © 1959 *Le Monde* and Opera Mundi Paris; 29 from 'En attendant Godot', Robert Kemp, © 1953 *Le Monde* and Opera Mundi Paris and 'En attendant Godot', B. Poirot-Delpech, © 1961 and 1970 *Le Monde* and Opera Mundi Paris; 30 from 'Le théâtre dramatique et son renouveau', P.-A. Touchard, *Les Cahiers Français* No. 132/133, January/February 1969, La Documentation Française; 31 from 'Les notables et l'esprit', Guy Dumur, © *Le Nouvel Observateur*, 13/1/69; 32 from 'Culture et civilisations', © 1968 *Le Monde* and Opera Mundi Paris; 33 from 'L'angoisse du progrès', Gérard Bonnot, *L'Express*, 3/2/69; 34 from 'L'humanité travaille à sa propre destruction,' Julian Huxley, published in *Le Figaro littéraire*, 14/6/68, copyright Atlantic Press; 35 from 'La société en procès', André Fontaine, © 1968 *Le Monde* and Opera Mundi Paris.

Thanks are also due for kind permission to reproduce the following items:

(p. 73) 'Armstrong' and (p. 79) 'Bidonville', Claude Nougaro, Agence Musicale Internationale; (p. 137) 'Il ne faut pas...' and 'Le discours sur la paix' and (p. 193) 'Le contrôleur' from *Paroles* by Jacques Prévert in *Le Point du Jour*, Livre de Poche No. 239, © Editions Gallimard.

Cartoons: (p. 30) 'Allocution du général de Gaulle à la Télévision' by Bosc, *Le Nouvel Observateur*, 1969; (p. 33) 'Imbécile passif regardant un imbécile actif' by Chaval, *Le Nouvel Observateur*; (p. 36) 'Achat d'un téléviseur' by Bosc, *Le Nouvel Observateur*, 1969; (p. 132), 'Le Meneur d'hommes' by Sempé, Idéréa; (p. 155) 'Monsieur Sisyphe' by Bosc, *Le Nouvel Observateur*, 1968; (p. 189) 'Le Jongleur' by Folon, *Le Nouvel Observateur*, No. 229.

Drawings: (p. 5) Institut d'Aménagement et d'Urbanisme de la Région Parisienne; (p. 12) Plans et dessins de Pierre Faucheux, all rights reserved.

Photographs: Afrique Photo (pp. 100 and 101, both Cliché: Naud); AGIP, Robert Cohen, Reportages Photographiques, Paris (p. 156); Camera Press Ltd. (p. 90—photo by Terry Fincher, p. 97—photo by Paul Almasy, p. 128—photo by Giancarlo Botti and p. 196 —photo by David Channer, all © Camera Press Ltd., London); Charbonnages de France (p. 24 left, photo: J. L. Craven; p. 24 right, photo: Son et Lumière); Dominic Photography (pp. 167, 168, 169); European Community Information Service (p. 61); French Embassy (pp. 9, 54 top, 59, 85, 152, 138—photo M. J. Diaz, 181); French Government Tourist Office (p. 10 bottom); Institut d'Aménagement et d'Urbanisme de la Région Parisienne (p. 10 top—photographe J. Bruchet); Keystone Press Agency Ltd. (pp. 14, 22, 38, 60, 83, 112, 121, 125, 126, 127, 163, 175, 191); London Express Photograph (pp. 43, 80); Musei Vaticani (p. 186 top left); National Gallery (p. 186 top right and bottom left); Paramount Pictures (UK) Limited (pp. 150, 151,

160, 161); Paul Almasy (pp. 139 and 140, © Paul Almasy, Paris); Photair Alain Perceval (pp. 1 and 79), both Vue aérienne—Alain Perceval—Paris); Roger–Viollet (p. 134, photo Harlingue–Viollet); Soho Gallery, London (p. 186 bottom right); The John Hillelson Agency Ltd. (p. 54 bottom—photo G. Peters; p. 195—© Cornell Capa—Magnum); Universal Photo, Paris (p. 103).

Apology is made for the failure to trace the source of the photographs on pp. 145 and 146.

Contents

*denotes longer or more difficult passages.

I
L'urbanisme et l'aménagement du territoire

Dans la grande banlieue parisienne.
Les vides sont peu à peu comblés.

1
Le Paris de l'an 2000

Depuis 1965, il existe un 'schéma directeur d'aménagement et d'urbanisme de la région de Paris' établi par les services du District de Paris afin de coordonner l'implantation des logements, la création d'emplois, l'implantation des équipements collectifs et des moyens de transport. Selon M. Maurice Doublet, préfet de la région parisienne, le schéma 'n'est pas une fin en soi et ne doit pas être un carcan, à la double condition, d'une part, que l'adaptation nécessaire n'entraîne aucune remise en cause de l'essentiel et, d'autre part, qu'elle n'engendre pas le changement perpétuel et la révision permanente...'

Principes de base du schéma

Le principe dont sont partis ceux qui ont collaboré à l'élaboration du schéma est assez simple. Toute ville établie au milieu d'une plaine a tendance à se développer 'en doigts de gant'. Les rivières d'abord, les routes ensuite, puis les chemins de fer, enfin les autoroutes créent des zones de développement autour desquelles progresse naturellement la ville. Entre eux se forment des vides, qui sont peu à peu comblés. De nouveaux doigts s'avancent alors vers la campagne, dessinant d'autres vides, puis les espaces laissés libres se colmatent à leur tour. Ainsi la ville devient-elle un monstre 'concentrique'. Pour les habitants de sa partie centrale, la campagne et la verdure s'éloignent chaque année davantage.

C'est pour éviter cette évolution que les experts ont proposé que le futur Paris soit construit selon deux grands axes Sud-Est et Nord-Ouest relativement étroits qui laisseront de part et d'autre de grandes zones libres pour les forêts, les parcs et les terrains de sport.

Les bois proches de Paris seront ainsi protégés et de larges ouvertures seront maintenues vers la campagne; une série de nouvelles autoroutes seront créées et un métro express régional, long de 260 km, reliera l'ancienne ville aux nouvelles cités.

Les transports

✳ C'est par voie de fer et dans le cadre de transports collectifs que se fera l'essentiel du trafic entre le centre de la ville et sa périphérie. Paris s'apparentera ainsi davantage à New York, où 20 % seulement des personnes employées dans le centre se rendent à leur travail en automobile, qu'à Los Angeles où cette proportion dépasse 75 %. On a calculé que si la totalité des banlieusards ayant affaire à Paris utilisaient des voitures, il faudrait construire une cinquantaine d'autoroutes à quinze voies dans chaque sens. Les parcs de stationnement nécessaires couvriraient alors l'équivalent d'une ceinture continue de 500 mètres de large autour de la ville actuelle.

L'agglomération parisienne est donc vouée aux transports en commun. Mais ceux-ci seront considérablement améliorés. Le métro roule actuellement à 25 km à l'heure de moyenne et les autobus à 12 km. Avec la mise en service d'un nouveau matériel roulant, l'éloignement des stations de métro et la création pour les automobiles de nouvelles voies express, on espère doubler cette vitesse et donc raccourcir de moitié les délais de transport. On envisage également, afin de limiter les déplacements, de créer auprès des nouveaux centres urbains non seulement des industries nouvelles, mais de grands

schéma (m) *directeur:* master plan
aménagement (m): development
urbanisme (m): town-planning
équipements (m pl.): buildings and services
collectif: public
carcan (m): straitjacket
entraîner: to involve

les logements: housing
engendrer: to produce

avoir tendance à: to tend to

combler: to fill in

colmater: to fill in
verdure (f): greenery

relier: to link

cadre (m): framework
périphérie (f): outskirts

banlieusard (m): suburban dweller

voie (f): lane, track
ceinture (f): belt

agglomération (f): conurbation

matériel (m) *roulant:* rolling stock

raccourcir: to shorten
déplacement (m): journey

2

centres administratifs et commerciaux utilisant du personnel 'tertiaire'. Mais on ne se fait pas trop d'illusions sur la portée de ces projets. Dans une ville comme Saint-Denis, où l'on trouve autant de places disponibles que d'habitants en âge de travailler, la moitié de la population a cherché un emploi hors de la ville. ✱

portée (f): effectiveness

Comment appliquer le schéma?

Pour imposer le 'schéma directeur' aux administrations publiques ou aux tiers, les hommes du District peuvent engager une série d'opérations: des incitations et des pressions, la promesse de certains avantages et la menace de certaines contraintes. C'est une planification souple ou, comme l'on dit, 'à la française'.

tiers (m): third party
engager: to initiate
souple: flexible

La première opération consiste à persuader les différents services de l'État d'adapter leurs plans aux prévisions du schéma.

prévision (f): forecast

Ainsi le ministère de l'Éducation nationale avait déjà envisagé d'installer plusieurs facultés en dehors de Paris, mais les endroits choisis ne coïncidaient pas avec ceux du schéma. On a négocié et finalement l'Université a accepté les emplacements que le District lui réservait.

emplacement (m): site

De son côté, le ministère des Travaux publics avait déjà étudié le tracé de plusieurs autoroutes. Le District a estimé que certaines de ces voies étaient trop rapprochées et qu'elles ne permettaient pas de dégager des zones vertes suffisamment étendues. On a, après examen de la situation, redressé vers le nord la future autoroute de l'Est et repoussé vers le sud la future autoroute de Melun.

tracé (m): line
estimer: to consider
dégager: to keep open
étendu: extensive
redresser: to realign

La deuxième opération s'adresse au secteur privé. Il s'agit de faire admettre par les promoteurs, par les grandes entreprises et par la masse des gens qui ont la possibilité de faire construire, de s'installer dans les zones prévues et non point ailleurs. Il s'agit aussi d'éviter que le prix des terrains atteigne des sommes astronomiques. Pour cela, le District peut demander à l'État de mettre en œuvre deux grandes armes: le refus de toute nouvelle dérogation aux interdictions de construire et l'extension des 'zones d'aménagement différé' (Z.A.D.).

admettre: to accept
entreprise (f): firm
prévu: specified

dérogation (f): exception

Les dérogations ont été à la fois une nécessité et une plaie de la construction dans la région parisienne. Si l'on s'en était tenu strictement à la loi, bon nombre de logements et notamment de grands ensembles n'auraient pu être construits. Le District souhaite donc que dans toutes les zones qui ne correspondent pas à son schéma, il soit désormais strictement interdit de construire en dehors du cadre de la législation en vigueur. Quant aux zones incluses dans le schéma—c'est-à-dire les futures villes—elles doivent être en principe protégées par les Z.A.D.

plaie (f): curse

notamment: in particular

Dans ces zones un propriétaire qui veut vendre son terrain doit d'abord s'adresser à l'administration qui peut donner son accord, ou exercer son droit de préemption, en acquérant le terrain soit au prix proposé par le propriétaire si elle l'estime juste, soit au prix que déterminera un magistrat choisi par elle. Pour l'instant, les Z.A.D. ne couvrent que de faibles secteurs. Mais le District prévoit qu'elles seront étendues à environ 400 km² sur les 1000 que doit représenter l'espace bâti du nouveau Paris de l'an 1990.

prévoir: to anticipate

Gilles Martinet, *Le Nouvel Observateur*

3

Notes

personnel tertiaire: personnel employé dans le commerce, les services, les banques, etc.

zones d'aménagement différé: la loi de 1962 créant les Z.A.D. a pour but de contrôler les transactions immobilières dans des zones dont l'aménagement n'est pas prévu dans l'immédiat

Verb Constructions

imposer qch. à qqn.: to impose sth. on s.o.
réserver qch. à qqn.: to reserve sth. for s.o.
s'en tenir à qch.: to keep, confine oneself, to sth.
s'apparenter à qch.: to be comparable to sth.
avoir tendance à faire qch.: to tend to do sth.
(À is usually found in expressions denoting aim, purpose, tendency.)

consister à faire qch.: to consist in doing sth.
envisager de faire qch.: to consider doing sth.
persuader qqn. de faire qch.: to persuade s.o. to do sth.

Further Vocabulary

ceux qui ont collaboré à l'élaboration du schéma: those who helped to draw up the plan
de larges ouvertures seront maintenues: extensive open spaces will be preserved
ayant affaire à Paris: needing to go to Paris

les délais de transport: travelling times
places disponibles: vacancies
elles ne couvrent que de faibles secteurs: they cover only a few areas

A Questions à préparer

1 A quoi servira le schéma directeur?
2 Pourquoi est-ce que les villes ont tendance à se développer 'en doigts de gant?'
3 Quels sont, pour les habitants anciens et nouveaux, les inconvénients de ce développement?
4 Comment les planificateurs du District ont-ils essayé d'empêcher que Paris se développe de cette façon?
5 Pourquoi actuellement à Paris et ailleurs tant de gens préfèrent-ils se rendre à leur travail en auto?
6 Comment espère-t-on encourager les Parisiens à adopter les transports en commun?
7 Comment peut-on essayer de limiter les déplacements nécessités par le travail? Pourquoi ces mesures ne rencontrent-elles pas toujours un succès?
8 Expliquez, d'après les exemples cités par l'auteur, l'expression 'planification souple'.
9 Expliquez ce que c'est qu'une 'dérogation' aux interdictions de construire. Pourquoi de telles dérogations ont-elles été une 'nécessité'?
10 Quelle sera l'utilité des 'zones d'aménagement différé'?

B Sujets de discussion

(1) Que répondriez-vous à quelqu'un qui vous dirait 'pourquoi ne pas laisser les villes se développer naturellement'?
(2) Essayez de dresser une liste de toutes les catégories de personnes (individus, associations, entreprises, services de l'État, etc.) dont les décisions influent sur le développement d'une ville.

C Sujets de rédaction à discuter

(1) Décrivez les grandes étapes du développement d'une grande ville que vous connaissez.
(2) Dressez un 'schéma' de l'expansion future d'une ville que vous connaissez:
　　(a) L'importance de la ville dans la région. Les raisons de son expansion actuelle et future. Justification de la planification.
　　(b) Les principes dont dépend votre schéma. Construction selon quels axes?
　　(c) La ville future: transports; industrie; logements; zones vertes.

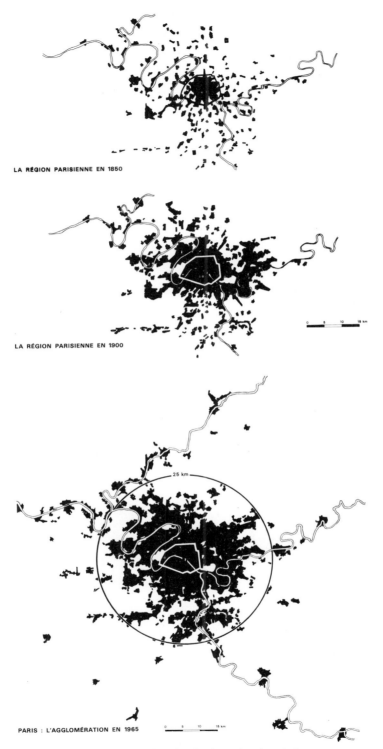

LA RÉGION PARISIENNE EN 1850

LA RÉGION PARISIENNE EN 1900

PARIS : L'AGGLOMÉRATION EN 1965

Paris: développement de l'agglomération depuis 1850.
*L'agglomération s'étend en doigts de gant le long des grands
axes.*

5

Grammar

Note: The sign—before an example indicates that it is taken from the reading passage.

1 The Subjunctive

—*le District souhaite donc qu'il soit désormais interdit...*
—*les experts du District ont proposé que le futur Paris soit construit...*
—*il s'agit aussi d'éviter que le prix des terrains atteigne des sommes astronomiques.*

The subjunctive is required after *que* depending on verbs and expressions of wishing, ordering and forbidding.

In this category are included such verbs as *aimer, vouloir, souhaiter, proposer, éviter, empêcher, défendre, interdire, ordonner,* and expressions with similar meanings:
Son ambition était que le schéma ne fût pas une fin en soi.

2 Measurements

(a) Dimensions

—*un métro régional long de 260 km...*
Length, breadth, height, depth, etc. may be expressed in the following ways:
(i) *Le métro régional sera long de 260 km.*
(ii) *Ce sera un métro régional de 260 km de long* (or *de longueur*).
(iii) *Le métro régional aura une longueur de 260 km.*
Ce sera un métro régional d'une longueur de 260 km.
In example (ii) *long* may be replaced by *longueur*. Similarly, *large* and *haut* may be replaced by *largeur* and *hauteur*. In the case of *épais* (thick) and *profond* (deep) the nouns *épaisseur* and *profondeur* must be used after *de*:
Le lac artificiel aura trois mètres de profondeur et sera entouré de murs de deux mètres d'épaisseur.

(b) Square measure

—*400 km² = quatre cents kilomètres carrés:*
400 square kilometres.
Le bassin aura dix mètres de largeur sur quinze mètres de longueur:
The pool will be ten metres wide **by** fifteen metres long.

(c) Expressions of quantity: increasing and decreasing

—*on espère doubler cette vitesse et donc raccourcir de moitié les délais de transport.*
The expression of quantity following *augmenter, diminuer, raccourcir* and other verbs and expressions denoting increase or decrease is preceded by *de*:
Le département augmentera de 50 000 habitants.

3 Nouns

Use of Abstract Nouns

An abstract noun is frequently used in French in cases where a verbal construction is used in English:
—*avec la mise en service d'un nouveau matériel roulant, l'éloignement des stations de métro, et la création de nouvelles voies express, on espère...:*
by **bringing into service** new rolling stock, **building** underground stations farther out and **constructing** new urban motorways, it is hoped to . . .

—*après examen de la situation:* **after studying** the situation.
—*refus de toute nouvelle dérogation aux interdictions de construire:*
a refusal to make any new exception to the **regulations forbidding building**...
Note examples of this construction from your reading. (see also 30.3)

4 Verbs

Passive and Pronominal Constructions

The passive in French is formed by (*a*) *être* + past participle; (*b*) the use of *on;* (*c*) a pronominal verb:

(*a*) —*bon nombre de logements n'auraient pu être construits:*
a large number of houses could not have been built.

(*b*) —*on a redressé vers le nord la future autoroute de l'est:*
the future Eastern motorway was realigned more to the North.

(*c*) —*les espaces laissés libres se colmatent à leur tour:*
the spaces left empty are filled in their turn.

Note (i) that with verbs like *demander* which have an indirect object of the person, *on* must be used:
On lui a demandé conseil:
He was asked for advice.

(ii) the use of a pronominal verb to translate an English intransitive verb:

—*toute ville a tendance à se développer...:*
every town tends **to develop...**

—*de nouveaux doigts s'avancent vers la campagne:*
new 'fingers' extend into the countryside.

—*un propriétaire doit s'adresser à l'administration:*
an owner must **apply** to the administration.

5 Collective Nouns

Agreement of Verb

—*bon nombre de logements n'auraient pu être construits*
—*si la totalité des banlieuesards utilisaient des voitures.*
Collective nouns when linked to a plural noun by *de* or *des* can be followed by either a plural or singular verb. The choice is often a subjective one, and depends on which noun is felt to be the real subject of the verb. Expressions such as *bon nombre, un grand nombre* often mean simply 'many' and are then followed by a

plural verb. *La plupart* is always followed by a plural verb. (see 15.4)

A collective noun in the singular, or linked to a singular noun, requires a singular verb, unlike English usage:

—*la moitié de la population a cherché un emploi:*
half the population have (or has) looked for a job.

6 Prepositions

à —*à la française:* in the French manner.

de —*d'une part...d'autre part:*
on the one hand . . . on the other; firstly . . . secondly.

—*de part et d'autre:*
on either side, on both sides.

—*de son côté:* for its part.

en —*législation en vigueur:*
existing laws; legislation now in force.

en is used in many phrases containing *mettre* (or the noun *mise*) + a noun:

—*aucune remise en cause de l'essentiel:*
no going back on . . .

—*la mise en service d'un nouveau matériel roulant:*
the introduction of . . .

—*mettre en œuvre deux grandes armes:*
bring into play, into force . . .

—*à mettre en rapport avec...:*
to be related to . . . (passage 4)

—*une impression de parfaite mise au point:*
an impression of complete efficiency. (passage 4)

selon —*construit selon deux grands axes:*
built along two main axes.

Compound preposition:

—*par voie de fer:* by rail.
par voie de mer: by sea.

Past participle + preposition (see 2.4):

—*toute ville établie au milieu d'une plaine:*
any town (which has grown up) in the middle of a plain.

—*l'agglomération parisienne est vouée aux transports en commun:*
. . . is destined to keep its public transport system.

Exercises

(1) The Subjunctive Translate:

1 The authorities wanted the public transport system to be improved. 2 It was suggested that green zones should be created. 3 The authorities were asked to prevent people building in this region. 4 The suggestion was made that people going to work in town centres should use public transport. 5 The order was given that this plan should be put into operation immediately.

(2) Measurements Translate:

1 It was hoped to increase the speed of the traffic by at least fifty per cent. 2 The wall was two kilometres in length, ten foot high and six foot thick. 3 The green zones each measured approximately three hundred and fifty square kilometres. 4 The artificial lake was eight foot deep at one end and three foot deep at the other.

(3) Nouns

Making additions or alterations where necessary, rewrite the following sentences so as to replace the verb constructions in italics by an appropriate abstract noun:

1 *En créant* des zones libres les autorités espèrent éviter *que la ville se développe* en 'doigts de gant'.
2 *Après avoir élargi* les routes et *multiplié les règlements interdisant le stationnement* les autorités espèrent améliorer les transports collectifs.
3 *Quand on aura transformé* les transports collectifs on réussira peut-être à décourager *l'automobiliste d'utiliser sa voiture* dans le centre des villes.
4 Le nombre de zones de verdure *sera augmenté*, et les habitants de la ville n'auront plus à craindre *que la campagne continue à s'éloigner*.
5 *Après que plusieurs schémas eurent été étudiés* les autorités décidèrent d'adopter celui de l'urbaniste italien.

(4) Passive and Pronominal Verbs Translate by the most appropriate form:

1 The land is already sold. 2 These houses are built in six weeks. 3 The enquiry is closed. 4 The enquiry was opened by the Minister. 5 The University was told to accept this plan. 6 The city had been promised that motorway.

---

transport collectif

1) Les autorités souhaitaient que le système de transport collectif soit amelioré

2) On a proposé que les zones vertes soient créés.

3) On a demandé à l'administration d'empêcher que l'on construise dans cette région

4) On a proposé que les gens ayant affaire au centre de villes utilisent des transport collectives.

5) On a ordonné que ce projet soit immédiatement mis en œuvre

2) Le mur était long de, haut de, épais de

4) D'un bout de l'autre

8

2
Le quartier des Halles

Les Halles de Paris: dernier marché aux fleurs.
'Tous les vrais Parisiens adorent ce quartier.'

Les nouvelles Halles à Rungis.

Paris: le nouvel ensemble Maine-Montparnasse.
On ne construit plus aujourd'hui que des tours...

Paris: rue Mouffetard.
...mais c'est de rues que nous avons besoin.

(1) Qu'est-ce que le quartier des Halles?

Le 6 janvier 1959, M. Michel Debré décide le transfert des Halles. Décision inévitable: les Halles étaient depuis longtemps dans un état de suffocation atroce et chaque soir le quartier paraît en état de siège. Ce n'est pas sans d'immenses regrets que nous verrons disparaître ce qui aura été un des plus beaux marchés du monde, miraculeusement épargné au centre de Paris.

épargner: to spare

Tous les vrais Parisiens adorent ce quartier: ceux qui l'habitent, ceux qui y viennent dîner, acheter leurs fleurs, ou leur cageot de tomates, écouter un accordéoniste, respirer les parfums d'autrefois, chercher pour leur pauvreté—hélas!—et leur solitude un peu de chaleur et de réconfort, ou tout simplement du travail.

cageot (m): crate

réconfort (m): consolation

✳ Le quartier des Halles est une sorte de cour des miracles, une grande réserve de liberté et d'anarchie parfois sordides, mais, par rapport à Saint-Germain-des-Prés et à Montmartre, aujourd'hui si artificiels et maquillés, le quartier le plus vrai de Paris, le plus riche humainement et le plus utile jusque 'dans ses verrues et dans ses taches', un des seuls où l'histoire ne se soit pas interrompue. Il serait bien regrettable que tout cela disparaisse et pourtant ce quartier est tout entier menacé de destruction...

réserve (f): preserve
maquiller: to make up

tache (f): stain

Paris n'est pas une passoire. Une ville n'est pas seulement faite pour qu'on la traverse mais pour qu'on y vive, par quartiers ayant chacun sa vie propre sur le plan économique, social et culturel. Des quartiers, oui. On ne construit plus aujourd'hui que des tours. Mais c'est de rues que nous avons besoin. On parle sans cesse d'animation culturelle, de lieux d'échanges, de plaisirs sociaux. Mais où voyez-vous la foule affluer chaque soir et chaque fin de semaine? A Saint-Germain-des-Prés, au quartier Latin, à Saint-Séverin, et beaucoup plus même aujourd'hui qu'aux Champs-Élysées ou sur les Grands Boulevards. Pourquoi? Parce que ce sont là précisément des quartiers de rues et de ruelles, de boutiques et de détours, de carrefours, de coudoiement et de jeu. Évidemment, ce n'est pas toujours très propre et je ne suis pas en mesure de garantir que l'animation culturelle et l'échange se situent nécessairement, à Saint-Germain-des-Prés en particulier, au niveau le plus majestueusement désincarné de l'idéalisme social. Mais tout de même c'est la ville, celle de Panurge et de Baudelaire, ce sont les espaces verts du loisir, de l'imagination urbaine et de la fête. ✳

passoire (f): thoroughfare

animation (f): activity
affluer: to throng

ruelle (f): alley
détour (m): side street
coudoiement (m): bustle

désincarné: elevated

fête (f): entertainment

André Fermigier, *Le Nouvel Observateur*

Notes

cour (f) des miracles: endroit de Paris où se réunissaient autrefois les voleurs et les mendiants.
Panurge: un des principaux personnages du *Pantagruel* de Rabelais.

En 1969, soit plus de dix ans après la décision de M. Debré, les Halles se sont transférées à Rungis. Les années passent, mais aucune décision n'a été prise jusqu'ici quant à l'aménagement du quartier des Halles. Cependant, les projets ne manquent pas...

aménagement (m): development

(2) Les espaces bleus des Halles

L'architecte Pierre Faucheux présente ici son schéma directeur de la 'Plateforme du XXᵉ siècle', projet d'urbanisme pour l'aménagement du quartier des Halles.

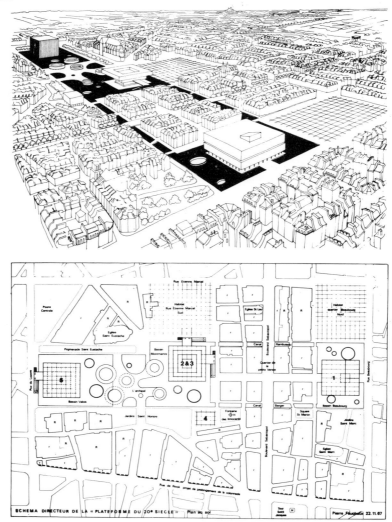

La plate-forme du XXᵉ siecle.

Vue d'ensemble est-ouest, de la rue Beaubourg vers la rue du Louvre, entre la rue Étienne-Marcel et la rue de Rivoli. De l'ensemble des îlots et bâtiments conservés et restaurés, se dégagent, sur un vaste plan d'eau, les bâtiments fondamentaux proposés dans le projet d'urbanisme.

Au premier plan, sur le plateau Beaubourg, le bâtiment consacré à l'information. La zone libre au nord du plateau pourra recevoir des constructions ou des plantations.

Au second plan, entre les canaux de la rue Rambuteau et de la rue Berger, le quartier, en partie restauré, en partie régénéré. La restauration et la rénovation de rues entières et d'îlots entiers permettent de régénérer l'ensemble des zones habitées, en respectant la hauteur moyenne actuelle

des immeubles au cœur du Paris historique.

Au troisième plan, deux bâtiments (2) et (3) consacrés aux arts du spectacle et aux arts plastiques, centre d'échanges artistiques qui manque à Paris.

Au quatrième plan, l'archipel, promenade ouverte et couverte où l'on trouve le marché aux fleurs, des bouquinistes, des boutiques pittoresques et luxueuses. Au-dessus, quelques appartements de prestige. De cette promenade les piétons découvriront, en vue plongeante, la vie des places souterraines.

À l'arrière-plan, en bordure de la rue du Louvre, le bâtiment de la Direction des Finances, en acier et en glace, se reflétant dans le plan d'eau qui l'entoure. Entre ce dernier et l'église Saint-Eustache s'étire une longue promenade plantée.

12

Ce que nous avons étudié, c'est un schéma d'urbanisme à l'échelle de Paris qui respecte la physionomie générale de la ville et la physionomie particulière du quartier des Halles. Notre souci était que ce quartier devienne à la fois vivant et divers. Nous lui avons attribué, pour vocation principale, les activités culturelles et créatrices ainsi que celles touchant à tous les domaines de l'information, tout en respectant des impératifs d'habitation, de commerce et d'activités administratives.

La caractéristique principale de notre proposition est la création d'une *ville basse* et d'une *ville haute*, ayant chacune leurs activités propres, nettement distinguées, ainsi que leur mode de circulation particulier.

La ville basse—souterraine—assure tous les systèmes circulatoires fondamentaux, parmi lesquels les accès au réseau express régional. La circulation des véhicules et la livraison des marchandises se font sous terre grâce à plusieurs voies nord-sud et est-ouest étagées, complétées par des parkings largement répartis. Les places souterraines de la ville basse, créées à 21 mètres de profondeur, reçoivent la lumière solaire sur près de deux hectares. Elles offrent des espaces publics de plusieurs hectares, sur lesquels s'ouvrent des salles de cinéma et de spectacle, des emplacements de commerce, des piscines, des terrains de sport, des restaurants, etc. La structure bâtie souterraine doit être conçue de manière à accueillir toutes les formes de l'activité qui seraient propres à donner à la ville basse son expression et son fonctionnement particuliers. Elle constitue les 'racines' des bâtiments fondamentaux de la ville haute.

La ville haute comporte des habitats de toutes catégories—commerces, hôtellerie, écoles—et des bâtiments réservés à la culture, à l'information et au tourisme. La ville haute est essentiellement réservée aux piétons. Elle ne présentera aucune rupture avec le caractère général des quartiers environnants. Des parcelles entières, des îlots entiers seront respectés. On peut sauver, conserver, rénover des rues entières ou, lorsque ce sera nécessaire, faire du neuf en conservant la disposition des immeubles et leurs volumes anciens. Des centaines de milliers de mètres carrés existent ainsi pour l'habitat et le commerce de surface.

Notre proposition présente encore une autre caractéristique fondamentale: un plan d'eau de liaison. L'unité et l'harmonie de l'ensemble seront, en effet, assurées à la fois par d'importants espaces verts et par un grand plan d'eau baignant le pied des cinq bâtiments principaux. Ce plan d'eau offrira aux piétons trois kilomètres de quai-promenade. Un marché aux fleurs, installé dans une sorte d'archipel habité animera le bassin principal. (Notons que le poids de l'eau contenue dans les bassins installés au-dessus de la ville souterraine est moindre que celui représenté par toute autre forme d'aménagement de cet espace.) On peut imaginer les fêtes de nuit et les fêtes de l'eau qui pourraient se dérouler au cœur même de Paris dans une zone de très grande fréquentation touristique.

Apparemment plus onéreux que les projets qui s'en tiendraient à la seule surface du sol, le nôtre est néanmoins d'une rentabilité supérieure, grâce à l'accroissement massif des surfaces de plancher réalisables.

L'essentiel pour nous était que notre étude n'impose pas une composition architecturale académique et fermée. Elle propose, au contraire, un 'tissu organique' qui serve de support à toutes les formes d'activité et à tous les modes d'expression des promoteurs et des architectes.

Une fois l'urbaniste en chef désigné, des équipes pourront être constituées autour de lui pour réaliser la rénovation du quartier en tenant compte aussi bien de son passé que des perspectives dessinées par le plan directeur de Paris.

échelle (f): scale
physionomie (f): character
souci (m): concern
attribuer: to assign
vocation (f): function

impératif (m): requirement

nettement: clearly

assurer: to provide
circulatoire: traffic (adj.)
réseau (m): system
étager: to place at different levels
répartir: to distribute

concevoir: to design

racine (f): root

comporter: to comprise
habitat (m): housing

parcelle (f): plot (of land)
îlot (m): block (of houses)
disposition (f): layout

plan (m): surface
liaison (f): link
important: large

archipel (m): string of islands
animer: to enliven
bassin (m): (ornamental) lake
se dérouler: to take place

onéreux: costly
rentabilité (f): profitability
réalisable: obtainable

tissu (m): fabric

réaliser: to carry out
dessiner: to outline

13

Une fois les bâtiments essentiels édifiés, toutes les formes de développement, qu'il est parfois difficile de définir à l'avance, se préciseront au fur et à mesure et au gré des besoins et des mœurs, en laissant aux administrations et aux collectivités le temps nécessaire à la réflexion. La diversité même des idées ici développées nous paraît la première garantie d'un développement vivant et organique des Halles.

préciser: to define clearly

collectivité (f): local community

Pierre Faucheux, *Le Nouvel Observateur*

Verb Constructions

toucher à qch.: to be connected with sth.
servir de...(no article): to act, serve, as a . . .

tenir compte de qch.: to take sth. into account
être en mesure de faire qch.: to be in a position to do sth.

Further Vocabulary

jusque dans ses verrues et dans ses taches: 'warts and all'
lieux d'échanges: meeting places
des parkings largement répartis: generous provision of parking space

elle ne présentera aucune rupture avec...: it will be in no way out of keeping with . . .
une zone de très grande fréquentation touristique: an area attracting large numbers of tourists

---

A Questions à préparer

(1) 1 Qu'est-ce qui a rendu nécessaire le transfert des Halles?

2 Pourquoi les Parisiens aimaient-ils fréquenter le quartier des Halles?

3 Comment vous imagineriez-vous un quartier 'artificiel et maquillé'? Pourquoi le quartier des Halles n'était-il pas ainsi?

4 Quelle est, selon l'auteur, l'importance des rues dans l'animation d'une ville? Partagez-vous son point de vue?

(2) 5 De façon générale, quelles sont les activités que l'architecte veut tenir séparées en concevant deux villes, l'une basse, l'autre haute?

6 Quels seront les avantages de cette séparation en ce qui concerne les quartiers environnants?

7 Résumez le rôle que les plans d'eau sont appelés à jouer dans le projet de M. Faucheux.

8 Le projet de M. Faucheux relève-t-il de l'architecture ou de l'urbanisme? Expliquez la différence.

9 Quels sont les buts essentiels du projet?

B Sujets de discussion

(1) Analysez les diverses fonctions assurées par une rue très fréquentée de votre ville ou quartier: commerce, circulation, promenade, distractions, tourisme, détente, animation. Est-ce qu'elle remplit toutes ces fonctions de manière satisfaisante? Essayez de dire, dans chaque cas, comment la rue ou le quartier y réussit.

(2) Comment, dans le cas que vous avez examiné, pourrait-on séparer ou répartir ces fonctions de façon plus satisfaisante? (Division en 'ville haute' et 'ville basse', détournement de la circulation, etc.)

C Sujets de rédaction à discuter

(1) **'Projet d'urbanisme pour l'aménagement du quartier de...'**

—A partir de principes analogues—ou contraires—à ceux dont s'est inspiré M. Faucheux pour les Halles, dessinez les grandes lignes d'un projet d'aménagement d'un quartier de votre ville ou d'une ville que vous connaissez.

—Il faudra tenir compte (*a*) de la vocation actuelle du quartier, (*b*) des fonctions que vous déplaceriez ailleurs et de celles que vous développeriez et (*c*) de l'évolution future des industries, services, distractions, etc. actuellement implantés dans le quartier.

(2) **La ville idéale de l'an 2000**

L'aménagement du quartier des Halles: maquette du projet de M. Jean Faugeron.

Grammar

1 Adjectives

(a) Agreement

—*une grande réserve de liberté et d'anarchie parfois **sordides***

The adjective refers to both nouns and therefore takes the **plural** form.

—*son expression et son fonctionnement **particuliers***

If the nouns are of different genders the adjective takes the **masculine plural** form.

(b) Position

Apart from a certain number of adjectives which have a more or less fixed position before or after the noun, the majority of adjectives may precede or follow the noun according to the following general principles:

(i) The adjective is placed after the noun when it distinguishes one object from another of its kind:

—*le bassin **principal***
—*l'agglomération **parisienne*** (passage 1)

(ii) The adjective is placed before the noun primarily to intensify the meaning of the noun; it can denote a quality peculiar to the noun, or it can have an affective value, expressing the speaker's feelings:

—*de **larges** ouvertures* (passage 1)
—*d'**interminables** avenues*

(iii) When there are two or more adjectives they may go in their normal position, or one may lose its distinguishing force, and be placed in front of the noun:

—*une composition **architecturale académique** et **fermée***
*un **véritable** centre **social**.*

The position of the adjective may also vary for reasons of emphasis or balance.

2 Present Participle

Agreement

—*nous lui avons attribué des activités culturelles ainsi que celles **touchant** à tous les domaines de...*(i.e. *qui touchent à*)
—*les autoroutes **créant** des zones de développement* (i.e. *qui créent*) (passage 1)

Used **verbally** (i.e. when it replaces a relative clause, as in the above examples), the present participle is **invariable.**

Compare the following examples:
*les quartiers **environnant** le centre de la ville.*
—*le caractère général des **quartiers environnants.***
—*un nouveau **matériel roulant:** new rolling stock* (passage 1)
*les voitures **roulant** sur les routes.*

Used as an **adjective,** i.e. to express a characteristic of the noun it qualifies, it **agrees.**

3 Conjunctions

To translate 'both ... and', various expressions are preferred to *et...et*:

—*créer **non seulement** des industries nouvelles **mais** (**aussi**) de grands centres administratifs:*
... not only ... but also ... (passage 1)
—*ayant chacune leurs activités propres **ainsi que** leur mode de circulation particulier:*
... as well as ...
—*assurées **à la fois** par d'importants espaces verts **et** par un grand plan d'eau:*
... both ... and ...

—*tenant compte **aussi bien** de son passé **que** des perspectives dessinées par le plan directeur:*
... as well as ...
—*la concurrence a pour objet **autant** l'élargissement de la clientèle **que** la satisfaction...:*
... as much ... as ... (passage 8)

4 Prepositions

de —*conçue de manière à accueillir...:*
planned so as to . . .

de is used in innumerable adjective phrases (see 3.3):
—*l'habitat et le commerce de surface:*
housing and shops at street level.
—*un plan d'eau de liaison:*
linked areas of water.
—*(les) surfaces de plancher:* floor space.
—*une zone de très grande fréquentation touristique:*
. . . very popular with tourists.

par —*par quartiers:* in distinct neighbourhoods.

sur —*sur le plan économique, social et culturel:*
economically, socially and culturally speaking.
—*les places reçoivent la lumière solaire sur près de deux hectares:*
. . . over an area of nearly five acres.

Compound prepositions (see 5.5).
—***par rapport à** Saint-Germain-des-Prés:*
compared to . . .
—*au fur et à mesure et **au gré des** besoins et des moeurs:*
gradually (progressively), according to people's needs and tastes.

Past participle + preposition

An adverb phrase can be linked to a particular noun by the use of a past participle, in order to make the situation more explicit. This usage can occur, for example, when the preposition denotes place ('in', 'from'), use ('for') or attribute ('with', 'without'):
—*les places souterraines, **créées** à 21 mètres de profondeur:* . . . 21 metres below ground level.
—*la ville haute est **réservée** aux piétons:*
the upper town is for pedestrians.
—*l'eau **contenue** dans les bassins **installés** au-dessus de la ville souterraine:*
the water in the pools above the underground town.

An adjective + preposition can be used in the same way:
—*le temps nécessaire à la réflexion:*
time for reflexion

Exercises

(1) **Adjectives**
Translate into English the following phrases and justify the position of the adjective, considering whether a change in its position would be possible and, if so, whether there would be any change of sense:
1 un état de suffocation atroce 2 leur mode de circulation particulier 3 la seule surface du sol
4 les vrais Parisiens 5 le quartier le plus vrai de Paris 6 un des plus beaux marchés de Paris 7 au niveau le plus majestueusement désincarné de l'idéalisme social 8 sans d'immenses regrets
9 d'importants espaces verts 10 une ville basse
11 sa vie propre 12 plusieurs voies nord-sud et est-ouest étagées 13 la structure bâtie souterraine 14 leurs volumes anciens 15 l'ancienne ville 16 de nouveaux centres urbains 17 des industries nouvelles

(2) **Adjectives and Participles** Translate:
1 The architect explained his plan with surprising precision and clarity. 2 The Parisians living in the district of les Halles loved it, not only for its ever-changing entertainments but also for its welcoming warmth. 3 Its entertainments varying from night to night, its cafés welcoming all without exception, made les Halles the most attractive district in Paris. 4 Without taking into account the town's special characteristics, the authorities have encouraged the rapid creation of vast and ugly development areas in the surrounding countryside.

(3) **The Subjunctive**
Translate the following sentences into English and explain why the subjunctive was used in each case:
1 Il serait bien regrettable que tout cela disparaisse. 2 Notre souci était que ce quartier devienne vivant. 3 L'essentiel pour nous était que notre étude n'impose pas une composition architecturale académique. 4 Une ville n'est pas seulement faite pour qu'on la traverse mais pour qu'on y vive. 5 Elle propose un 'tissu organique' qui serve de support à toutes les formes d'activité. 6 Un des seuls où l'histoire ne se soit pas interrompue.

3
La folie de la résidence secondaire

folie (f): craze

Samedi, la population du département de l'Eure augmentera de 50 000 personnes en quelques heures. Les envahisseurs viennent toujours de l'Est. Ceux-ci, de Paris, comme chaque week-end de printemps. Mais l'Eure n'est pas seule touchée, l'Ile-de-France non plus. La psychose de fuite hebdomadaire vers les quinze cent mille résidences secondaires—trois fois plus qu'il y a quinze ans—gagne l'ensemble du pays.

envahisseur (m): invader

toucher: to affect
fuite (f): escape
hebdomadaire: weekly

Près de trois millions de ménages goûtent aux charmes agrestes des fermettes, pavillons et villas nichés dans la verdure, que les statisticiens définissent sobrement: 'Appartement ou maison distincte de leur résidence principale, où ils peuvent aller à tout moment ou presque.' La définition, large, englobe les résidences achetées, louées ou prêtées, et la demeure principale des parents, souvent utilisée comme résidence secondaire.

goûter à: to taste, sample
agreste: rustic
pavillon (m): small house
nicher: to nestle

englober: to take in

Pour les psychologues, la ruée sur la fermette à restaurer s'identifie à la recherche du nid et de l'enfance perdue. Mais un psychiatre, le Dr Pierre Chanoit, va plus loin: 'Pour certaines espèces animales, la vie a deux pôles complémentaires. Un des lieux est consacré au frai, l'autre à la pâture.' La résidence urbaine, liée au travail, représente évidemment le pâturage, 'lieu où l'organisme s'enrichit au prix de difficultés, d'épreuves et de dangers'. Tandis que la résidence secondaire est la frayère, 'endroit longuement expérimenté par l'espèce, le lieu de sécurité où l'on est créé et où l'on se reproduit'.

ruée (f): rush
s'identifier à: to be identical with
nid (m): nest
frai (m): spawning
pâture (f): pasture
épreuve (f): trial
frayère (f): spawning ground
expérimenter: to test

La théorie, séduisante, n'explique pas l'ampleur exceptionnelle des migrations françaises. Pour une population quatre fois plus importante, les États-Unis possèdent sensiblement le même nombre de résidences secondaires que la France. Les Anglais, les Hollandais et les Allemands en comptent un bon tiers de moins. Les Espagnols et les Italiens viennent loin derrière.

séduisant: attractive
ampleur (f): extent

sensiblement: very much

Réponse des psychosociologues: 'Le Français est assis entre deux civilisations: la méditerranéenne, paresseuse et anarchique, et l'anglo-saxonne, active et bien organisée. Parce qu'il travaille plus, le Français a davantage besoin de détente que l'Espagnol ou l'Italien. Mais il ne sait pas, à la différence de l'Anglais ou de l'Américain, quitter chaque jour à 16 ou 17 heures son 'building pâturage' pour regagner, 10, 20 ou 40 km plus loin, sa maison frayère et y tondre son gazon.'

actif: hard-working
détente (f): relaxation

Il commence pourtant, semble-t-il, à le savoir. M. Pierre Guérin, président de la Confédération des professions immobilières, voit poindre une américanisation de la résidence campagnarde. 'La mutation, affirme-t-il, est en cours. Les Parisiens qui ont acheté voilà cinq ou six ans une résidence secondaire proche de Paris s'y rendent de plus en plus régulièrement. Souvent, la femme et les enfants d'âge non scolaire s'y fixent pour de longues périodes. En province, le mouvement est plus net encore.'

tondre: to mow
gazon (m): lawn
immobilier (adj.): real estate
poindre: to appear
mutation (f): change

se fixer: to settle
net: clear-cut

Tous les spécialistes de l'immobilier sont d'accord: la résidence secondaire sera l'appartement urbain, devenu pied-à-terre. Les autres, le plus grand nombre, chercheront plus loin une résidence de vacances.

Le citadin moyen, qui achète pour la restaurer—ou la transformer—une petite maison de campagne, s'y ennuie quand tout est fini. Ses enfants aussi. Au bout de quelques années, notent les marchands de biens, il revend et va plus loin.

citadin (m): town-dweller

biens (m pl.): property

Il veut trouver la mer, la montagne, des distractions. D'ailleurs, les spécialistes assurent qu'il n'y a 'plus rien d'intéressant à restaurer à moins de 150 km de Paris'. Dans le même temps, les autoroutes s'allongent et les distances ne se comptent plus en kilomètres mais en heures. Déjà, la moitié des résidences secondaires utilisées par les Parisiens sont éloignées de plus de 180 km de Paris.

La saturation, peu à peu, s'étend. Faute de restaurer, on construit. Chaque site du désert français est menacé par le bungalow aux volets mauves et par le pavillon crépi. Si le mouvement se poursuit au même rythme, avant dix ans, l'espace rural comportera plus de résidences secondaires que d'entreprises agricoles.

s'étendre: to spread

crépir: to rough-cast

Monique Gilbert, *L'Express*

Évolution du nombre de résidences secondaires en France

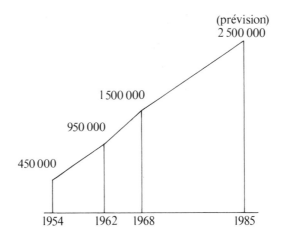

A Questions à préparer

1 Que cherchent ceux qui partent chaque week-end vers leur résidence secondaire?
2 Y aurait-il des raisons plus profondes à cette émigration?
3 Expliquez les termes 'pâturage' et 'frayère' par rapport aux lieux de résidence.
4 Comment la civilisation française se différencie-t-elle de la méditerranéenne d'une part, et de l'anglo-saxonne de l'autre?
5 Qu'est-ce que vous entendez par 'une américanisation de la résidence campagnarde'? Comment expliquez-vous que cette évolution se produise en France?
6 Comment imaginez-vous un week-end passé par un ménage français dans une résidence secondaire nouvellement achetée?
7 Quelle est l'influence de l'extension des autoroutes sur le phénomène des résidences secondaires?
8 L'accroissement du nombre de résidences ainsi aménagées comporte-t-il des désavantages? Lesquels?

B Sujet de discussion

Imaginez qu'un nouveau tronçon d'autoroute mette une région jusqu'alors isolée à la portée des Parisiens en recherche de résidences secondaires. Comment les conditions de vie des habitants de cette région seront-elles transformées (tranquillité, prix des maisons, possibilités commerciales, animation sociale ou culturelle, etc.)?

C Sujet de rédaction à discuter

La résidence secondaire: luxe ou nécessité?

Selon M. Louis Armand, de l'académie des Sciences morales et politiques, 'une ville réussie implique que l'homme de l'asphalte n'ait pas besoin de résidence secondaire et se sente aussi bien dans une ville que l'on se sentait bien à la campagne'.

Partagez-vous ce point de vue?

Grammar

1 The Article

—*un psychiatre, le docteur Pierre Chanoit:*
a psychiatrist, Doctor Pierre Chanoit
The definite article is used before titles preceding proper nouns, and also before proper nouns qualified by an adjective:
la tante Louise; le jeune Pierre
Revision points: The article is omitted:
(*a*) in apposition:
—*M. Guérin, président de la Confédération.*
—*Le pâturage, lieu où l'organisme s'enrichit.*
(*b*) after *en*, and *comme* (*en tant que*):
—*utilisée comme résidence secondaire.*
—*en province.*

(*c*) in titles and official descriptions:
—*appartement ou maison distincte de leur résidence principale.*
(*d*) in adjective phrases formed with *de:*
—*chaque week-end de printemps:* each Spring weekend.
But the article is required in adjective phrases formed with *à:*
—*le bungalow aux volets mauves.*
—*un marché aux fleurs.* (passage 2)

2 Measurements

(*a*) **Time**
(i) 'On' before dates and days of the week is not translated:
—*samedi:* on Saturday.
le samedi: on Saturdays.
—*le 6 janvier:*
on the 6th of January. (passage 2)
(ii) 'in'
—*en 1969:* in 1969. (passage 2)
—*en quelques heures:*
in (in the space of) a few hours.
—*au bout de (dans) quelques années il revend:*
after a few years (in a few years time) he sells again.
—*Dans le même temps:*
meanwhile (at the same time).
—*avant dix ans:*
within ten years (i.e. before ten years are up).
—*d'ici à cinq ans:*
five years from now (within five years). (passage 5)
—*d'ici à 1985:*
between now and 1985. (passage 4)
(iii) 'ago'
—*voilà 5 ou 6 ans:* 5 or 6 years ago.
—*il y a 15 ans:* 15 years ago.
(iv) 'for'
—*(ils) s'y fixent pour de longues périodes:*
they settle for long periods.
Pour denotes duration (for how long). It cannot refer to past time, and is used only with reference to the future, or to hypothetical cases as in this example.
Pendant is used in other cases:
Ils s'y fixèrent pendant une longue période.
(*b*) **Numbers**
—*trois millions de ménages*
—*une cinquantaine d'autoroutes:*
about fifty . . . (passage 1)

—*des centaines de milliers de mètres carrés:*
hundreds of thousands of . . . (passage 2)
Nouns of number must be followed by *de.* De is also required after verbs expressing an increase or decrease in size or quantity:
—*(elle) augmentera de 50 000 personnes.* (see 1.2)
—*éloignées de plus de 180 km de Paris.*
Plus de: more than (when followed by a number).
Relative quantity is often expressed by the adjective *important:*
—*quatre fois plus important:*
four times as big (as great).
moins important: smaller.
(*c*) **Fractions**
The definite article is used with fractions before a particularised noun:
—*la moitié des résidences:* (a) half of the houses.
—*entre le quart et le cinquième de la population:*
between a quarter and a fifth . . .
If the fraction is not particularised, the indefinite article may be used:
—*un bon tiers de moins:* a good third less.
(*d*) **Distance**
(i) —*à moins de 150 km de Paris:*
less than 150 km (away) from Paris.
(ii) —*créées à 21 mètres de profondeur:*
(constructed) 21 metres deep. (passage 2)
(iii) —*(elles) sont éloignées de plus de 18 km de Paris:*
they are over 180 km (away) from Paris.
(iv) —*pour regagner, 10, 20, ou 40 km plus loin, sa maison:*
to return to his home, 10, 20, or 40 km away.
Distance from a place is expressed by means of the prepositions *à* and *de* as in examples (i) and (ii):
Sa résidence se trouve à 40 km de Paris.
The verb *éloigner*, the adverb *loin* and prepositional phrase *loin de* may also be used to translate 'away from'.

3 Prepositions

à introduces many adjective phrases (*a*) forming a distinguishing mark:

> —*le bungalow aux volets mauves:*
> ... with purple shutters
>
> (*b*) denoting use or purpose:
>
> —*un marché aux fleurs:*
> a flower market. (passage 2)

de introduces many adjective phrases serving simply to put the noun into a particular category:

> —*chaque week-end de printemps:*
> every Spring week-end.
>
> —*une résidence de vacances:* a holiday home.
>
> —*la psychose de fuite hebdomadaire:*
> the obsession with getting away every week.
>
> —*les enfants d'âge non scolaire:*
> pre-school age children.

(Compare: —(*des*) *habitants en âge de travailler:*
... of working age. (passage 1))

de and *par* are used after *menacer*, to introduce (*a*) the threat itself, and (*b*) the instrument of the threat:

> —*ce quartier est menacé de destruction:*
> ... threatened with ... (passage 2)
>
> —*chaque site est menacé par le bungalow:*
> ... threatened by ...

près de and *proche de:* near (to)

> —*une résidence secondaire proche de Paris.*
> (adjectival)
> *sa maison* (*située*) *près de Paris.* (adverbial)

près de is also used with numbers:

> —*près de trois millions de ménages:*
> nearly three million ...

sur translates 'to', 'towards', etc. after verbs such as *foncer* (to charge), *se ruer* (to rush), *se précipiter* (to dash), and their derivatives:

> —*la ruée sur la fermette à restaurer.*

(Compare:

> —(*une*) *fuite hebdomadaire vers les quinze cent mille résidences secondaires:*
> (*a*) weekly escape to ...)

Compound prepositions:

> —*au prix de difficultés, d'épreuves et de dangers:* at the cost of ...
>
> —*à la différence de l'Anglais:*
> unlike the Englishman.

Exercises

(1) **Measurements** Translate:

1 On Monday we are going away to our country home in the mountains for three months. 2 Now that the motorway has been built I can be there in two hours! So you can think of me in three hours time, enjoying at last all the delights of the countryside! 3 In ten years time between a third and a half of the population will be living in towns. 4 In 1985 there will be more than two million country homes, at least a quarter of which will be two hundred kilometres from Paris. 5 Between now and 1985 hundreds of thousands of Frenchmen will have bought a holiday home, a large number of which will be restored country cottages.

(2) **The Article** Translate:

1 'Town flat wanted, in the rue St. Honoré, or near,' he read. 2 That farm had certain advantages as a country home. 3 Little Jules will be playing in the garden with Uncle Thomas, the president of the estate agency, and no doubt I will be mowing the lawn. 4 We look on our little red-roofed farm with its yellow shutters as a place of retreat. .

4
Decazeville

Le charbon

(1) Consommation réelle d'énergie primaire (en millions de tonnes de charbon ou équivalent)

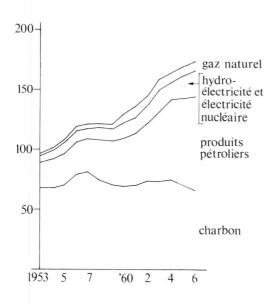

(2) Évolution de la consommation houillère

Utilisateurs	millions de tonnes	
	1957	*1963*
Électricité de France	12,0	8,5
Gaz de France	5,0	1,9
S.N.C.F.	5,0	2,3
Sidérurgie	17,0	16,8
Autres industries	15,5	13,4
Foyers domestiques	20,0	18,3
TOTAL	74,5	61,2

A la seule exception de l'É.D.F., ces diverses catégories de consommateurs ont toutes réduit leurs achats de charbon en 1967: le G.D.F., parce qu'il a de plus en plus recours au gaz naturel de Lacq ou d'ailleurs; la S.N.C.F., parce qu'elle électrifie ou diésélise toujours davantage ses réseaux; la sidérurgie, parce qu'elle ne cesse de réduire la quantité de coke nécessaire pour produire une tonne d'acier; les autres industries et les foyers domestiques parce qu'ils se convertissent de manière croissante aux hydrocarbures, notamment au gaz naturel et surtout au fuel.

pétrolier (adj.): petroleum
houiller (adj.): coal
sidérurgie (f): iron and steel industry
foyer (m): hearth, grate
réseau (m): system, network
acier (m): steel
hydrocarbure (m): hydrocarbon
fuel (m): fuel oil

(1) 1 Quelle est aujourd'hui en France la plus importante source d'énergie? Et il y a vingt ans?
2 La France consomme-t-elle aujourd'hui davantage ou moins de charbon qu'il y a vingt ans? Quelle sera la situation dans dix ou vingt ans?
3 Où la France trouve-t-elle (*a*) le charbon, (*b*) le pétrole dont elle a besoin? Si l'évolution actuelle de la consommation d'énergie se poursuivait, quelles en seraient les conséquences pour la balance des paiements de la France?

(2) 4 Quelle est l'importance des facteurs suivants dans la diminution de la consommation houillère: modernisation de l'industrie; découverte de nouvelles sources d'énergie; préférences nouvelles des utilisateurs?
5 Quels seront, dans vingt ans, les principaux utilisateurs du charbon?

Decazeville: mineurs en grève, décembre 1961.

Prononcer le nom de Decazeville, c'est aussitôt, comme par un mouvement instinctif, évoquer la crise charbonnière et le mouvement social qui ébranla la petite cité de décembre 1961 à février 1962. Plusieurs années se sont écoulées, la crise charbonnière n'est plus un phénomène local, elle marque une évolution dans l'utilisation des sources d'énergie, non seulement à l'échelon national, mais également dans divers autres pays occidentaux, voire même tout simplement industrialisés. Quant au processus de reconversion, combien de régions françaises n'ont-elles pas à l'affronter! Decazeville a été à l'origine d'une métamorphose ou, plus exactement, en a marqué les débuts.

A l'exception d'une mine à ciel ouvert toujours en exploitation, Decazeville a cessé d'être un lieu d'extraction du charbon. La fin du charbon ne saurait être seulement la fin d'un produit, mais également la disparition de tout un monde économique, humain, psychologique, sociologique. La reconversion des âmes passe par la reconversion économique et réciproquement. Hier, c'était le temps d'une mono-industrie à laquelle tout était rattaché. Aujourd'hui le pétrole, le gaz naturel, l'énergie d'origine nucléaire chassent le charbon: s'agirait-il seulement du remplacement d'une source d'énergie par d'autres? Non, car la question posée concerne le remodelage d'une région. Le charbon avait accrédité l'idée erronée d'un Decazeville, centre de grosse industrie. Même l'annonce récente de l'implantation d'une aciérie à oxygène, si on néglige son sens dans le programme d'ensemble, tend également à confirmer cette illusion de puissance.

charbonnier (adj.): coal-mining
ébranler: to shake
s'écouler: to elapse
échelon (m): level
voire même: and indeed
reconversion (f): conversion (of industry); retraining (of men)

accréditer: to sanction
aciérie (f): steel works
d'ensemble: overall

22

Comment enrayer l'exode démographique

Avec les communes voisines de Cransac, Aubin, Viviez et Firmy et les secteurs de campagne attenant, l'agglomération de Decazeville regroupe entre 40 et 50 000 habitants. Ce qui représente entre le quart et le cinquième de la population du département de l'Aveyron dont on doit noter l'extra-ordinaire reflux démographique de 413 000 habitants en 1881 à 290 000 en 1962; reflux qui correspond sans doute à un récent exode dû à la fin de l'exploitation du charbon, mais qui correspond surtout à un fort exode rural dans une région où les bras et les bouches sont en plus grand nombre que les terres démembrées au plus haut point.

Le vieillissement de la population est souligné par les proportions suivantes: 14,76% des habitants ont plus de 65 ans contre 11,5% pour la moyenne nationale.

Dans de telles conditions démographiques, si l'on entend maintenir d'ici à 1985 le chiffre de 290 000 âmes, il sera nécessaire de créer 15 000 emplois. Si l'on entend de plus fixer les jeunes afin d'enrayer leur exode, c'est 20 000 nouveaux emplois qui seront nécessaires, soit l'équivalent d'une création de 1 000 par an. Un tel objectif exige des transformations considérables.

commune (f): rural or urban district
attenant: adjoining
regrouper: to contain

exploitation (f): mining

démembrer: to divide up

entendre: to intend

Decazeville, le charbon en surface

✳ L'avenir de la région dépend en priorité de l'évolution de la ville même de Decazeville. La ville a été non seulement frappée par la cessation de l'exploitation du charbon dans les mines, mais encore par la fermeture d'une bonne dizaine d'usines (pour la plupart avant 1962). De ce fait, lorsqu'on analyse aujourd'hui l'ensemble des problèmes de Decazeville, il convient de distinguer ce qui demeure d'exploitation charbonnière, ce qui fonctionne comme entreprises déjà existantes et ce qui est prévu ou à prévoir.

La 'découverte' ainsi que son nom l'indique, est une mine au jour, la seule qui n'ait pas été fermée. La 'découverte' est rentable, on y extrait 200 000 tonnes par jour ouvrable, au prix de revient de 50F la tonne nette contre 70 à 80F ailleurs. Une mine au jour est beaucoup plus adaptable aux progrès qu'une exploitation en profondeur et permet l'emploi d'engins mécanisés puissants sans être gêné par le manque de place.

Autour de ce vaste entonnoir, creusé de lacets intérieurs, pistes qui con-duisent au lieu d'exploitation proprement dit, d'énormes camions chargés de charbon ou de terre circulent en un incessant va-et-vient, des pelles géantes les alimentent sans aucun temps mort. Les équipes humaines se relaient, les machines ne s'arrêtent pas. On veille à les utiliser à plein, à les entretenir avec un soin tel que l'investissement initial soit le plus rapidement amorti et renouvelé le plus tard possible. Cette vision, qui a un aspect grandiose, indique cependant quelque chose de dépassé ou qui va l'être. La mécanisation et la productivité laissent une impression de parfaite mise au point, mais on ne peut s'empêcher de penser que seule la forme de l'extraction est moderne et que l'extraction par elle-même appartient à un mode de faire-valoir la nature qui caractérisa les premiers âges de l'industrie mais ne correspond plus à ceux d'aujourd'hui. Decazeville a besoin d'autre chose: lorsque vous réfléchissez du fond de la 'découverte', c'est là que vous prenez le plus cons-cience de ce manque, de ce besoin complémentaire. ✳

rentable: profitable
jour (m) *ouvrable:* working day
prix (m) *de revient:* cost

gêner: to hinder
entonnoir (m): crater
creuser: to hollow out
lacet (m): winding road
piste (f): track
va-et-vient (m): coming and going
pelle (f): shovel
alimenter: to feed
équipe (f): gang of workmen
se relayer: to work in shifts
entretenir: to maintain
amortir: to recoup
faire valoir: to exploit

manque (m): deficiency

Une reconversion organisée dans le cadre de la métropole toulousaine

Deux usines d'envergure fonctionnent actuellement à Decazeville: les 'Usines Chimiques et Métallurgiques de Decazeville', 750 ouvriers, société

d'envergure: large-scale
métallurgique (adj.): metal, iron

23

mixte; et Vallourec, 550 ouvriers. La première conséquence de l'implantation d'une aciérie serait de garantir le maintien en activité de ces deux entreprises, permettant ainsi d'éviter de nouveaux problèmes sociaux dont Decazeville n'a certes nul besoin. On conçoit donc l'importance que cette décision revêt aux yeux des Pouvoirs publics.

concevoir: to imagine

Cette aciérie qui présente un intérêt de consolidation évident, doit s'inscrire dans une perspective plus générale de développement de la région.

Le développement de Decazeville passe par la recherche de sa vocation géographique, actuellement obstruée par le handicap des voies de communication. Mais cette vocation géographique est également à mettre en rapport avec l'influence d'une zone globale: que ce soit Toulouse ou tout autre axe, il est certain que Decazeville ne pourra que venir s'insérer comme complément d'un ensemble. Cette perspective implique indiscutablement l'implantation de petites et moyennes entreprises à production diversifiée, ce qui, au surplus, l'exemple aidant, permettrait d'assurer une reconversion convenable, non seulement pour le personnel minier mais également pour le grand nombre d'agriculteurs contraints de quitter la terre.

insérer: to insert
indiscutablement: definitely
au surplus: moreover
convenable: appropriate
minier (adj.): mining
agriculteur (m): farmer

Les dimensions, les accidents géographiques de la région commandent à plus petite échelle une telle vocation: lorsque Citroën envisage d'implanter une usine, il lui est impossible de disposer d'une plate-forme de 17 hectares (obstacle de la topographie constituée d'une multitude de petites vallées plus ou moins encaissées). Par contre la moyenne entreprise trouve là une configuration satisfaisante.

accident (m): feature
commander: to dictate
plate-forme (f): level stretch
  of ground
encaisser: to box in
configuration (f): landform

Decazeville: la 'découverte'.
Ce vaste entonnoir...

Decazeville: la 'découverte'.
...creusé de lacets intérieurs.

Ainsi, Decazeville compte plusieurs fabriques de cette dimension dont les résultats sont concluants: une entreprise de construction de charpentes métalliques (100 ouvriers), une manufacture de vêtements (200 ouvriers), une fabrique de meubles (140 emplois).

fabrique (f): factory
concluant: conclusive
charpente (f): framework

L'axe Brive-Méditerranée

L'enclavement de la région est un handicap essentiel. Rien de décisif ne pourra être accompli tant que cet obstacle n'aura pas été levé. Les routes perpétuellement sinueuses ont des caractéristiques incompatibles avec les critères d'une circulation moderne. Le chemin de fer est logé à la même enseigne: pour le tronçon Brive-Rodez, la vitesse commerciale est de 36 km/h. Les conséquences négatives de cet enclavement sont multiples et on les rencontre à tout propos: les débouchés industriels importants sont le plus fréquemment situés au nord de la Loire, la majorité des sièges sociaux des entreprises se localisent à Paris ou dans l'est de la France.

enclavement (m): isolation

tronçon (m): section

débouché (m): market
siège (m) *social:* head office

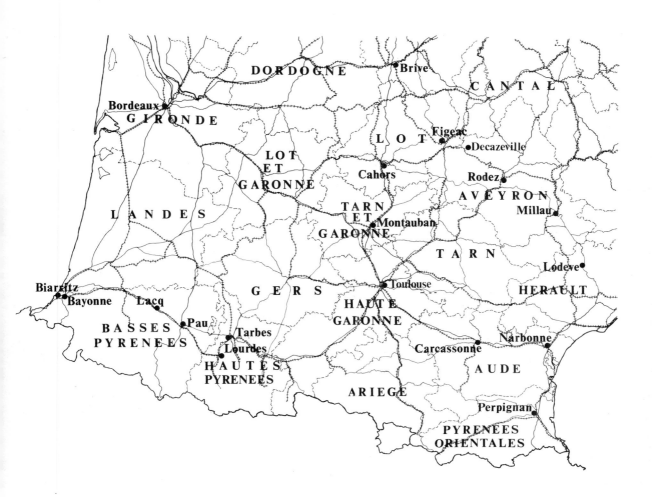

La France du Sud-ouest.

Dans ces conditions, on s'explique l'intérêt accordé au projet d'axe 'Brive-Méditerranée' qui vient d'être retenu par le Vᵉ plan. D'une longueur de 270 km, cet itinéraire raccorderait les nationales 9 et 20 par un tronçon qui existe déjà et qui relie de manière très insuffisante Cressensac (à 18 km au sud de Brive) à Figeac, Decazeville, Rodez, Sévérac-le-Château, Millau, Lodève. En faisant sauter toute une série de verrous dus au relief, on dégagerait une route qui serait à la fois touristique et économique, à moins de 600 m d'altitude, praticable en toute saison.

retenir: to adopt
raccorder: to link
relier: to connect

faire sauter: to break open
verrou (m): bolt
dégager: to clear
praticable: useable

Les prochaines années seront certainement décisives quant au succès de la reconversion de Decazeville. L'implantation d'une aciérie ouvre la période des règlements et nous avons noté que cet avenir passait par la diversification et la nuance dans la recherche d'une vocation régionale. Si nous devions tirer une conclusion de l'analyse qui précède, nous avouerions les précautions dont il faut se munir lorsqu'il s'agit d'appréhender la notion de déclin régional. Car là tout est relatif et l'ingéniosité des hommes déterminante. Rien ne permet d'affirmer que Decazeville n'en tirera pas bénéfice.

règlement (m): settlement
nuance (f): gradual change
avouer: to admit
appréhender: to understand

La Documentation Française, *Les Cahiers Français*

Note

Société mixte: entreprise dont le capital est fourni en partie par l'État et en partie par les investissements privés.

Verb Constructions

extraire qch. à qch.: to extract sth. from sth.
correspondre à qch.: to correspond to, with sth.
s'identifier à qch.: to be identified with sth. (passage 3)
dépendre de qch.: to depend on sth.
se munir de qch.: to provide oneself with sth.
tirer bénéfice de qch.: to profit, benefit from sth.

veiller à faire qch.: to be careful to do sth.
être contraint de faire qch: to be forced to do sth.
s'empêcher de faire qch.: to help doing sth.
(*on ne peut s'empêcher de penser:*
one cannot help thinking)
il convient de faire qch.: it is advisable to do sth.

Further Vocabulary

le reflux démographique: the fall in population
enrayer leur exode: to stop them leaving
le lieu d'exploitation proprement dit: the coal face itself
l'importance que cette décision revêt:
how important this decision is
qui présente un intérêt de consolidation évident:
which is clearly important in strengthening the position
of the region

il passe par la recherche de sa vocation géographique:
it depends on making the most of its geographical situation
venir s'insérer: to take its place
logé à la même enseigne: in a similar position

A Questions à préparer

1 Que signifie l'expression 'crise charbonnière'? Pourquoi cette crise existe-t-elle?

2 Expliquez l'expression 'la reconversion des âmes'; qu'est-ce qui rend nécessaire une telle reconversion?

3 Qu'est-ce qui caractérise l'évolution de la population du département de l'Aveyron depuis un siècle? Mentionnez deux facteurs qui ont été déterminants dans cette évolution.

4 Pourquoi les jeunes quittent-ils la région?

5 Quels sont les avantages d'une mine 'à ciel ouvert' par rapport à une mine souterraine?

6 Décrivez les effets produits sur le terrain par une mine découverte.

7 Quelle contradiction l'auteur remarque-t-il lorsqu'il réfléchit au fond de la 'découverte'?

8 A quoi servirait l'implantation d'une aciérie dans la région?

9 Montrez l'influence de la situation géographique de Decazeville sur son développement futur.

10 Comment l'auteur envisage-t-il le développement futur de Decazeville?

11 Résumez le handicap présenté par les voies de communication de la région; comment est-il proposé de le surmonter?

12 Quelle est, selon l'auteur, l'originalité du 'cas' de Decazeville, et pourquoi refuse-t-il d'en tirer des conclusions pessimistes?

B Sujet de rédaction à discuter

Pourquoi sauver de la mort des villes et des régions telles que Decazeville et ses environs?

Pour: —permettre à la population de vivre et de travailler dans la même région que les générations précédentes.

—offrir des emplois industriels sur place à ceux qui devront quitter la terre.

—ralentir la croissance démesurée des grands centres d'industrie existants.

—permettre le développement et la diversification des activités de la région.

—utiliser au maximum toutes les régions habitables d'un pays: le 'désert' ne profite à personne.

Contre: —inutile et coûteux de vouloir prolonger la vie et l'activité d'une région après la disparition de sa raison d'être (les mines de charbon par exemple).

—impossible de persuader suffisamment d'entreprises de venir s'implanter dans la région.

—absurde de créer de nouvelles industries loin de leurs sources de matériel et d'énergie, et des masses de population qui constitueront un marché pour leurs produits.

C Sujet de rédaction à discuter

Écrivez un article sur une ville ou une région que vous connaissez et qui présente des problèmes analogues à ceux de Decazeville; résumez la situation actuelle et proposez des mesures d'aménagement et de développement.

Grammar

1 Personal Pronouns

(a) Used to replace the possessive adjective:
— *Decazeville en a marqué les débuts:*
Decazeville marked its beginnings.

En may translate the possessive adjective when the possessor is inanimate. (for further examples see 20.5)

(b) As a verb complement:
— *la 'découverte' ainsi que son nom l'indique:*
. . . as its name suggests.

— *cette vision indique quelque chose de dépassé, ou qui va l'être bientôt:*
. . . something out-dated, or which will soon be **so.**

— *on y extrait 200 000 tonnes:*
. . . are extracted **from it.**

— *Decazeville n'en tirera pas bénéfice:*
. . . will not profit **from it.**

The pronoun used depends on the verb's construction. It is required to replace a noun, pronoun, or clause (expressed or understood) depending on the verb.

Note

(i) The verb *extraire*, like other verbs of 'taking from' (*arracher, prendre, emprunter, acheter, cacher,* etc.), is followed by à.

(ii) With verbs such as *croire, juger,* followed by an adjective and a clause depending on *que* or *de,* no pronoun is inserted in French, unlike English usage:

C'est une erreur que l'auteur crut nécessaire de signaler:
. . . thought **it** necessary to point out.

Il jugea prudent de ne pas révéler ses projets:
He thought **it** wise . . .

2 Tenses

(a) Sequence of tenses in time clauses

—*rien ne pourra être accompli **tant que** cet obstacle n'aura pas été levé:*

nothing can be done until (so long as) this obstacle has been (has not been) removed.

Tant que introduces a time clause, and like *lorsque, quand, dès que, aussitôt que,* etc., the verb following it must be in sequence with the main verb.

Note the possible translations of *tant que.*

(b) The Conditional

(i) —*cet itinéraire **raccorderait** les nationales 9 et 20:*

(according to the plan) this route **will link** . . .

The conditional is used frequently for reporting unconfirmed statements, and especially so in newspaper writing. In using it the writer implies that the statement is not his own.

(ii) —*on dégagerait une route qui serait à la fois touristique et...:*

a road would be opened up which is likely to be both . . .

After a conditional main clause the conditional tense is required in a following adjectival clause expressing a hypothetical or imaginary situation.

Compare this with the use of the **subjunctive:**

—*elle propose un 'tissu organique' qui serve de support.* (passage 3)

When the main verb is in any tense other than the conditional or conditional perfect the subjunctive is required in adjectival clauses of this type. (see also 19.4, 27.4, 30.2)

(iii) —*la fin du charbon ne **saurait** être seulement la fin d'un produit:*

the end of coal mining **won't** (cannot) simply be the end of a product.

The conditional of *savoir* is often used idiomatically to soften the effect of a statement, in which case it has the meaning 'cannot', 'must not' or 'will not', according to the sense. (*Pas* is frequently omitted, as in this example.)

3 Past Participle   Used to replace clauses

A relative clause is often omitted in French:

—*les terres démembrées au plus haut point* (i.e. *qui ont été...*)

—*sa vocation géographique actuellement obstruée par le handicap* (i.e. *qui est...*)

—*la résidence secondaire sera l'appartement urbain, devenu pied-à-terre* (i.e. *qui sera...*) (passage 3)

Note Sometimes a clause is preferred in French when a participle may be used in English:

—*l'analyse qui précède:* the preceding analysis.

Examples of these differences between English and French usage should be noted and imitated.

4 Partitive *de*

—*quelque chose de dépassé:* something out-dated.

—*rien de décisif:* nothing decisive.

—*ce qui demeure d'exploitation charbonnière:* what mining remains.

Son cas a ceci de particulier que...:
Its case has this peculiarity that . . .

Que pourrait-on faire de décisif?:
What decisive measures could be taken?

5 Indefinite Adjective   such: *ce*

—*cette perspective implique:* such a view implies.

—*dans ces conditions:* in such conditions.

The demonstrative adjective *ce,* may be used to translate 'such', instead of the more emphatic *tel.*

—*dans de telles conditions.*

—*une telle vocation.*

6 Prepositions

à — *à l'échelon national:* nationally, on a national scale.

— *à plus petite échelle:* on a smaller scale.

— *au plus haut point:*
highly, to the fullest extent.

— *à tout propos:* at every turn, in every field.

à introduces adjective phrases which form a distinguishing mark (see 3.3):

— *une mine au jour, à ciel ouvert:*
an open-cast mine.

— *une aciérie à oxygène:*
a steel-works using oxygen.

— *entreprises à production diversifiée:*
firms with diversified production.

de — *la vitesse commerciale est de 36 km/h:*
the usual, average speed is 36 km/h.

de corresponds to 'with' in descriptive phrases introduced by a past participle:

— *ce vaste entonnoir, creusé de lacets:*
. . . scored with winding roads.

— *camions chargés de charbon:*
lorries loaded with coal.

de in adjective phrases (see 3.3):

— *l'énergie d'origine nucléaire:*
nuclear energy.

— *le programme d'ensemble:* the overall plan.

— *deux usines d'envergure:*
two large factories.

en — *en priorité:* primarily, principally.

— *une exploitation en profondeur:*
underground working.

en + **noun** forms many phrases corresponding to participle constructions in English:

— *toujours en exploitation:* still being worked.

— *le maintien en activité de ces deux entreprises:* the continued working of . . .

contre — *50F la tonne contre 70 à 80F ailleurs:*
. . . compared with . . .

dès — *dès lors:* consequently.

quant à — *décisives quant au succès de...:*
decisive, crucial for the success of . . .

Compound preposition

— *à mettre **en rapport avec** l'influence:*
to be related, linked to . . .

Preposition + **noun** instead of a verb construction (see also 1.3 and 25.1)

— *Decazeville a été à l'origine d'une métamorphose:*
Decazeville began (inaugurated) a process of change.

— *un lieu d'extraction du charbon:*
a place where coal is mined.

— *l'idée erronée d'un Decazeville, centre de grosse industrie:*
the mistaken idea that Decazeville was a centre for heavy industry.

— *l'annonce récente de l'implantation d'une aciérie:*
the recent announcement that a steelworks was to be built.

— *les bras et les bouches sont en plus grand nombre que les terres:*
there are more producers and consumers than (there is) land.

Exercises

(1) **Pronouns** Translate:

1 We visited Decazeville and studied its open-cast mine. 2 We arrived at last at the mine. As we went up to it we saw huge trucks filled with coal and earth continuously coming and going. 3 As was expected, Citroën found it impossible to set up a factory in the area. 4 Without seeming to be so the terrain was the main obstacle to this. 5 The authorities having decided to improve the roads, a number of firms took advantage of this to set up factories there.

(2) **Tenses** Translate:

1 One would consider it a region which has few problems. 2 According to the newspapers Decazeville has stopped being a coal-mining centre. 3 The future development of Decazeville cannot easily be foreseen. 4 As long as this problem remains nothing will be done. 5 This steelworks is said to have an output twice as large as Decazeville's.

II
Les moyens de communication de masse

L'ALLOCUTION DU GÉNÉRAL DE GAULLE A LA TÉLÉVISION, VUE PAR BOSC

5
La mondovision

Demain, grâce aux satellites de télécommunication, les téléspectateurs seront libérés de tout contrôle et de toute censure.

Plus la télévision est entrée dans nos habitudes de vie, moins elle représente à nos yeux ce qui, fondamentalement, la caractérise. N'y a-t-il pas cependant quelque danger à méconnaître la vraie nature d'un instrument qui occupe le centre de nos foyers?

A la question: 'Qu'est-ce que la télévision?', quelle réponse devons-nous attendre?

Un cinéma à domicile, dit mon voisin. Le gouvernement dans la salle à manger de chaque Français, avait, pour sa part, précisé un ministre de l'information.

Voilà, en effet, situés les deux pôles de l'opinion. Mais peut-être convient-il d'envisager le problème à un tout autre niveau: celui de l'évolution des sociétés en fonction des moyens qu'elles se donnent pour communiquer entre elles.

Reprenons la question: 'Qu'est-ce que la télévision?' Il est déjà plus juste de répondre: 'Un moyen d'aller chercher les images le plus loin possible, l'instrument d'une conquête sur l'espace et le temps, la possibilité pour l'homme de disposer d'un système nerveux capable de lui rendre sensible l'univers entier.'

La seule différence entre cette réponse et la précédente, c'est que l'une semble appartenir à une sorte de domaine idéaliste et l'autre à une réalité quotidienne. Là est justement l'illusion. En fait, nous ne voyons la télévision qu'à un certain stade de son évolution: les réseaux nationaux ont, jusqu'à présent, répondu aux besoins de l'auditoire dans les limites mêmes des possibilités techniques. Mais nous sommes justement à la veille d'une révolution.

Les progrès de la technique

Nous voulons dire par là que bientôt la technique aura, d'une manière ou d'une autre, résolu ses problèmes et, en donnant à la télévision sa vraie dimension (à l'échelle du monde), la dégagera du même coup de ses fausses caractéristiques.

C'est pourquoi une conférence comme celle qui s'est tenue à Vienne en 1968, sur l'utilisation pacifique de l'espace extra-atmosphérique, présentait un intérêt certain, à commencer par celui de susciter une rencontre entre des techniciens et les représentants des gouvernements.

Il est acquis que l'utilisation des satellites permet une 'couverture globale'. La suprématie américaine dans ce domaine risquait de déséquilibrer toute organisation mondiale et décourageait les initiatives européennes. En revanche, la proposition soviétique et le message de M. Kossyguine annonçant le projet d'une nouvelle organisation (Inter-Spoutnik) a révélé l'importance de l'enjeu. Le satellite réclamé par l'Inde, où la télévision éducative prend une sorte de caractère d'urgence, va être étudié dans les plus brefs délais. De son côté, l'O.N.U. a insisté pour disposer, en tant qu'organisme international, d'un satellite d'information; et le directeur technique de l'O.R.T.F. a enfin

contrôle (m): supervision
censure (f): censorship

méconnaître: to fail to recognise
foyer (m): home

à domicile: in one's house
préciser: to state

envisager: to look at

juste: accurate

possibilité (f): opportunity
sensible: perceptible

justement: precisely
stade (m): stage

dégager: to free

susciter: to provoke

acquis: accepted

enjeu (m): stake

31

présenté le projet franco-allemand, 'Symphonie', qui desservirait en télé-vision l'Europe et l'Afrique, y compris le Moyen-Orient.

En d'autres termes, cela signifie quoi? Que la Mondovision sera demain une réalité. Non pas seulement parce que la technique le permet, mais parce qu'elle répond déjà à des besoins impérieux—qui sont, pour l'instant, d'ordre parapolitique, économique et pratique (météorologie, téléphone, navigation, etc.).

Bouleversement dans les rapports humains

✳ Mais une chose est de savoir que la télévision existera sous une forme qui lui permettra d'être elle-même, d'affirmer son génie propre; et autre chose de se rendre compte de ce que le phénomène représente en tant que bouleverse-ments dans nos rapports humains. Une première surprise déjà se manifeste chez les représentants des gouvernements intéressés: ils s'aperçoivent soudain que la Mondovision va entraîner un abandon des monopoles nationaux, en matière d'information. Car il est faux de s'imaginer que les contrôles gouvernementaux continueront à s'exercer par l'intermédiaire des 'stations au sol', actuellement nécessaires pour amplifier le signal. Le stade viendra (d'ici à cinq ans) où ces stations seront inutiles et le signal TV assez fort pour être reçu directement par l'usager, mais surtout l'existence de l'instru-ment, c'est-à-dire la possibilité d'être informé, engagera l'auditoire à réclamer de plus en plus cette 'présence du monde' chez soi.

La Mondovision ne représente pas une télévision améliorée, mais une véritable mutation qui transforme sa propre nature. La notion de 'cinéma à domicile' s'éloigne d'autant plus que, parallèlement, l'enregistrement minia-turisé permettra demain aux usagers d'acheter (et de projeter) les films comme aujourd'hui ils achètent des livres. Et l'idée de 'présence gouverne-mentale dans chaque salle à manger' ne résiste pas à ce sentiment très nouveau d'une participation mondiale qui s'imposera de soi-même. Que les gouverne-ments le veuillent ou non, qu'ils prolongent ou non leur contrôle sur les ondes, les nations apprendront à vivre sous le regard des autres. Toute forme de censure, politique ou autre, deviendra impossible. Car il sera aussi difficile de brouiller les signaux tombés du ciel que d'arrêter la lumière des astres.

'Pour la première fois, on peut prévoir une invention qui va tout changer, je veux dire qui changera le rapport des hommes entre eux. Ne perdons pas cette merveilleuse occasion', ainsi s'exprimait Jean d'Arcy, le promoteur de l'Eurovision et l'actuel directeur du département audio-visuel de l'O.N.U. ✳

André Brincourt, *Le Figaro littéraire*

---

bouleversement (m): upheaval

entraîner: to involve

actuellement: at present

mutation (f): change
enregistrement (m): recording

onde (f): (radio) wave

brouiller: to jam
astre (m): star

Verb Constructions

résister à qch.: to resist sth.
se rendre compte de qch.: to realise sth.
apprendre à faire qch.: to learn to do sth.
engager qqn. à faire qch.: to encourage s.o. to do sth.

permettre à qqn. de faire qch.: to allow s.o. to do sth.
risquer de faire qch.: to be likely to do sth.
insister pour faire qch.: to insist on doing sth.

Further Vocabulary

dans les plus brefs délais: in the very near future
qui desservirait en télévision...:
which would provide television coverage for . . .

une chose est de savoir...et autre chose de...:
it is one thing to know . . . but quite a different matter to . . .

A Questions à préparer

1 Laquelle des deux réponses données à la question 'Qu'est-ce que la télévision?' vous semble le mieux correspondre à la réalité? Pourquoi? En quoi le point de vue de l'auteur diffère-t-il de celui donné dans les deux autres réponses?

2 Quel est le vrai rôle de la télévision, selon lui?

3 Qu'est-ce qui l'a empêchée de jouer ce rôle jusqu'à présent?

4 Qu'est-ce qui rendra possible la 'mondovision'?

5 Dans quels domaines est-ce que l'utilisation des satellites a été et continuera d'être particulièrement avantageuse pour l'humanité?

6 Quel sera l'effet principal de l'utilisation des satellites en matière d'information?

7 Comment la Mondovision apportera-t-elle un bouleversement dans les rapports humains entre les nations?

8 Comment ces développements influeront-ils sur les décisions politiques des gouvernements?

9 Expliquez pour quelles raisons les deux réponses citées plus haut à la question 'qu'est-ce que la télévision?' ne correspondront plus à la vérité, à l'heure de la Mondovision.

B Sujet de discussion

Malgré l'optimisme de l'auteur, la Mondovision laisse-t-elle prévoir des possibilités d'utilisation à des fins purement politiques, commerciales ou autrement pernicieuses? Dites comment, selon vous, cela pourrait se passer.

❂ C Sujet de rédaction à discuter

La Mondovision, instrument de liberté ou instrument d'esclavage?

—'instrument de liberté', répandant la tolérance dans le monde, ou bien 'instrument d'esclavage', utilisé par les gouvernements ou d'autres organisations pour diffuser leur propagande...

IMBÉCILE PASSIF REGARDANT UN IMBÉCILE ACTIF

Grammar

1 Adjectives

Position of Adjectives (see also 2.1)
Many adjectives have one meaning when placed before and another when placed after the noun. Examples:

certain: —*à un certain stade:* at a certain stage.
        —*un intérêt certain:* a definite interest.
même: —*du même coup:* at the same time.
       —*les limites mêmes:* the actual limits.

nouveau: —*une nouvelle organisation:*
       a new (i.e. another) organisation.
      —*ce sentiment très nouveau:*
       this very (i.e. entirely) new feeling.
propre: —*sa propre nature:* its own nature.
      —*son génie propre:* its own particular genius
Revise also: *ancien, brave, cher, pauvre.*

2 Indefinities *tout*

(*a*) **Adjective:** 'all', 'any'
   —*tout contrôle; toute censure.*
When used in the singular, with no article, *tout* (*toute*) means 'all' in the sense of 'any whatsoever'.

(*b*) *Adverb:* 'quite', 'altogether'
   —*à un tout autre niveau.*

As an adverb, *tout* is invariable except before feminine adjectives beginning with a consonant. *Elle est toute prête. Elles sont toutes neuves.*

(*c*) **Pronoun:** 'everything'
   —*une invention qui va tout changer.*

3 Comparison

(*a*) *plus...plus, moins...moins*
   —*Plus la télévision est entrée dans...,* **moins** *elle représente...:*
   The **more** television has become part of . . ., **the less** it represents . . .
Note the following examples of this comparative form:
   Plus ils parlent **moins** *ils sont* **contents:**
   The **more** they talk **the less happy** they are.
   Plus on a d'amis moins on se sent seul:
   The **more friends** one has **the less lonely** one feels.

(*b*) *de plus en plus, de moins en moins*
   —*réclamer de plus en plus cette 'présence du monde' chez soi:*
   to demand increasingly (**more and more**) . . .

Cette technique se révélera de moins en moins efficace:
   . . . **less and less** effective.
Ce projet intéressera de plus en plus d'organisations.

(*c*) *d'autant plus (moins) que...*
   —*La notion s'éloigne d'autant plus que l'enregistrement miniaturisé permettra...:*
   The idea appears **all the more** remote **since** . . .
Le contrôle gouvernemental deviendra d'autant moins réalisable que...:
   Government supervision will be **even less** practicable **because** . . .

4 Demonstratives

Use of *voilà* and *là*

(*a*) —*Voilà, en effet, situés les deux pôles de l'opinion:*
   That shows the two extremes of opinion.
The use of *voilà situés* . . . is more concise than constructions such as: *Ces deux réponses permettent de situer...,* or: *Cela permet de situer...*
Note examples of similar uses of *voilà* from your own reading.

(*b*) —*Là est justement l'illusion:*
   Therein precisely lies the misconception.
Alternative constructions are: *Voilà justement...,* and *C'est justement là...*

(*c*) —*Nous voulons dire par là:* We mean by this . . .
After *de* and *par, là* can be used instead of *cela.*
de là: from that (hence)

5 Prepositions

à — *n'y a-t-il pas quelque danger à méconnaître...?*:
is it not rather dangerous to ignore . . . ?
(see also 12.4)

de — *une sorte de caractère d'urgence*:
something of the character of an emergency.

entre — *pour communiquer entre elles*: to communicate
— *le rapport des hommes entre eux*:
human relations.

sous — *sous une forme*: in a form.

sur — *une conquête sur l'espace et le temps*:
a victory over space and time.

en tant que

— *en tant qu'organisme international*:
(in its position) as an international organisation.
— *ce que le phénomène représente en tant que bouleversements*:
. . . in the way of radical changes.

Compound prepositions (preposition + noun + preposition) are used in both French and English to widen the range of concepts at the speaker's or the writer's disposal. Since in French single-word prepositions are less numerous and often more restricted in meaning than in English, compound prepositions appear frequently in any passage of French. Examples should be studied and imitated when writing French.

— *aux yeux des Pouvoirs publics*:
for (in the eyes of) the authorities. (passage 4)
— *à nos yeux*: for us.
— *en fonction des moyens*:
according to the means.
— *en matière d'information*:
in the field of information.
— *par l'intermédiaire des 'stations au sol'*:
through the 'ground stations'.
— *vivre sous le regard des autres*:
to live in full view (under the gaze) of the others.

ancien before noun = former

Exercises

(1) **Adjectives** Place the adjective given in the following sentences and justify its placing:
1 Les représentants ont manifesté une surprise devant cette idée. (certain)   2 Une série d'autoroutes seront créées. (nouveau)   3 Ces villes ont toutes leurs caractéristiques. (propre)   4 Ce qui anime la vie ce sont les quartiers, chacun ayant sa vie sur le plan social, culturel, économique. (propre)   5 Les Halles, c'est le marché de Paris. (ancien)   6 Ces mesures ont été prises pour éviter des problèmes sociaux. (nouveau)   7 Les architectes ont voulu conserver la disposition des immeubles et leurs volumes. (ancien)   8 Ce sont les problèmes qui ont agité nos prédécesseurs. (même)   9 A part les familles, tout le monde peut s'offrir une résidence secondaire. (pauvre)   10 Les accidents géographiques représentent un handicap. (certain)   11 Imaginez les fêtes qui peuvent se dérouler au cœur de Paris! (même)   12 Ce sont des gens qui ne refusent jamais de vous donner un coup de main. (brave)

(2) *tout* Rewrite the following passage filling in the blanks with the appropriate form of *tout*:
Une invention comme celle-là qui allait *tout* changer ne pouvait pas ne pas poser des difficultés *toutes* neuves. On en discuta *tous* les aspects mais la séance fut levée sans qu'on pût y trouver une solution, *toute* proposition ayant été rejetée pour une raison ou pour une autre. Enfin les spécialistes, *tout* épuisés par leurs efforts, s'accordèrent *tous* à reconnaître qu'il fallait étudier le problème à un *tout* autre niveau: à savoir celui des gouvernements.

(3) **Comparison**   Translate:
1 The more satellites there are the more difficult it will become to impose any form of censorship.
2 The easier the problems, the greater will be the influence of television on our lives.   3 This invention is all the more important since it will influence human relations.   4 The less television is subject to government supervision the more varied the programmes will be.   5 These changes will be particularly necessary since several countries will possess communications satellites.
6 Fewer and fewer countries will be interested in this increasingly costly project.

1) Plus il y a de satellites, plus il deviendra difficile d'imposer toute forme de censure.
2) Plus les problèmes sont faciles, plus l'influence de la T.V. sera grande sur notre vie.

35

Les Français et leur télévision

Parmi les types d'émission suivants, quels sont les *deux* que vous estimez les plus intéressants pour vous?

	Sur 100 possesseurs de téléviseur
Les informations	47
Les films	45
Les pièces de théâtre	40
Les documentaires	21
Les sports	20
Les variétés	18
Les jeux	6
Ne se prononcent pas	1

Trois facteurs motivent l'intérêt pour les informations télévisées:

(1) **Le niveau d'information:** les catégories généralement plus informées citent plus que les autres ce type d'émission—les hommes plus que les femmes, les anciens élèves des enseignements secondaire et supérieur plus que les personnes n'ayant pas fait ces études.

(2) **L'isolement social:** les personnes âgées sont plus intéressées que les plus jeunes, les inactifs et les agriculteurs plus que les autres milieux professionnels, les ruraux plus que les citadins et, surtout, que les habitants de l'agglomération parisienne.

(3) **Les préférences politiques:** les électeurs de la majorité trouvent les informations télévisées plus intéressantes que ceux de l'opposition.

(Sondage de l'I.F.O.P., octobre 1970)

BOSC

6
Livrés à domicile

⬢ La télévision représente-t-elle un danger pour le théâtre, le cinéma, les acteurs ? N'encourage-t-elle pas les gens à rester chez eux au lieu de se déranger pour aller voir un spectacle, un film ?

Jean-Paul Belmondo, vedette de nombreux films à grand succès et président du Syndicat français des Acteurs, a son idée là-dessus. Il s'exprime plutôt brutalement, en boxeur qu'il est aussi.

se déranger: to put oneself out
spectacle (m): show
vedette (f): star
syndicat (m): union

Oui, c'est d'accord, il fait froid, il pleut, les mecs n'ont pas fait réparer leurs chaussures, elles prennent l'eau, ils restent chez eux ! Ce n'est pas un danger ! Même si on leur collait sur le mur de la salle à manger un cinéma-scope couleurs, ce ne serait pas un danger ! Parce que la télé, ce n'est pas un public, c'est des types en chaussons qui épluchent leurs pommes de terre ! La télé, ce n'est pas du public. Alors, c'est la mort des acteurs de cinéma, parce que les acteurs de cinéma, c'est le public. On devrait interdire aux acteurs de cinéma de passer à la télé.

prendre l'eau: to leak
coller: to stick

chausson (m): slipper
éplucher: to peel

Zitrone, de Caunes sont populaires ? Absolument pas, ce n'est pas vrai ! Ils sont livrés à domicile, c'est tout ! Fais-les passer au cinéma, personne n'ira les voir !

Prends Thierry la Fronde. La gloire ! Il ne peut pas acheter un paquet de gauloises, y'a huit cents personnes dans le tabac ! Et alors ? Il est payé trois fois rien, il vit dans une chambre d'hôtel, il fait un travail ennuyeux, et s'il passe au cinéma, personne n'ira le voir ! Il est fini ! Parce qu'il a déjà la gloire, et en même temps il n'a rien, il n'est rien ! On le livre à domicile, ça s'arrête là ! Il traîne sa gloire comme un boulet !

tabac (m): tobacconist's

traîner: to drag (around)
boulet (m): ball and chain

Jamais ils ne paieront huit cents balles pour aller le voir au cinéma, parce qu'en passant à la télé, il ne s'est pas fait respecter ! Il est un truc comme les fourchettes, comme les pantoufles ! On tourne le bouton, il est là ! On bouffe, on cause, on s'engueule, ça ne le vexe pas, il reste quand même là ! On passe dans la chambre, on se couche, il reste toujours là ! Un pauvre type, un rien du tout, qui ne vaut vraiment pas la dépense ! Fais passer l'inspecteur Bourrel au Gaumont-Palace : trois mille places ! Y'aura personne !

pantoufle (f): slipper

✳ Les acteurs de télé, je ne les méprise pas, ce n'est pas mon genre ! A chaque fois, je me mets à leur place, et je suis fou de rage ! Ils se sont fait posséder, c'est tout ! Ils ont perdu leur prestige, leur éloignement, leur mystère, ils ont perdu leur pouvoir ! Le respect, moi je m'en fous, mais c'est quand même ça : ils ne se font pas respecter, ils étaient des êtres fabuleux qu'on allait voir au cinéma, et maintenant ils comptent pour du beurre ! Zitrone, ce n'est rien de plus qu'un mouli-légumes ! En tout cas, c'est du même tabac !

mépriser: to despise

éloignement (m): remoteness

mouli-légumes (m): electric mixer

Les acteurs de télé ont gâché le métier. Qu'ils jouent bien ou qu'ils jouent mal, à la télé les gens s'en foutent. Eux, ils comptent leurs billes ou ils lisent le journal, qu'est-ce que ça peut leur faire ? C'est exactement comme les romans-photo ! Les bonnes femmes qui lisent un roman-photo, elles ne se demandent pas si les types qui ont posé pour ça jouent bien ou pas bien l'histoire ! Ça ne les effleure pas ! Ce n'est pas la question !

gâcher: to ruin
métier (m): profession

poser: to pose
effleurer: to concern

D'ailleurs y'a un truc très simple qui prouve que, pour les gens, la télé ce n'est pas des acteurs : ils ne leur permettent pas de changer de rôle. Une des belles choses du métier, c'est que tu peux changer de rôle. On t'a vu faire le truand, trois mois plus tard tu rappliques en soutane, le public ne pipe pas ! Au contraire, ça l'intéresse de te voir faire le gugusse, et d'y croire !

A la télé, pas question ! Tu n'es plus un acteur, tu es l'article d'un soir, c'est tout. Michel de Ré, c'est le Commandant X, ce n'est pas un acteur. Il n'a pas le droit de faire son métier, il a le droit de faire le Commandant X. L'autre jour, il faisait le gangster, personne n'a marché. Les acteurs à la télé, c'est des machins de consommation, on les bouffe comme des pommes de terre, ils n'ont pas plus d'importance, on ne leur permet aucune liberté, ils n'existent pas, ça n'a rien à voir avec des acteurs, c'est un autre monde. ✻

On me dit : tu as les dramatiques, ce sont de très belles émissions, pourquoi tu n'y vas pas ? Je répète qu'un acteur de cinéma ne doit pas faire de télé, qu'il doit refuser de faire des dramatiques ! Qu'est-ce que ça peut me faire, cinq millions de personnes, si elles me regardent à peine pendant qu'elles bouffent, et si ça me fait quand même du tort ? Avec l'*Homme de Rio*, j'ai eu sept cent mille personnes, rien qu'à Paris, et des vraies, des silencieuses, ce que j'appelle un public !

Cinq millions de personnes, même si elles ne te regardent pas, tu es vite usé ! On t'a très vite assez vu, on voudra en prendre un autre. Au ciné, c'est déjà comme ça : on te voit en mai, on te revoit en juin, si tu ramènes ta fraise en août les gens disent : 'Qu'est-ce qui se passe, qu'est-ce que ça veut dire ? Il ne sort plus de l'écran, celui-là ! Y'a plus qu'un acteur, à Paris ? Faudrait songer à en changer ! Le cinéma, ce n'est pas une scie !... Allez, du balai !'

Non, crois-moi qu'il faut faire très gaffe ! La télévision, c'est l'usure, rapide !

Ah ! les chanteurs, ça, c'est très bien ! Tu les vois à la télé, ça te fait acheter un autre truc : des disques. Bonne combine ! Mais nous, on n'est pas organisés, on n'a rien à vendre ! On n'a que nous, notre tronche ! Alors doucement !

soutane (f) : cassock

dramatique (f) : (televised) play

user : to wear out

balai (m) : broom

Jean-Paul Belmondo dans une scène du film *la Mer folle*. '*Une des belles choses du métier...*'

...et dans une scène du film *le Voleur*. *...c'est que tu peux changer de rôle.*

38

La seule chose que tu peux faire, à la télé, c'est un passage! Une interview, un battage quelconque. Pas plus. Tu viens vendre ta salade, et tu te barres en vitesse... Si *l'Homme de Rio* a marché, c'est parce que j'avais fait le gugusse aux 'Coulisses de l'Exploit'. Là, ça va, je suis de passage, bonjour, bonsoir, je ne suis pas de la télé, si vous voulez me voir il faudra vous remuer, salut!

La télé, ce n'est pas un danger. Au contraire, ça peut nous aider. Ce qu'il ne faut pas, c'est tout mélanger: jamais d'acteurs de cinéma à la télé! Et ça ira! ❖

passage (m): brief appearance

marcher: to be successful

se remuer: to look alive

mélanger: to mix

Le Nouvel Observateur

Notes

Zitrone, de Caunes: deux 'personnalités' de la télévision française.
Thierry la Fronde: le 'Robin des Bois' français. (Des deux côtés de la Manche, on a tourné une série de films pour la télévision, diffusés en feuilleton, et consacrés aux aventures de ces deux héros du Moyen Age.)
L'inspecteur Bourrel: inspecteur de police dans l'émission policière intitulée 'Les cinq dernières minutes'.
Gaumont-Palace: grande salle de cinéma parisienne.
un roman-photo (ou un photo-roman): roman en forme de magazine, composé d'images posées.
Le commandant X: chef d'un réseau de contre-espionnage dans une émission télévisée.
L'Homme de Rio: film où figure Belmondo, et qui a eu un grand succès.
Les Coulisses de l'Exploit: émission sportive consacrée à l'entraînement des athlètes, etc., et des compétitions auxquelles ils ont participé.

Petit lexique de l'Argot

les mecs: les gens
des types: des hommes
huit cents balles: 800 francs (anciens)
un truc: une chose, un gadget
on bouffe: on mange
on s'engueule: on se dispute
je m'en fous: je m'en moque
pour du beurre: pour rien
c'est du même tabac: c'est la même chose
leurs billes: leur argent
un truand: un criminel, un hors-la-loi

tu rappliques: tu reviens
le public ne pipe pas: . . . ne proteste pas
faire le gugusse: faire le clown, changer de rôle
pas question: tu ne peux pas faire cela
personne n'a marché: personne n'y a cru
des machins: des choses, des objets
ça me fait du tort: cela nuit à ma réputation
tu ramènes ta fraise: tu montres ta figure

ce n'est pas une scie: ce n'est pas fait pour répéter les mêmes choses.
du balai: débarrassez-moi tout ça!
faire très gaffe: faire très attention
bonne combine!: c'est un bon truc, une bonne idée!
notre tronche: notre figure
un battage: de la publicité
vendre ta salade: faire de la publicité pour ton produit
tu te barres: tu t'en vas
salut!: bonjour **ou** au revoir
ça ira!: tout ira bien!

Verb Constructions

croire à qch.: to believe in (the existence or truth of) sth.
songer à qch.: to think of sth.

encourager qqn. à faire qch.: to encourage s.o. to do sth. (Verbs of urging and inviting take *à*)
interdire à qqn. de faire qch.: to forbid s.o. to do sth.

Further Vocabulary

livrés à domicile: delivered to one's home
la gloire!: there's fame for you!
ce n'est pas mon genre: I'm not like that

ça n'a rien à voir avec...: that has nothing to do with . . .
c'est l'usure rapide: you're soon worn out

A Questions à préparer

1 'Ce n'est pas un danger.' Qu'est-ce qui n'est pas un danger? pour qui? pour quoi?

2 Les gens qui regardent la télé, ce n'est pas un public, selon Belmondo. Pourquoi? En quoi diffèrent-ils de ceux qui vont voir un spectacle ou un film?

3 Qu'est-ce que 'la gloire', pour un acteur qui joue un rôle tel que celui de Thierry la Fronde? Pourquoi Belmondo soutient-il qu'en même temps un tel acteur n'a rien, n'est rien?

4 Expliquez précisément pourquoi l'acteur de télévision 'ne se fait pas respecter'. Qu'est-ce qu'il devient, en passant tous les jours ou toutes les semaines au petit écran?

5 Donnez le contraire de 'prestige', 'éloignement', 'mystère' et essayez de définir le 'pouvoir' des acteurs de cinéma, selon Belmondo.

6 Selon Belmondo, quelle est la limitation imposée aux acteurs de télévision?

7 Pourquoi Belmondo refuse-t-il de jouer dans des émissions dramatiques à la télévision?

8 'La télévision, c'est l'usure rapide!' Expliquez.

9 Quel est l'intérêt principal de la télévision pour les chanteurs populaires, selon Belmondo?

10 Dans quelles circonstances Belmondo accepte-t-il de passer au petit écran? Pourquoi?

B Sujets de discussion

(1) La télévision crée très vite des vedettes, mais celles-ci sont 'usées' encore plus vite. Est-ce vrai?

(2) Il y a quelques années, l'acteur qui jouait le rôle de Friar Tuck dans le feuilleton télévisé anglais 'Robin Hood' s'est suicidé: le public l'ayant identifié complètement au personnage qu'il jouait, personne n'avait voulu lui offrir de jouer un autre rôle. Connaissez-vous d'autres cas, moins dramatiques peut-être, où la télévision a empêché un acteur de 'faire son métier' en changeant de rôle? Connaissez-vous des acteurs de télévision qui changent souvent de rôle?

C Sujets de rédaction à discuter

(1) Belmondo conclut que la télévision 'n'est pas un danger'. Résumez les raisons qu'il donne pour justifier son optimisme et dites si vous trouvez qu'elles sont fondées.

(2) Décrivez un film, une émission dramatique, ou un feuilleton que vous avez vu à la télévision.

(3) *'Cinq minutes au salon'*
Imaginez cinq minutes d'un film, d'une émission dramatique ou d'un feuilleton qui passe à la télévision, en y ajoutant les commentaires, réflexions, etc. d'une famille (ou d'un groupe de jeunes, etc.) en train de regarder le programme.

Grammar

1 Auxiliary Verb *faire*

(a) *(se) faire* + infinitive
—*ils se sont fait posséder:* they've been 'had'.
Followed by an infinitive, *se faire* forms a passive construction:
—*Les voleurs se sont fait arrêter:*
. . . got themselves arrested.
Note that the past participle of *faire* never agrees in the *faire* + infinitive construction. ·

(b) *faire* + infinitive
—*Fais passer l'inspecteur Bourrel au Gaumont-Palace.*
Note that only *one* direct object is possible in this construction. When there are *two* objects, the object of *faire* remains direct if the object of the infinitive is indirect.
But the object of *faire* must be made indirect if the object of the infinitive is direct:
—*ça te fait acheter un autre truc:*
it makes you buy something else.
The second verb in this construction often has a passive meaning:
—*ils n'ont pas fait réparer leurs chaussures:*
they haven't had their shoes mended.
Note the position of object pronouns:
Ils ne les ont pas fait réparer.

(c) **Idioms with *faire***
—*un acteur de cinéma ne doit pas faire de télé:*
. . . shouldn't do TV work.
—*Il n'a pas le droit de faire son métier:*
. . . to carry on his job.
—*L'autre jour, il faisait le gangster:*
. . . he appeared as a gangster (he played the part of a gangster).
—*qu'est-ce que ça peut leur faire?:*
what difference can it make to them (what does it matter to them)?
—*et si ça me fait quand même du tort:*
and if it harms my reputation anyway
—*il faut faire très gaffe* (slang):
you've got to be very careful. (Compare: *faire (très) attention*)

2 Negatives *rien*

(a) **rien de plus, rien d'autre**
—*ce n'est rien de plus qu'un mouli-légumes:*
he's nothing more than an electric mixer.
Il sait jouer ce rôle et rien d'autre:
. . . and nothing else.
Note that *rien, quelque chose, personne, quelqu'un, ceci, cela, que, quoi, ce qui, ce que* require *de* before a following adjective:
C'est quelque chose de différent.
Dis-moi ce qu'il y a de nouveau. (see also 4.4)

(b) **rien à + infinitive**
—*on n'a rien à vendre:* we've nothing to sell.

When an infinitive is used to form an adjective phrase, it is linked to the noun, or to *rien, quelque chose*, etc., by *à*.
Note the following idiomatic uses:
—*ça n'a rien à voir avec des acteurs:*
that has nothing to do with actors.
—*sept cent mille personnes, rien qu'à Paris:*
. . . in Paris alone.
rien qu'à l'écouter: merely (by) listening to him

(c) **rien used as a noun**
—*un rien du tout:* a nobody (a nonentity).
Il s'émeut pour rien (des riens):
He gets excited about nothing (trifles).

3 The Article

Omission of the Partitive Article

(a) —*un acteur de cinéma ne doit pas faire de télé.*
The partitive article is replaced by *de* before a noun following a negative, unless the verb is *être, devenir*, etc.:
—*la télé ce n'est pas des acteurs.*

(b) *Ce sont de bons films.*
Quant aux vedettes, il y en a toujours de bonnes dans ses films.
The partitive article should be replaced by *de* if the following word is an adjective, but this rule is seldom observed in spoken French:
—*j'ai eu sept cent milles personnes...et des vraies, des silencieuses.*

4 Prepositions

à —*films à grand succès:* very successful films.
—*à chaque fois:* each time.
de —*je suis de passage:*
I'm only passing through (I'm just looking in).
en —*il s'exprime en boxeur:* he speaks like a boxer.

en used with nouns referring to clothing, means 'in (a)', 'wearing (a)'. (*Vêtu de* has a similar meaning but is used when more details, e.g. colour, size, are given.)
—*des types en chaussons:*
blokes in slippers, in their old shoes.
—*en soutane:* wearing a cassock, in priest's clothes.

Exercises

(1) *faire* Translate these phrases from the passage:
1 Fais-les passer au cinéma. 2 Il ne s'est pas fait respecter. 3 Il doit refuser de faire des dramatiques. 4 On t'a vu faire le truand. 5 Ça l'intéresse de te voir faire le gugusse.

(2) **Negatives** Translate:
1 He must play that part: there's nobody else.
2 You could see that he had nothing more to say.
3 Last year fifty cinemas closed in London alone.
4 What he says has nothing to do with the real situation. 5 What is interesting about such people is that they know how to command respect.

41

7
L'ère du transistor

ère (f): era, age

A deux reprises, en 1968, la radio s'est imposée non seulement comme un moyen primordial d'information, mais également comme un outil politique de première efficacité: ce fut le cas, en France lors des événements de mai, et en Tchécoslovaquie à la suite de l'intervention des troupes soviétiques.

reprise (f): occasion
outil (m): tool
efficacité (f): effectiveness

La densité des récepteurs de radio est de l'ordre d'un récepteur pour trois personnes en Europe occidentale; elle sera prochainement d'un récepteur par personne, et atteindra sûrement trois récepteurs pour deux personnes dans cinq ans.

récepteur (m): receiver

Si d'ici là les progrès de l'électronique moléculaire (circuits intégrés) sont satisfaisants, la microminiaturisation des montages électroniques donnera à un excellent récepteur de radio la taille d'un briquet. Cet appareil sera capable de capter des stations de radio dans toutes les bandes d'ondes, y compris la très haute fréquence des ondes métriques de la modulation de fréquence. Ainsi miniaturisé, ce récepteur de radio figurera vraiment un objet personnel que l'on pourra garder continuellement avec soi, même durant le travail. En fait, tout individu sera relié en permanence avec les équipes d'informateurs des diverses stations de radio, que celles-ci soient des stations nationales ou que ces stations soient en territoire étranger.

montage (m): system
appareil (m): instrument
capter: to pick up
onde (f): (radio) wave
figurer: to represent

La mutation de la radio que nous observons est due à deux bouleversements techniques, qui sont d'une part la mobilité du récepteur à transistors et d'autre part la mobilité de l'émetteur.

mutation (f): change
bouleversement (m): upheaval
émetteur (m): transmitter

Ces deux 'mobilités' additionnées font que n'importe quel auditeur peut être relié avec l'émetteur de son choix, à n'importe quel moment du jour ou de la nuit; et cela n'importe où se trouvera cet auditeur. Cette mutation fait de la radio le plus puissant et le plus efficace des instruments d'information.

Aucun ministre, aucun patron, aucun directeur ne possède un tel pouvoir de tutelle. Les techniques nouvelles ne peuvent qu'accentuer de plus en plus le confort et l'universalité de ce lien entre l'auditeur et la station émettrice de radio. Une telle perfection technique a évidemment modifié la conception de l'information radiophonique. Nous abordons là l'autre mutation de la radio. Seul mode d'information qui apporte l'événement à tout individu, au moment même où cet événement se déroule, la radio primera chaque fois que l'on a besoin de savoir tout de suite ce qui se passe, tout ce qui se passe.

efficace: effective
patron (m): employer
tutelle (f): supervision
lien (m): link

se dérouler: to take place
primer: to take precedence

Nous allons vers une radio de nouvelles à tout instant, sans rendez-vous fixes avec l'auditeur; une radio de reporters et de magnétophones disséminés à profusion à travers le pays, une radio de faits divers locaux aussi bien que d'analyses complexes de politique étrangère. Cette radio de l'électronique ultra-miniaturisée constituera la version moderne du 'commérage', du sermon, de la réunion des stratèges de café; elle sera à elle seule l'ensemble de toutes ces confrontations que les groupes humains ont imaginées au fil des siècles passés. Grâce à cette radio éminemment portative, véritable prothèse de l'homme d'aujourd'hui, nous tendons vers une nouvelle dimension de la démocratie: tout homme ayant la possibilité de s'informer selon son désir, sur n'importe quel événement.

fait (m) *divers:* news item

commérage (m): gossip
stratège (m) *de café:* café politician
portatif: portable
prothèse (f): extension

Il est curieux de constater que cette accession de la radio à sa véritable majorité oblige à redistribuer les cartes des techniques d'information, entre la télévision et la presse écrite. La télévision va elle aussi accéder à sa vraie

constater: to note
accession (f): attainment

42

majorité, avec le développement des satellites de diffusion qui attaqueront directement les antennes des téléspectateurs. Quant à la presse écrite, elle sera sans doute de plus en plus cette documentation qui seule offrira le privilège d'être consulté par l'intéressé au gré de ses instants de loisir. Dans un monde à ce point dominé par l'information, il devient plus difficile d'employer le mensonge comme moyen de gouvernement. C'est une menace permanente pour les dictatures.

antenne (f): aerial

mensonge (m): lie
dictature (f): dictatorship

Lucien Barnier, *Le Figaro littéraire*

Verb Constructions

accéder à qch.: to attain sth.
obliger qqn à faire qch.: to force s.o. to do sth.
(Verbs of compulsion—*forcer, contraindre, obliger*— usually take *à* before the infinitive, whereas *de* is

usually used after *forcé, contraint, obligé,* in the passive: *Je l'ai obligé à faire cela. Je suis obligé de faire cela.*)

Further Vocabulary

ce fut le cas: this was so
elle donnera à un récepteur la taille d'un briquet: it will enable a radio to be as small as a lighter

ces deux 'mobilités' additionnées font que...: as a result of this twofold flexibility
nous abordons là...: this leads on to . . .

A Questions à préparer

1 Comment seront les récepteurs de l'avenir, grâce aux progrès de l'électronique moléculaire?
2 Quel sera l'intérêt de ces progrès pour l'individu?
3 A quoi tiennent la puissance et l'efficacité de la radio comme moyen d'information?
4 Quel sera l'effet de techniques nouvelles dans ce domaine, selon l'auteur?
5 Qu'est-ce qui fait de la radio 'un moyen primordial d'information'?
6 Quelle forme prendront dans l'avenir les émissions radiophoniques? En quoi consistera la 'nouvelle dimension de la démocratie' dont parle à ce propos l'auteur?
7 Quel sera dans l'avenir le rôle de la télévision et de la presse écrite dans le domaine de l'information?
8 Les satellites de diffusion 'attaqueront directement les antennes des téléspectateurs'. Comment cela sera-t-il possible?
9 Expliquez, d'après l'ensemble de l'article, l'opinion de l'auteur exprimée au début et selon laquelle la radio serait 'un outil politique de première efficacité'.

Tchécoslovaquie, août 1968.
La radio primera chaque fois que l'on a besoin de savoir tout de suite ce qui se passe.

B Sujet de discussion

Possédez-vous un récepteur à transistors? Quand l'écoutez-vous? Pour quelles émissions en particulier? Écoutez-vous des émissions étrangères, locales?

C Sujets de rédaction à discuter

(1) *'Le transistor, péril ou enrichissement pour la culture?'*
Quelles catégories de gens possèdent un récepteur à transistors? Quelles sont les émissions qu'ils semblent préférer? Que dire du niveau culturel de ces programmes?
Quelles catégories d'organisation ont le droit (ou la possibilité) de diffuser des programmes en Grande-Bretagne et à l'étranger? Quelle est la raison d'être de ces organisations de radio-diffusion? Quelle importance accordent-elles aux critères éducatifs ou culturels en préparant leurs programmes?
Comment voyez-vous l'évolution future dans ce domaine?

(2) Vous devez imaginer que vous possédez un récepteur à transistors capable de capter des émissions venues de n'importe quel coin du monde, ou même d'ailleurs. Faites un montage (en français bien entendu) composé de fragments d'émissions que vous avez captées au gré d'une manipulation des boutons.

Grammar

1 The Subjunctive *que...ou: whether . . . or*

—*que celles-ci soient des stations nationales ou que ces stations soient en territoire étranger:*
whether these are . . . or whether . . .
—*qu'ils jouent bien ou mal, les gens s'en foutent:*
whether their acting is good or bad, . . . (passage 6)
—*Que les gouvernements le veuillent ou non, les nations apprendront...:*
Whether governments like it or not,. . . . (passage 5)

This construction with *que* and the subjunctive is used when two or more alternatives are regarded as having an equivalent effect. Compare the following use of *si:*
Je ne sais pas s'il viendra ou non:
. . . whether he'll come or not.
Elle ne m'a pas dit si elle sortirait ou si elle resterait à la maison.

2 The Article

Use and Omission with *comme* (see 3.1)
The indefinite article is omitted after *comme* in phrases referring to the use of one thing as something else:
—*il devient plus difficile d'employer le mensonge comme moyen de gouvernement.*
If the idea of use is not present, then the indefinite article is used:

—*la radio s'est imposée non seulement comme un moyen primordial d'information...*
The indefinite article is also used after *comme* when the idea of comparison is present. Thus:
Il travaille à Orly comme inspecteur.
Il a travaillé toute la journée comme un homme possédé.

3 Indefinites *n'importe; tout*

(a) —*n'importe où se trouvera cet auditeur:*
anywhere (wherever) . . .
Similarly: *n'importe qui, n'importe quoi, n'importe lequel, n'importe comment.*
(b) —*à n'importe quel moment du jour ou de la nuit.*
—*une radio de nouvelles à tout instant.*
—*n'importe quel auditeur peut être relié avec...*
—*tout individu sera relié en permanence avec...*
Both *n'importe quel* and *tout* mean 'any' (+ noun); *n'importe quel* focuses attention on one example of the particular category (e.g. *les auditeurs*), whereas *tout* emphasises the category as a whole (e.g. *les individus*). *Tout* is most commonly found qualifying the subject in a statement expressing a general truth. Compare:
(i) *Le travail est la loi de la vie, la loi de toute création et de tout progrès.*
(ii) *Tout journal vous renseignera sur les événements.*
(iii) *Procurez-vous n'importe quel journal.*
In examples (i) and (ii) the meaning of *tout* is 'any and every'. In (iii) the meaning is 'any particular one'. *Tout* could not have been used in this sentence, whereas *n'importe quel* could have been used in (i) and (ii) with a slight change of sense.

44

4 Word Order

Emphasis

(a) —*La télévision va, elle aussi,...:*
Television, too, is going to . . .
The emphatic pronoun is placed after the verb, or auxiliary verb in compound tenses, in order to stress the subject.
—*elle sera à elle seule l'ensemble de toutes les confrontations.*
The preposition *à* is used after the verb *être* before the emphatic pronoun when stressing a characteristic which belongs to it alone.

(b) The relative pronoun as subject can be separated from the verb by an adjective, adverb or pronoun, placed thus for emphasis:
adjective:
—*qui seule offrira...*
adverb and pronoun:
—*ce qui, fondamentalement, la caractérise...* (passage 5)

5 Prepositions

à   —*à deux reprises:* twice, on two occasions.
      —*disséminés à profusion:*
         scattered in large numbers.
à in adjective phrases (see 4.6):
      —*récepteur à transistors:* transistor radio
de in adjective phrases (see 3.3):
      —*récepteur de radio:* radio set.
      —*stations de radio:* radio stations.
      —*bandes d'ondes:* wave-bands.
      —*modulation de fréquence:*
         frequency modulation (V.H.F.).
      —*satellites de diffusion:*
         satellite transmitters.
      —*un outil politique de première efficacité:*
         a highly effective political instrument.

en   —*en permanence:*
         day and night, continuously.
à travers —*disséminés à travers le pays:*
         . . . throughout the country
Compound prepositions
      —*à la suite de l'intervention:*
         after, following . . .
      —*la densité est de l'ordre d'un récepteur:*
         . . . about, approximately one set
      —*au fil des siècles passés:*
         down the ages, through the centuries.
      —*au gré de ses instants de loisir:*
         (as and when he chooses) in his leisure time.

Exercises

(1) **The Subjunctive 'whether . . . or'** Translate:
1 Whether the news was true or not, it surprised many people. 2 Whether he can come or not, I shall still be going. 3 I shall tell you whether he can come or not. 4 I cannot say whether this news is false or not. 5 Whether the news is true or false, it does not interest me at all.

(2) *n'importe...*
Use *n'importe qui, n'importe quoi, n'importe quel,* etc., to complete the following sentences:
1 ...... vous dira que la radio est le moyen primordial d'information. 2 Ces auditeurs manquent d'intelligence: ils écouteraient .... 3 Le choix de stations est illimité. Le transistor peut capter .... 4 ...... satellite peut représenter un danger pour les gouvernements. 5 Les dictatures feront ...... pour limiter les progrès réalisés dans ce domaine.

(3) **'any'** Translate:
1 Any listener finds some programmes boring. 2 These programmes will interest any listener. 3 Any method of information is a threat to the power of governments. 4 Any freedom of choice is limited by the power of the radio receiver. 5 Go to any country you like, you will find that the transistor radio is playing an increasingly important rôle. 6 You can ask anyone, you can examine this problem in any way you like, but you won't find any answer to it.

La presse

(1) La presse en France et dans les pays industrialisés
(en 1965)

pays	exemplaires de quotidiens pour 1000 habitants
Suède	505
Grande-Bretagne	479
Japon	451
Australie	373
Allemagne fédérale	326
États-Unis	310
U.R.S.S.	264
France	248
Italie	113

exemplaire (m): copy
quotidien (m): daily paper

(1) 1 Certains de ces chiffres vous ont-ils surpris?
Lesquels?

(2) Évolution du nombre et du tirage moyen des quotidiens

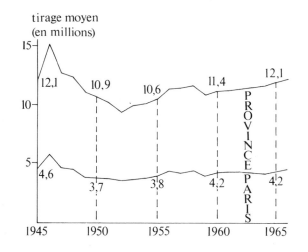

La concentration est en fait plus importante que ces chiffres ne le laissent supposer. Sur les 13 quotidiens parisiens subsistant en 1968, 5 tirent à moins de 50 000 exemplaires et les 5 premiers assurent près de 80% du tirage global; en province, si l'on ne compte que les titres autonomes, le nombre des quotidiens se réduit à 70 environ; les 10 premiers assurent à eux seuls 47% du tirage global et les 21 journaux tirant à plus de 100 000 exemplaires 77%; 39 quotidiens de province ont un tirage inférieur à 50 000 exemplaires.

tirage (m): number of copies printed
(*diffusion* (f): circulation)
global: total
tirant à: with a circulation of
autonome: separate, independent

(2) 2 Le tirage moyen des quotidiens était le même en 1966 qu'en 1945, à savoir un peu plus de douze millions. Comment ce chiffre a-t-il évolué entre ces deux dates?
3 La diminution du nombre des quotidiens a-t-elle été accompagnée d'une évolution semblable quant à leur tirage global?
4 Comment la situation des quotidiens parisiens par rapport à celle des quotidiens de province a-t-elle évolué?
5 A quoi voit-on que 'la concentration est plus importante que ces chiffres ne le laissent supposer'?

Nombre de quotidiens

	1945	6	7	8	9	1950	1	2	3	4	5
Province	153	175	161	142	139	126	122	117	116	116	116
Paris	26	28	19	18	16	16	15	14	12	12	13

	1956	7	8	9	1960	1	2	3	4	5	6
Province	111	110	110	103	98	96	96	94	93	91	90
Paris	14	13	13	13	13	13	14	14	14	13	13

(3) **Tirage des principaux organes de la presse française**

Paris (quotidiens tirant à plus de 100 000 exemplaires)

France-Soir	1 240 000
Le Parisien libéré	830 000
Le Figaro	520 000
L'Aurore	420 000
Le Monde	410 000
Paris-Jour	330 000
L'Équipe	300 000
L'Humanité	190 000
Paris-Turf	140 000

Province (quotidiens tirant à plus de 200 000 exemplaires)

Ouest-France (Rennes)	710 000
Le Progrès (Lyon)	540 000
Le Dauphiné libéré (Grenoble)	500 000
La Voix du Nord (Lille)	430 000
Sud-Ouest (Bordeaux)	400 000
La Dépêche du Midi (Toulouse)	320 000
La Nouvelle République (Tours)	300 000
L'Est Républicain (Nancy)	270 000
Le Républicain Lorrain (Metz)	240 000
Le Provençal (Marseille)	230 000
Nice-Matin (Nice)	220 000
La Montagne (Clermont-Ferrand)	220 000
Le Midi libre (Montpellier)	210 000
Les Dernières Nouvelles d'Alsace (Strasbourg)	210 000

Périodiques

Télé 7 Jours	2 030 000
Modes de Paris	1 720 000
Paris-Match	1 380 000
Salut les Copains	1 300 000
France-Dimanche	1 290 000
Télé-Poche	1 090 000
Elle	630 000
L'Humanité-Dimanche	510 000
L'Express	480 000
Le Canard Enchaîné	330 000
Le Nouvel Observateur	170 000

(3) 6 En vous référant à ce que vous savez des tirages des quotidiens londoniens, analysez la faiblesse relative de la presse quotidienne de Paris.

7 Les quotidiens de province semblent-ils, d'après cette liste, être en concurrence les uns avec les autres?

8
La concentration de la presse française

La diminution du nombre des titres des quotidiens et la part de plus en plus grande prise dans les tirages globaux par les journaux à fort tirage n'est pas un phénomène récent; il date en fait de la fin du XIXe siècle et apparaît comme la conséquence de l'industrialisation de la presse. Les comparaisons avec la presse des grands pays occidentaux montrent à l'évidence que ce phénomène n'est pas spécifiquement français et qu'en France, grâce à la solidité des journaux régionaux, son ampleur est assez modérée.

A la Libération, la volonté des autorités issues de la Résistance de transformer la presse française et d'assurer à ses nouveaux organes l'indépendance à l'égard des puissances économiques n'a pas empêché le mouvement de concentration des titres de reprendre et n'a pu maintenir longtemps, entre les différentes feuilles, cette extraordinaire égalité de chances que les ordonnances de 1944 et 1945 leur avaient offerte. Pourtant, cette révolution a retardé le mouvement de concentration et, par ses divers règlements juridiques, limité le développement des groupes de presse français qui, encore aujourd'hui, sont loin d'avoir la taille de ceux qui existent en Grande-Bretagne ou en Allemagne fédérale.

Favorisée autant par l'effacement forcé des journaux parisiens de 1940 à 1944 que par la solidité de ses entreprises et la fidélité de ses lecteurs, la presse de province assure aujourd'hui les deux tiers du tirage des quotidiens (contre seulement 45% en 1939): l'indépendance des entreprises de presse des départements explique aussi la dimension relativement modeste des groupes de presse en France.

Depuis 1948, aucune création de quotidien n'a été durable, tout particulièrement à Paris où les tentatives ont toutes rapidement échoué.

Les raisons de cette concentration

✱ Si pour l'essentiel elles sont d'ordre économique, il ne faut pas pour autant négliger la part de responsabilité indirecte que le public a dans le processus de concentration. La concurrence entre les titres a pour objet autant l'élargissement de la clientèle que la satisfaction des besoins des lecteurs déjà fidèles. Or, la clientèle de la presse, par ses exigences, contraint sans cesse les entreprises de presse à améliorer la qualité de leur produit (augmentation de la pagination; amélioration et diversification du contenu; amélioration de la présentation) et par là sont favorisées les entreprises les plus riches au détriment de celles qui ne peuvent assumer les charges techniques et financières de ces améliorations.

De plus, nos contemporains, dans le conformisme croissant de leurs curiosités et de leurs modes de vie, ne semblent plus éprouver le besoin d'une grande variété de titres et s'accommodent bien de la presse à grand tirage qui leur offre sous une forme plus attrayante des feuilles sans doute moins originales mais plus variées.

L'évolution politique a aussi indirectement contribué à la disparition de nombreux titres de la presse quotidienne et périodique car la puissance des partis politiques a été une des causes principales de la diversité des organes de presse. Il semble certain aujourd'hui qu'à de rares exceptions près, la défense

titre (m): title
tirage (m): circulation
global: total

ampleur (f): importance

assurer (1): to guarantee

reprendre: to resume
feuille (f): newspaper
ordonnance (f): statute
règlement (m) *juridique:* legal provision

effacement (m): eclipse

assurer (2): to make up

tentative (f): attempt
échouer: to fail

part (f): share
processus (m): process
concurrence (f): competition

exigence (f): demand
améliorer: to improve

contemporain: contemporary
croissant: growing
éprouver: to feel
attrayant: attractive

d'une doctrine politique ne suffit plus à assurer à un journal une audience suffisante pour lui permettre de surmonter les difficultés économiques de son exploitation.

audience (f): readership

La publicité est sans doute le plus important de tous les agents de concentration de la presse. On sait que pour les catégories de la presse commerciale, elle représente au moins la moitié des recettes des entreprises, et elle fausse au profit des titres qu'elle sélectionne le jeu de la concurrence normale. Comme les tarifs de la publicité ne sont pas directement proportionnels au tirage, les annonceurs favorisent les gros tirages ou les publications à clientèle à fort pouvoir d'achat et cela, naturellement, au détriment des autres.

recettes (f pl.): income
fausser: to falsify

annonceur (m): advertiser
pouvoir (m) *d'achat:* purchasing power

Au total, et par comparaison à l'Allemagne ou à l'Angleterre, la concentration de la presse française apparaît relativement modérée: les records des tirages français sont très inférieurs à ceux de nos voisins, et le nombre des publications semble proportionnellement supérieur dans notre pays. ✳

Les conséquences pour la liberté d'expression

Cette situation originale et somme toute équilibrée, ne doit pourtant pas faire oublier les risques que la concentration peut faire courir à la liberté d'expression. Même s'il n'existe pas en France un danger comparable à celui que peut représenter en Allemagne l'existence d'un groupe de presse qui contrôle à lui seul plus du tiers des tirages de l'ensemble des magazines et des quotidiens, il reste évident qu'en limitant la pluralité des organes, la concentration amenuise les moyens qu'a la presse de remplir ses fonctions d'information politique et sociale. Un des effets indirects de ce mouvement est de modérer dans les organes survivants l'expression des idées et la présentation des événements; par là, il favorise l'uniformisation des comportements et des attitudes, en liaison avec la Radio-Télévision que le petit nombre de ses organes et l'immensité de son audience contraignent aussi au conformisme.

équilibrer: to balance

amenuiser: to reduce

comportement (m): behaviour

On peut regretter qu'à de rares exceptions près, les grands journaux — en province en particulier — ne cherchent pas à compenser le monopole d'expression des opinions dont ils disposent par une plus grande variété de leurs chroniques politiques, économiques ou sociales: plutôt que de satisfaire à tour de rôle toutes les nuances des opinions locales ou nationales, ils préfèrent le plus souvent conserver une ligne politique modérée susceptible de ne mécontenter gravement aucun de leurs lecteurs.

chronique (f): article
nuance (f): shade

lecteur (m): reader

La Documentation Française, *Notes et études documentaires*

Baudelaire sur les journaux

Il est impossible de parcourir une gazette quelconque, de n'importe quel jour, ou quel mois, ou quelle année, sans y trouver, à chaque ligne, les signes de la perversité humaine la plus épouvantable, en même temps que les vanteries les plus surprenantes de probité, de bonté, de charité, et les affirmations les plus effrontées, relatives au progrès et à la civilisation.

parcourir: to read through

vanterie (f): boasting

effronté: shameless

Tout journal, de la première ligne à la dernière, n'est qu'un tissu d'horreurs. Guerres, crimes, vols, impudicités, tortures, crimes des princes, crimes des nations, crimes des particuliers, une ivresse d'atrocité universelle.

impudicité (f): shamelessness
particulier (m): individual
ivresse (f): intoxication
suer: to exude
muraille (f): wall (e.g. of prison)

Et c'est de ce dégoûtant apéritif que l'homme civilisé accompagne son repas de chaque matin. Tout, en ce monde, sue le crime: le journal, la muraille et le visage de l'homme.

Je ne comprends pas qu'une main pure puisse toucher un journal sans une convulsion de dégoût.

Verb Constructions

compenser qch.: to compensate for sth.
assurer qch. à qch. (à qqn.):
to guarantee sth. for sth. (for s.o.)
contraindre qqn. (qch.) à qch.:
to force s.o. (sth.) into sth.

s'accommoder de qch. (de qqn.):
to adapt to sth. (to s.o.), make the best of sth. (of s.o.)
suffire à faire qch.: to be enough to do sth.
empêcher qqn. (qch.) de faire qch.:
to prevent s.o. (sth.) from doing sth.

Further Vocabulary

son ampleur est assez modérée:
it is on a fairly small scale.
dans le conformisme croissant de leurs curiosités:
who are increasingly interested in the same things.

il favorise l'uniformisation des comportements et des attitudes:
it tends to make people act and think in the same ways.
susceptible de ne mécontenter aucun de...:
not likely to upset any of . . .

A Questions à préparer

1 Quelles sont les principales conséquences de l'industrialisation de la presse?
2 En quoi la situation de la presse française est-elle différente de celle des presses anglaise et allemande?
3 Quelle est, selon l'auteur, la responsabilité du public dans le processus de concentration? Pourquoi les entreprises de presse essaient-elles de répondre aux exigences de la clientèle?
4 Illustrez ce que l'auteur entend par 'le conformisme croissant' des curiosités et des modes de vie de nos contemporains.
5 Comment l'évolution politique a-t-elle contribué à la concentration de la presse?
6 Montrez comment l'influence de la publicité contraint les entreprises de presse à rechercher une augmentation constante de leur tirage. Pourquoi dans une telle situation, le 'jeu de la concurrence normale' est-il faussé?
7 Pourquoi l'auteur estime-t-il que la situation de la presse française est à la fois 'originale' et 'équilibrée'?
8 Quels sont les risques que ce mouvement de concentration fait courir à la liberté d'expression?
9 En quoi la presse commence-t-elle à ressembler à la Radio-Télévision?
10 Ce conformisme est-il inévitable?

B Résumé

Résumez, en 200 mots environ, les grandes lignes de l'analyse que fait l'auteur de la situation actuelle de la presse française.

C Sujet de rédaction à discuter

La presse et la publicité

(a) l'influence de la publicité sur la presse d'aujourd'hui.
—une source de revenus.
—un moyen de vendre un journal à un prix abordable.
—un moyen d'illustrer, d'aérer la mise en pages.
mais—une contrainte pour la direction du journal: recherche effrénée de nouveaux lecteurs; articles publiés dans le seul but d'accompagner des pages publicitaires; pressions ouvertes ou indirectes tendant à empêcher la parution d'articles jugés trop sévères envers des annonceurs actuels ou éventuels.
—un 'cadeau empoisonné' surtout pour les journaux à faible ou à moyen tirage: la viabilité du journal soumise à des considérations de simple rentabilité publicitaire.

(b) des propositions pour établir une situation plus équilibrée.
—interventions de l'État: subventions, globales ou sélectives, à la presse; réglementation des tarifs des annonces; prêts à taux d'intérêt réduits aux entreprises de presse
—mesures à prendre par les entreprises elles-mêmes: refus de se laisser influencer par les annonceurs; recherche de la variété dans l'expression des opinions; recherche des petites annonces comme source de revenus importants mais 'neutres'.

(c) conclusion: l'influence de la publicité sur la presse est-elle à l'heure actuelle bonne ou mauvaise? et dans l'avenir?

Grammar

1 Comparison

(a) *autant...que, aussi bien...que:*
both . . . and, as well as
—*la concurrence a pour objet **autant** l'elargisse-ment de la clientèle **que** la satisfaction...:*
The aim of competition is to gain more readers **as well as** to satisfy . . .
—*une radio de faits divers locaux **aussi bien que** d'analyses complexes.* (passage 7)
Note that in careful style *aussi bien* is placed before the first term of the comparison:
*La radio diffusera **aussi bien** des faits divers **que** des analyses complexes.* (see also 2.3)

(b) *plutôt que (de):* **rather than**
—*plutôt que de satisfaire toutes les nuances, ils préfèrent conserver une ligne politique modé-rée.*

(c) **Use of certain nouns and adjectives to express comparison:**
  (i) **Nouns**
    —***augmentation** de la pagination:* more pages.
    —***amélioration** et **diversification** du contenu:*
    better and more varied contents.

This use of a noun rather than a comparative adjective is more common in French than in English.
Note also the formation of expressions such as the following:
—*(ils) sont loin d'**avoir la taille** de ceux qui existent en Grande-Bretagne:*
they are not nearly as large as . . .

  (ii) **Adjectives**
    —*les records des tirages français sont très **inférieurs à** ceux de nos voisins:*
    . . . far **lower than** those of our neighbours.
    —*le nombre des publications semble **supérieur** dans notre pays:*
    . . . seems to be **greater** in this country.
    —*un danger **comparable à** celui que peut repré-senter l'existence d'un groupe...:*
    a danger **as great as** that constituted by . . .
Note that these adjectives are generally used in objective, quantitative comparisons.

2 Conjunction *même si:* even though; *si:* although

—*Même s'il n'existe pas en France un danger, il reste évident que...:*
Even though there is no danger . . .
Si alone may be used with concessive meaning:
—*Si pour l'essentiel elles sont d'ordre économique, il ne faut pas pour autant...:*
Although they are chiefly economic, nevertheless one should not . . .

Note that in this use *si* may be followed by the perfect and past historic tenses:
Si le nombre des titres a diminué, la qualité du produit s'est améliorée en général.
Si les autorités réussirent à assurer à la presse son indépendance, elles n'empêchèrent pas pour autant le mouvement de concentration de reprendre.

3 The Article

Use of the Definite Article with fractions
—*plus du tiers des tirages:*
more than a third of the circulation.
—*les deux tiers du tirage:*
two thirds of the circulation

—*au moins la moitié des recettes:*
at least half the income.
The definite article is used with fractions before a particularised noun. Similarly:
Le cinquième de son revenu
Les trois quarts des entreprises. (see also 3.2)

4 Word Order

Inversion of Verb and Subject
(a) **In main clauses**
—*et par là sont favorisées les entreprises les plus riches au détriment de celles qui...*
In main clauses beginning with an adverb or adverb phrase, simple inversion of verb and subject is possible, particularly when the subject is linked to a following phrase or series of phrases.

Such inversion frequently occurs after *par là* (thereby), *de là* (hence), *là, alors, bientôt*, etc.
(b) **In relative clauses**
—*la concentration diminue les moyens qu'a la presse de remplir ses fonctions.*
Inversion of verb and subject is frequent in rela-tive clauses, particularly when the subject is longer than the verb.

5 Prepositions

à — *à l'évidence:* clearly.

— *à de rares exceptions près:*
with few exceptions. (see also 13.4)

à in adjective phrases which form a distinguishing mark (see 4.6):

— *les journaux à fort tirage:*
mass-circulation newspapers.

— *les publications à clientèle à fort pouvoir d'achat:*
publications whose readers are in the upper income brackets.

de — *la volonté des autorités de transformer la presse française:*
the authorities' desire to . . .

— *les raisons de cette concentration:*
the reasons for . . .

pour — *il ne faut pas pour autant négliger:*
one should nevertheless not underestimate.

Compound prepositions

— *l'indépendance à l'égard des puissances économiques:*
independence of, from . . .

— *au détriment de celles qui...:*
over, to the disadvantage of, those which . . .

— *au profit des titres qu'elle sélectionne:*
to the advantage of, in favour of . . .

— *par comparaison à l'Allemagne:*
compared to, in comparison with . . .

— *en liaison avec la Radio-Télévision:*
together with, in company with . . .

Past participle + preposition

— *autorités issues de la Résistance:*
authorities which sprang from the Resistance movement

Exercises

(1) Use of abstract nouns
Translate these phrases taken from the passage, without using the English equivalent of the abstract noun in italics (Examples of translations can be found in the Further Vocabulary and in section 1(c) of the Grammar):
1 *la diminution* du nombre des titres   2 *l'industrialisation* de la presse   3 *l'effacement* forcé des journaux parisiens   4 *la dimension* relativement modeste des groupes   5 aucune *création* de quotidien n'a été durable   6 dans le *conformisme* croissant de leurs curiosités   7 *l'évolution* politique a contribué à *la disparition* de nombreux titres   8 *la défense* d'une doctrine politique ne suffit plus   9 une *audience* suffisante   10 en limitant *la pluralité* des organes

(2) Comparison
Translate, expressing the comparison by means of a noun (e.g. *augmentation*) or an adjective (e.g. *supérieur*):
1 Improved presentation generally brings increased circulation.   2 Increased competition is likely to lead to a smaller number of publications.
3 Daily newspapers in Great Britain have a far higher circulation than those in France.   4 The influence of advertising today is very different from what it was twenty years ago.   5 The total circulation of the Parisian press is lower than that of the provincial newspapers.

(3) Word Order Rewrite the following sentences re-establishing inversion as required:
1 Alors un mouvement commença qui vit progressivement disparaître les entreprises à tirage modeste.   2 De là des conséquences inattendues découlèrent.   3 Bientôt des problèmes d'ordre économique interviendront.   4 Le principe dont ceux qui ont collaboré au projet sont partis est simple.   5 On va créer des espaces publics sur lesquels des salles de cinéma et de spectacle s'ouvrent.   6 Des vides se forment entre eux qui sont peu à peu comblés.   7 L'administration va acquérir le terrain à un prix qu'un magistrat choisi par elle déterminera.

9
La culture et l'information

Connaissance du passé ou conscience de l'actuel?

La différence entre la culture et la science est que pour la science les connaissances acquises ont un caractère plus abstrait, plus formulable en lois et plus orienté vers la technique; et pour la culture, un caractère plus individuel, plus propre à toucher la subjectivité et à rejoindre la morale. Mais enfin, il s'agit toujours d'une acquisition, d'un élargissement de l'esprit, qui rend le jugement mieux armé et plus sûr. Or, cet élargissement, c'est un fait que dans notre monde occidental et dans notre tradition humaniste il était cherché du côté du passé, il venait par les vieux livres, les vieilles pierres, les archives, les musées. Dans les formes nouvelles de la civilisation, éminemment et depuis longtemps dans la civilisation américaine, c'est, au contraire, le présent qui importe: la culture n'est plus que chez quelques spécialistes la connaissance de l'antique, elle est devenue généralement la conscience de l'actuel. Bien entendu, la culture traditionnelle n'était authentique qu'autant qu'elle pouvait projeter sur le présent les lumières reçues du passé, quand, par exemple, des humanistes aussi imprégnés de la pensée des anciens qu'étaient Anatole France, Romain Rolland ou Paul Valéry demeuraient capables de se passionner au présent pour le passage au socialisme, ou pour l'affaire Dreyfus, ou de réfléchir sur l'avenir de la société livrée à l'aventure scientifique. Et d'autre part la culture reliée à l'actualité telle qu'on la trouve chez les hommes d'action et les conducteurs de foules n'est sûre que si elle a tout de même poussé des racines dans le permanent de l'humain. Mais il reste une différence d'intention et d'accent, et un choix à faire: ou la connaissance du passé, ou la conscience de l'actuel. Or, c'est bien manifeste: dans le monde où nous vivons, la culture en tant que conscience de l'actuel s'impose comme une nécessité de la pensée et de l'action.

Un homme cultivé ne peut plus être exclusivement un connaisseur qui caresse d'élégantes reliures et s'enivre des belles formes et des belles idées d'une antiquité plus ou moins lointaine: le voici devenu par force un personnage actif responsable de mille façons, et qui, par tous les moyens, téléphone, radio, télévision, livres nouveaux et organes de presse de toute nature, doit se tenir constamment au courant et au contact même de son temps.

L'information comme culture

C'est qu'en vérité la culture comme conscience de l'actuel, c'est l'information. Les hommes ont pu longtemps s'en passer ou ne la pratiquer que par des moyens modestes. Les bruits qui vont de bouche à oreille, les rencontres des jours de marché, les récits des voyageurs, les édits du roi proclamés par le héraut, suffisaient à des gens qui vivaient en circuit fermé et plus occupés de vie privée que de vie publique. Les livres, c'était pour l'histoire accomplie et rarement pour l'histoire en train de se faire. Il n'y a guère plus de trois cents ans que la curiosité naquit de se documenter sérieusement pour ce qui se passe au-delà des portes de la maison. Il y eut d'abord les affiches, puis les nouvelles à la main, puis les gazettes qui devinrent peu à peu périodiques, puis les journaux quotidiens, puis le déferlement de la presse écrite qui a commencé au siècle dernier, mais est devenu dans le nôtre un fait majeur, une dimension de la vie sociale.

loi (f): law

propre: calculated, likely
toucher: to affect
morale (f): ethics
élargissement (m): broadening
esprit (m): mind

conscience (f): awareness

lumières (f pl.): knowledge

reliure (f): binding

édit (m): edict
héraut (m): herald

se documenter: to be informed
affiche (f): poster
déferlement (m): development

Jules Michelet (1798–1874).
Un homme cultivé ne peut plus être exclusivement un connaisseur qui caresse d'élégantes reliures...

Puissance de l'audio-visuel

Enfin se produisit l'événement que fut l'invention des techniques de l'audio-visuel, tellement perfectionnées, tellement séduisantes et commodes qu'elles ont apporté chaque jour, à chaque heure même et on n'exagère pas beaucoup en disant à chaque homme, tous les bruits de l'univers humain ensemble. C'est une obsession qui est devenue une exigence, le transistor est à portée de la main, la télévision toujours prête: un bouton tourné et voici que m'est donnée l'image d'une foule errant sur les ruines d'un tremblement de terre en Iran, le sourire de M. Nixon à ses supporters, l'amerrissage d'un cosmonaute au large des Bermudes, ou le premier ministre en personne venant m'expliquer à domicile sa conception de l'autogestion des universités.

séduisant: attractive
commode: convenient

exigence (f): need

tremblement (m) *de terre:*
  earthquake
amerrisage (m): splashdown

autogestion (f): autonomy

Jean-Paul Sartre et (à droite) Simone de Beauvoir en 1970.
...le voici devenu par force un personnage actif, responsable de mille façons.

(Après l'interdiction de *la Cause du peuple* et l'arrestation de ses deux jeunes rédacteurs maoïstes, Sartre assuma les fonctions de rédacteur et participa à la diffusion du journal.)

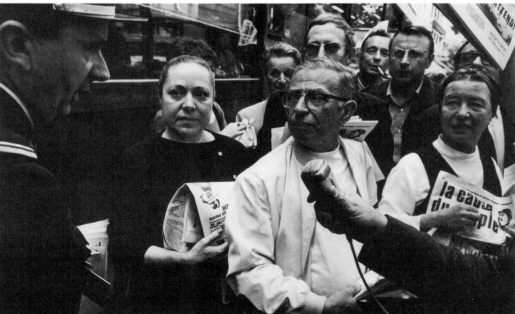

❖ Rôle de la presse écrite

✱ Telles sont la puissance, la commodité, l'intimité et la permanence des moyens audio-visuels de l'information que l'on peut se demander si la presse écrite résistera à la concurrence, si elle ne vit pas aujourd'hui, dans une gloire de soleil couchant, la fin de sa destinée. Je ne le crois pas, non plus que je crois que la littérature soit destinée à périr en une société qui ne voudrait plus connaître les chefs-d'œuvre du roman et du théâtre qu'adaptés au petit écran. Le livre se défendra, le journal aussi, et l'un et l'autre d'autant mieux qu'ils s'organiseront selon leurs propres forces en jouant leurs parties avec leurs atouts.

commodité (f): convenience
intimité (f): intimacy

chef-d'œuvre (m): masterpiece
petit écran (m): television screen
partie (f): hand (of cards)
atout (m): trump card
évidence (f): obvious fact

Je ne m'attarderai pas à développer des évidences trop faciles, par exemple celle-ci que les mots volent et que les images passent, alors que le texte écrit demeure, pouvant toujours être relu, commenté, critiqué. C'est vrai, plus d'ailleurs pour le livre que pour le journal.

J'irai donc à l'essentiel, qui se rapporte à ce que j'ai commencé par affirmer : à savoir que l'information est une forme de culture et qu'elle tend même à devenir aujourd'hui sous la pression des circonstances de la vie la forme la plus importante et la plus nécessaire pour le plus grand nombre. La culture, qu'elle soit conscience ou du passé ou de l'actuel, ou mieux encore d'une certaine permanence des valeurs humaines, suppose toujours, d'abord, une somme de connaissances acquises, de notions objectives, de choses vues et de choses sues, mais, en dernière analyse, et plus essentiellement, des choses filtrées, critiquées, comprises, transmutées en cette matière subtile qui peut entrer dans une synthèse, se laisser digérer par l'esprit, le nourrir et le fortifier. La culture passe par tous les chemins de la perception et de l'émotion, mais elle est en fin de compte, une affaire de l'intelligence. Elle n'existe pas si elle n'est accès aux idées. ✱

filtrer: to filter
transmuter: to change
matière (f) *subtile:* rarefied substance
digérer: to digest

Avantage de la presse écrite

Or, c'est à ce point de vue qu'il faut se placer pour apprécier les valeurs respectives de l'audio-visuel et de l'écrit. La radio nous donne des mots, elle les donne même en grandes vagues, parlés tels quels, souvent dans le cadre de la conversation ou des propos en liberté; cela fait vif, cela amuse ou excite, surtout quand les mots sont enveloppés de bruits. Le petit écran reprend le même matériel et y ajoute, souveraine, obsédante, l'image visuelle, et, chose infiniment précieuse, la présence humaine, les visages, les mimiques: non pas seulement la parole, mais l'homme parlant, l'homme affectif aussi, ému, passionné. Tout cela est de grande valeur, mais vient inévitablement sans filtrage sévère, sans composition rigoureuse, dans le désordre. On peut me dire que c'est le désordre de la vie. Mais la pensée, pas plus que l'art, n'est jamais le désordre de la vie. L'important n'est pas de voir mais de savoir, et savoir ce n'est pas enregistrer passivement le réel mais le reconstruire dans une forme intelligible. L'important est de comprendre.

vague (f): wave
tel quel: unchanged
propos (m pl.): speech, words
obsédant: all-pervading

affectif: emotional
ému: moved
passionné: excited

Les troupes russes sont entrées à Prague. La radio a immédiatement annoncé la nouvelle et permis de suivre minute par minute le déroulement du drame. La télévision déclenche son film: voici les chars russes, symbole de la puissance brutale de l'histoire, voici les visages convulsés des hommes, des femmes, des jeunes gens qui vivent, une fois encore, le scandale des siècles, la faillite d'une espérance, l'écrasement d'une liberté. L'événement nous est connu, si je puis dire, existentiellement; l'occupation de Prague, ce n'est pas seulement deux mots, c'est le fond humain d'un drame que nous soupesons dans notre âme: voilà le miracle de l'audio-visuel. Mais l'événement le plus spectaculaire, le plus propre à appeler le jugement simple de la passion est

déroulement (m): unfolding
déclencher: to set in motion

faillite (f): failure
écrasement (m): crushing
fond (m): background
soupeser: to weigh
âme (f): soul, heart

55

complexe; ce qui paraît absurde a des raisons, bonnes ou mauvaises, en tout cas des causes. Un mouvement est déclenché dont il faut prévoir les directions et les conséquences. Il s'agit de comprendre ce qu'on a entendu et vu. L'information n'a de prix, n'est culture qu'à ce niveau. Ce niveau, on le trouvera le lendemain dans son journal, si le journaliste a bien fait son métier. ⬦

P.-H. Simon, *Le Monde*

Verb Constructions

résister à qch.: to resist sth.
se rapporter à qch.: to be related to sth.
se relier à qch.: to be connected with sth.
suffire à qqn.: to be enough for s.o.
s'enivrer de qch.: to revel in sth.

se passer de qch.: to do without sth.
s'attarder à faire qch.: to delay in, waste time, doing sth. (*A* is used after many expressions of spending time on something.)
tendre à faire qch.: to tend to do sth.

Further Vocabulary

plus formulable en lois: more easily expressed as laws
elle a poussé des racines dans le permanent de l'humain: it has its roots in the universal characteristics of human nature
l'histoire en train de se faire: history in the making

ce que j'ai commencé par affirmer: à savoir que...: what I said at the beginning, (namely) that . . .
cela fait vif: it's lively, it gives an impression of immediacy.

A Questions à préparer

1 Essayez de définir ce que l'auteur entend par les termes 'science' et 'culture'.
2 Quelles sont les caractéristiques de la culture traditionnelle?
3 Expliquez la phrase 'la conscience de l'actuel'.
4 Selon l'auteur l'étude du passé a toujours été importante et continuera de l'être. Pour quelles raisons en particulier?
5 'Un personnage actif, responsable de mille façons.' Quelles sont ces activités, ces responsabilités nouvelles de l'homme cultivé? En quoi son rôle diffère-t-il de celui qu'il remplissait autrefois?
6 Selon l'auteur en quoi consiste l'importance de la presse écrite? Comment est-ce qu'elle sert la société?
7 En quoi consiste 'la puissance de l'audio-visuel'? 'C'est une obsession qui est devenue une exigence.' Expliquez.
8 Quels sont, selon l'auteur, les défauts des moyens audio-visuels d'information quand il s'agit de comprendre l'actualité?
9 Résumez les mérites respectifs de l'écrit et de l'audio-visuel en ce qui concerne 'la conscience de l'actuel'.

B Sujet de discussion

L'auteur semble persuadé que la culture écrite (journaux, livres) n'est pas 'destinée à périr'; partagez-vous son opinion? Quel rôle joue-t-elle à présent dans votre vie? et dans l'avenir?

C Sujets de rédaction à discuter

(1) Quel est le rôle de la littérature en cette ère de l'audio-visuel?
(2) Choisissez une nouvelle importante qui a fait récemment la 'une' du journal que vous lisez. Comparez les différentes manières dont on l'a présentée à la télévision et dans le journal. Quelles impressions de l'événement en question vous a laissées la présentation respectivement écrite et visuelle? Quelles conclusions en tirez-vous sur l'importance relative de ces deux moyens de communication?

Grammar

1 Tenses

Past Historic and Imperfect tenses

The simple past tense in English (he came, he went, etc.) becomes, in French, one of three tenses, depending on the perspective in which the information is presented.

The **imperfect** tense describes or explains without reference to a particular time scale:

—*cet élargissement, dans notre tradition humaniste, **était** cherché du côté du passé, il **venait** par les vieux livres.*

The **past historic** emphasizes a particular point or period of time, one of a series of events or succession of states in the past, without reference to the present;

the **perfect** tense similarly describes past events, but relates them to the present time or situation.

Compare these uses of the two tenses:

—*Il y **eut** d'abord les affiches, puis les gazettes qui **devinrent** peu à peu périodiques, puis le déferlement de la presse écrite qui **a commencé** au siècle dernier mais **est devenu** dans le nôtre un fait majeur.*

—*Enfin, **se produisit** l'événement que **fut** l'invention des techniques de l'audio-visuel, tellement perfectionnées qu'elles **ont apporté** chaque jour, à chaque heure même tous les bruits de l'univers humain ensemble.*

2 Negatives

(a) **ne...que**

In the construction *ne...que*, *que* precedes the phrase it qualifies, even when the verb is in the infinitive:

—*la culture n'est sûre que si elle a tout de même poussé des racines...*

—*ou ne la pratiquer que par des moyens modestes*

(b) **plus** and **ne...plus**

Ne...plus can be combined with other negative expressions such as *ne...jamais*, *ne...rien* and *ne... que*:

—*la culture n'est plus que chez quelques spécialistes la connaissance de l'antique:*

except in the case of a handful of experts, culture no longer means a knowledge of the past.

Such constructions must be distinguished from those where a negative statement is followed by *plus que* (comparative) or *plus de* (quantity):

—*la pensée, pas plus que l'art, n'est jamais le désordre de la vie:*

thought, no more than art ... (see also (c) below)

—*Il n'y a guère plus de trois cents ans que la curiosité naquit:*

It is scarcely more than three hundred years since ...

(c) **non pas**

When a negative is used without a verb (e.g. 'and not . . .', 'not only . . .') *non*, *pas*, and *non pas* are variously used:

Il parle de la culture et non (or et non pas) de la politique.

Vous trouverez ces informations non seulement en écoutant la radio mais aussi en ouvrant votre journal.

—*non pas seulement la parole, mais l'homme parlant:*

not merely speech, but the man speaking

—*Je ne le crois pas, non plus que je crois que la littérature soit...:*

. . . any more than I believe that . . .

In the above construction, *pas plus que* is also possible. *Pas* used alone is more characteristic of spoken French:

Pas vrai! Pas de chance! Pas un mot!

(d) **Omission of pas**

In literary usage, *pas* may be omitted in a clause with *si*, particularly when the verb is *être*:

—*Elle n'existe pas si elle n'est accès aux idées.*

57

3 Nouns

Formation of Nouns from Adjectives

There are in French innumerable adjectives (or past participles) which can be used as nouns. Words such as *le passé, le présent, la nouvelle (les nouvelles)*, are used as nouns in their own right.

There are also many adjectives which can be used with the definite article to form an abstract concept, often as a kind of shorthand:

—*l'audio-visuel = les techniques audio-visuelles.*
—*l'écrit = ce qui est écrit; les moyens de communication écrits (et non parlés, visuels).*

In the following examples, taken from the passage, the use of an adjective as a noun enables the writer to be brief and to emphasize the general, abstract aspects of what he is saying. In each case a corresponding noun already exists: by putting this noun in the place of the adjective in its context in the passage, the different emphasis will become clear:

—*l'actuel; l'actualité*
—*l'antique; l'antiquité*
—*l'essentiel; l'essence*
—*l'humain; l'humanité*
—*l'important; l'importance*
—*le permanent; la permanence*
—*le réel; la réalité*

4 Prepositions

à —*c'est à ce point de vue qu'il faut se placer:*
　　this is the viewpoint one must take.

en —*propos en liberté:* free conversation.

chez —*chez quelques spécialistes:*
　　for (among) a few specialists.

pour often means 'concerning', 'in the case of':
—*pour la science...pour la culture:*
　　from the point of view of science ... of culture.
—*se documenter pour ce qui se passe:*
　　to be informed about, as regards ... (compare *sur*, 12.4)
—*c'est vrai, plus pour le livre que pour le journal:*
　　... more so (in the case) of books than of newspapers.
—*pour l'essentiel:* basically. (passage 8)

—*la concurrence a pour objet:*
　　the aim of competition, competition has as its aim. (passage 8)

Compound prepositions
—*il était cherché du côté du passé:*
　　. . . in the past
—*se tenir au courant et au contact de son temps:*
　　to keep up to date and in touch with his age.
—*ce qui se passe au-delà des portes de la maison:*
　　. . . outside (beyond the four walls of) the home.
—*à portée de la main:* within easy reach.
—*au large des Bermudes:*
　　off the coast of Bermuda.
—*en fin de compte:* in the last analysis.
—*dans le cadre de la conversation:*
　　in conversation.

Exercises

(1) **Tenses** Explain the use of tenses in these examples taken from the passage, and, where possible, show what meaning the extract would have if a different past tense were used:
1 La culture est devenue généralement la conscience de l'actuel. 2 La culture traditionnelle n'était authentique qu'autant qu'elle pouvait projeter sur le présent les lumières reçues du passé. 3 Les hommes ont pu longtemps se passer de l'information. 4 Les livres, c'était pour l'histoire accomplie. 5 La curiosité naquit de se documenter sérieusement. 6 Il y eut d'abord les affiches. 7 Le déferlement de la presse écrite a commencé au siècle dernier, mais est devenu dans le nôtre un fait majeur. 8 Enfin se produisit l'événement que fut l'invention des techniques de l'audio-visuel. 9 L'essentiel se rapporte à ce que j'ai commencé par affirmer. 10 Les troupes russes sont entrées à Prague. La radio a immédiatement annoncé la nouvelle.

(2) **Negatives** Translate:
1 Information has no value except at this level. 2 A man is cultured only if he keeps himself constantly up to date with what is happening around him. 3 Knowledge of the past can no longer be merely a way of passively resisting the present. 4 Television, no more than radio, can wholly replace newspapers. 5 Audio-visual techniques are no easier to use than traditional methods. 6 The important thing is not only to know but also to understand. 7 What he says refers to the advanced countries and not to the rest of the world.

III
Le Marché commun

Quelques Dates

1946 Dans un discours célèbre prononcé à Zürich, Winston-Churchill déclare: 'Nous devons construire une sorte d'États-Unis d'Europe.'

1950 Robert Schuman, ministre des Affaires étrangères français, propose la mise en commun des ressources de charbon et d'acier de la France et de l'Allemagne dans une organisation ouverte à tous les pays d'Europe. L'objectif de cette initiative est d'une part la réconciliation franco-allemande et d'autre part la création d'une Fédération européenne. Méthode proposée: ne pas tenter de faire l'Europe d'un seul coup; travailler d'abord à l'unification économique de l'Europe; créer dans ce but des institutions et des règles communes.

L'Allemagne, l'Italie, la Belgique, les Pays-Bas et le Luxembourg souscrivent aussitôt aux principes de la déclaration Schuman; cependant, la Grande-Bretagne juge impossible d'accepter l'engagement d'établir une Autorité dotée de pouvoirs souverains. L'Europe commence donc à 'Six'.

1951 Les 'Six' signent le traité instituant la Communauté européenne du charbon et de l'acier et créant une Autorité européenne commune à laquelle les États participants cèdent une partie de leurs pouvoirs souverains. Cette 'Haute Autorité' est soumise au contrôle démocratique d'une Assemblée composée de parlementaires choisis dans les six parlements nationaux.

1956 La Grande-Bretagne soutient sans succès l'idée d'une grande zone de libre échange à dix-sept membres qui engloberait les 'Six'.

1957 A Rome, les Ministres des 'Six' signent les Traités instituant la Communauté économique européenne (le 'Marché commun') et la Communauté européenne de l'énergie atomique ('Euratom'). Ces traités sont ratifiés au cours de l'année par les six parlements. Les institutions créées par le Traité de Rome se proposent d'atteindre un double objectif:

1° Établir une union douanière: libre circulation des marchandises, des personnes et des capitaux; tarif douanier extérieur commun.

2° Mettre en œuvre une politique économique commune aux six pays, notamment dans le domaine de l'agriculture, des transports, de l'énergie et des relations commerciales avec le reste du monde.

Robert Schuman.

Jean Monnet.

59

1959 Première baisse de 10% des droits de douane à l'intérieur du Marché commun, début d'un processus qui doit amener, en 1970, la disparition complète des obstacles aux échanges entre les 'Six'. (En fait, les 'Six' décideront à deux reprises, en 1960 et en 1962, d'accélérer la mise en place du Marché commun.)
M. Macmillan affirme que l'adhésion au Marché commun serait un suicide pour la Grande-Bretagne. Le Traité de Stockholm fonde la petite zone de libre échange qui compte sept membres, dont la Grande-Bretagne.

1961 La Grande-Bretagne pose sa candidature à la Communauté; des négociations se déroulent en 1962.

1962 Adoption des principes qui régiront désormais la politique agricole: prix uniques à l'intérieur et droits de douane sur les produits étrangers.

1963 Le général de Gaulle déclare au cours d'une conférence de presse, que la Grande-Bretagne n'est pas prête à entrer dans le Marché commun. Les négociations entamées l'année précédente entre les 'Six' et la Grande-Bretagne sont arrêtées. Il s'ensuit une crise entre la France et ses partenaires.

1964 Le Marché commun agricole devient une réalité: le financement communautaire des dépenses agricoles (soutien des marchés, aides à l'exportation) commence à fonctionner. Désormais la politique agricole commune s'applique à 85% de la production agricole.

1965 La Commission du Marché commun propose la mise en place définitive du Marché commun agricole pour le 1er juillet 1967. Quant au financement de la politique agricole commune, la Commission suggère d'assurer à la Communauté des ressources financières propres (notamment par les droits de douane sur les produits industriels venant de l'extérieur) et d'organiser un contrôle parlementaire de leur emploi. Ces propositions sont repoussées, en particulier par la France qui se retire pendant six mois de tous les travaux visant la future élaboration de la Communauté.

1966 Fin de la crise du 30 juin 1965. Les propositions sur le financement de la politique agricole commune sont adoptées, avec certaines modifications.

1967 La Grande-Bretagne pose de nouveau sa candidature à la Communauté, suivie par l'Irlande, le Danemark et la Norvège. La Commission de la Communauté conclut qu'il conviendrait d'amorcer des négociations: la France s'y refuse. Mais la demande d'adhésion britannique demeure à l'ordre du jour.

1959: première baisse de 10% des droits de douane à l'intérieur du Marché commun.

1968 L'union douanière entre les 'Six' est achevée avec dix-huit mois d'avance sur le calendrier prévu par le Traité; la libre circulation des travailleurs devient totale.

Cependant, 'l'Europe verte' connaît plus d'un sujet de préoccupation. Le volume de la production agricole s'accroît de 3,3 % par an, mais la consommation en volume de produits agricoles n'augmente que de 1,9 % par an. Il en résulte une accumulation d'excédents invendables, notamment pour le lait et le beurre, mais aussi pour le blé, le sucre, les volailles et le porc. Les subventions nécessaires pour empêcher l'effondrement des prix à la production atteignent 10 milliards de francs par an.

1969 Départ du général de Gaulle. Le franc est dévalué, posant de sérieux problèmes au système communautaire de prix agricoles. La conférence des 'Six' à la Haye fixe au 1er juillet 1970 la date approximative d'ouverture des négociations avec la Grande-Bretagne et les autres pays candidats à l'adhésion à la Communauté.

1970 Ouverture des négociations.

mise (f) *en commun:* pooling
céder: to give up
parlementaire (m and f): member of parliament
libre échange (m): free trade
douanier (adj.): customs
droit (m) *de douane:* customs duty
amener: to bring about
mise (f) *en place:* setting-up
se dérouler: to take place
régir: to govern
entamer: to begin
il s'ensuit: there follows
repousser: to reject
viser: to aim at
élaboration (f): working-out
il convient de: it is advisable to
ordre (m) *du jour:* agenda
achever: to complete
il en résulte: the result is
volailles (f pl.): poultry
subvention (f): subsidy
effondrement (m): collapse

1968: l'union douanière entre les 'Six' est achevée.

La communauté européenne en chiffres

(1) À titre de comparaison...

	Marché commun	Royaume-Uni	États-Unis	U.R.S.S.
Population (1966—en millions d'habitants)	185	57	197	233
Production d'acier brut (1966—en millions de tonnes)	85	25	125	97
Consommation brute d'énergie par habitant (1965—en tonnes équivalent charbon)	3,4	5,4	9,2	3,8
Production de véhicules (1965-6—en milliers d'unités)	6 660	2 022	10 358	
Production de céréales (1962-4—en millions de tonnes)	60	12	165	127
Production nette de viande (1966—en millions de tonnes)	11	3	19	10

(2) L'équipement ménager en Europe occidentale (pourcentage des ménages)

	Baignoire ou douche 1963	1970	Eau chaude courante 1963	1970	Télévision 1963	1970	Réfrigérateur 1963	1970	Machine à laver 1963	1970
Allemagne féd.	56	77	34	53	41	82	52	87	36	66
Belgique	26	44	25	42	37	70	21	53	52	62
France	33	56	41	66	27	69	41	80	32	60
Italie	35	51	24	33	29	69	30	71	8	47
Luxembourg	59	86	47	59	21	64	57	90	74	90
Pays-Bas	55	78	67	89	50	88	23	76	69	80
Grande-Bretagne	68	88	77	91	82	92	30	61	45	66

Les jeunes sont-ils plus 'Européens' que leurs parents?

Une enquête récente du professeur R. Inglehart, de l'Université de Michigan, fournit d'intéressantes précisions sur les attitudes des jeunes et de leurs parents à l'égard de l'unification de l'Europe.

Cette enquête, effectuée en 1968–1969, a porté sur 2 000 personnes âgées de 20 ans et plus, dans trois pays d'Europe, et sur les enfants de 15–16 ans et 19–20 ans appartenant aux mêmes familles.

Aux termes de cette enquête, il apparaît clairement que les enfants sont nettement plus favorables à l'unification de l'Europe que leurs parents.

	Allemagne (R.F.) Jeunes %	Parents %	France Jeunes %	Parents %	Grande-Bretagne Jeunes %	Parents %
A supposer que l'on crée maintenant des États-Unis d'Europe, seriez-vous favorable ou opposé à ce que votre pays en devienne membre?						
Favorable	92	71	83	65	76	31
Sans opinion	5	21	15	26	10	22
Opposé	3	8	2	9	15	48
Pensez-vous que le gouvernement de l'Europe unie devrait avoir le droit de prendre des décisions sur certains problèmes importants, décisions qui l'emporteraient sur celles du gouvernement de votre pays?						
Oui	50	37	48	46	45	21
Sans opinion	20	31	17	31	7	12
Non	30	31	35	24	48	67

1 Comment répondriez-vous aux deux questions posées? Donnez, dans les deux cas, les raisons qui ont motivé votre réponse.
2 D'après ces chiffres, lequel des trois pays est le moins 'Européen'? Pourquoi?
3 Pourquoi, selon vous, les jeunes sont-ils plus favorables que leurs parents à l'unification de l'Europe?

10
La France et
le Marché commun agricole

Tous les gouvernements français ont vu, depuis 1955, dans le Marché commun, le seul moyen de ne pas avoir à financer l'exploitation d'excédents agricoles de plus en plus lourds. Nous sommes voués à produire de tels excédents parce que nous possédons un potentiel agricole considérable (presque la moitié des surfaces cultivées de la Communauté se trouvent sur territoire français: 34,3 millions d'hectares sur un total de 73,4 millions) et que ce potentiel, encore mal exploité, verra encore sa productivité augmenter. Or, le marché mondial des denrées alimentaires, tel qu'il fonctionne actuellement, est un défi aux intérêts français. Nos proches voisins, allemands, italiens, font venir d'Outre-mer (d'Amérique du Nord principalement) les produits dont ils ont besoin et les paient bon marché. Nous sommes nous-mêmes obligés d'écouler nos surplus aux prix mondiaux, c'est-à-dire à des prix nettement plus bas que les prix intérieurs. Le seul remède à la situation actuelle est, pour la France, d'élargir les frontières de son marché national aux dimensions de l'Europe. Alors, il se passera de deux choses l'une: ou bien, nos partenaires consommeront les produits de la terre française, en les achetant aux mêmes prix que les Français, ou bien ils ne nous offriront que des débouchés insuffisants, mais devront alors participer financièrement à l'écoulement des excédents français, devenus des excédents 'européens'.

exploitation (f): marketing
excédent (m): surplus
voué à: bound to

hectare (m): approx. 2·5 acres

denrée (f): produce
défi (m): challenge

outre-mer: overseas

écouler: to dispose of
remède (m): remedy

débouché (m): outlet

Paul Fabra, *Y a-t-il un Marché commun?*

A Questions à préparer

1 Quel avantage l'existence du Marché commun offre-t-elle pour la France dans le domaine agricole? En sera-t-il de même dans l'avenir? Pourquoi?

2 Expliquez pourquoi le marché mondial des denrées alimentaires constitue 'un défi aux intérêts français'.

3 Comment la France peut-elle remédier à cette situation?

4 Comment la France pourrait-elle profiter des mécanismes du Marché commun agricole pour écouler ses excédents agricoles?

B Sujet de discussion

Les intérêts de la France et de la Grande-Bretagne sont-ils les mêmes dans le domaine agricole? Quelles sont les différences et quelles seront les conséquences de ces différences dans d'éventuelles négociations?

11
La Grande-Bretagne et
la Communauté
économique européenne

⬡ Arnold Toynbee vient d'être reçu à l'Académie de sciences morales et politiques, où il succédait à Sir Winston Churchill comme membre associé. Voici des extraits du discours de réception prononcé par le grand historien britannique.

Nous autres, Britanniques, nous accueillons avec joie la nouvelle amitié entre la France et l'Allemagne, parce qu'elle augure, et même garantit, que la série tragique des guerres fratricides entre Européens a enfin connu un terme. C'est un bienfait pour la Grande-Bretagne parce que c'est un bienfait pour l'Europe et parce que la Grande-Bretagne fait inséparablement partie de l'Europe.

augurer: to be a sign

bienfait (m): good thing

L'inconvénient temporaire qu'il y a pour la Grande-Bretagne à être tenue à l'écart de la Communauté économique européenne est, bien entendu, extrêmement grave pour la Grande-Bretagne; et pourtant, à nos yeux, cela ne pèse guère en regard de la perspective d'une paix domestique permanente à l'intérieur des frontières de notre continent commun.

L'entente intervenue dans l'après-guerre entre la France et l'Allemagne démontre également que la conquête militaire n'est pas la seule méthode qui permette de réaliser l'unification de l'Europe. En fait, je ne crois pas que l'Europe aurait jamais pu être unifiée de façon permanente par la force des armes. D'un autre côté, les peuples européens ont bien montré, par la fondation de la Communauté économique européenne, qu'ils ne s'opposent pas à l'union, tant que cette union n'est pas imposée par l'un d'entre eux à tous les autres, mais qu'il s'agit d'une union où les participants entrent volontairement sur un pied de parfaite égalité.

entente (f): understanding
intervenir: to occur
réaliser: to achieve

Aujourd'hui, les dimensions qui permettent à un État d'être indépendant, au sens fort du terme, sont celles des deux super-puissances d'après-guerre: les États-Unis et l'Union soviétique. La France, l'Allemagne, la Grande-Bretagne, l'Italie et le Japon, grandes puissances avant l'année 1914, sont redevenus des nains depuis l'année 1945. En revanche, une Europe unifiée d'un commun accord et sur un pied d'égalité entre les membres de l'union européenne pourrait être de taille à se mesurer avec l'Union soviétique et avec les États-Unis.

nain (m): dwarf

✳ A l'époque où la Communauté économique européenne était en projet, la Grande-Bretagne n'était plus obligée de maintenir les 'relations particulières' que les nécessités militaires l'avaient contrainte d'accepter avec les États-Unis au cours des années 1940–1945. La Grande-Bretagne était libre de saisir l'occasion qui lui était offerte de devenir l'un des membres fondateurs de la Communauté économique européenne. Six autres pays européens ont saisi l'occasion; la Grande-Bretagne l'a refusée.

fondateur (m): founder

Après sa victoire de 1945, la Grande-Bretagne a commis la même erreur que l'Espagne après sa défaite de 1588. Comme la femme de Loth, elle a regardé en arrière, et cela au moment où les Six avaient pris de concert la salutaire décision de regarder en avant.

Malheureusement pour la Grande-Bretagne, ce n'est pas seulement par sa propre conversion qu'elle peut racheter son erreur. Aujourd'hui, la destinée des Six, comme celle de l'ensemble de l'Europe, dépendra de la réponse que donneront finalement les Six à la demande d'admission dans la Communauté qui a été présentée non seulement par la Grande-Bretagne, mais encore par plusieurs autres pays d'Europe.

racheter: to redeem

Dans la situation d'après-guerre, la bonne politique pour la Grande-Bretagne ne doit plus être d'éviter les engagements sur le continent: elle doit être, au contraire, de les rechercher.

engagement (m): commitment

Bien entendu, la situation d'après-guerre contient aussi une leçon pour les Six: une union européenne limitée aux Six ne suffit pas à mettre ceux-ci, ni le reste de l'Europe, en mesure de jouer un rôle indépendant dans la vie internationale. Seule une union intégrale de la totalité de l'Europe serait assez puissante pour maintenir ses positions contre l'Union soviétique ou les États-Unis. Et l'Europe perdra inévitablement son indépendance si elle n'est pas en mesure de faire face à chacune de ces deux super-puissances. ✳ ⬖

Le Figaro littéraire

Note

Loth: neveu d'Abraham. Sa femme fut changée en statue de sel pour avoir, en quittant Sodome, regardé derrière elle.

Verb Constructions

faire face à qqn. (à qch.): to face up to s.o. (to sth.)
imposer qch. à qqn. (à qch.):
to impose sth. on s.o. (on sth.)
s'opposer à qqn. (à qch.): to oppose, be against, so. (sth.).
succéder à qqn. (à qch.): to succeed s.o. (sth.)
faire partie de qch.: to be a part of sth.

tirer profit de qch.: to profit, benefit from sth.
se mesurer avec qqn.: to measure up to s.o.
être de taille à faire qch.: to be large enough to do sth.
être en mesure de faire qch.: to be in a position to do sth.
les nécessités l'avaient contrainte d'accepter...
(*De* is sometimes used after *contraindre* when the following infinitive begins with a vowel.)

Further Vocabulary

nous accueillons avec joie: we are very happy to welcome
elle a connu un terme: it has come to an end

au sens fort du terme: in the real meaning of the word
la bonne politique: the right policy

A Questions à préparer

1 Quelle est cette 'série tragique des guerres fratricides' dont parle Toynbee? Pourquoi se réjouit-il qu'elle ait pris fin?

2 Qu'est-ce qui est le plus important pour la Grande-Bretagne, selon Toynbee: qu'elle fasse tout de suite partie de la Communauté économique européenne, ou qu'il n'y ait plus de guerres en Europe?

3 Quelle est, aux yeux de Toynbee, la condition nécessaire à l'union entre les pays de l'Europe?

4 Pourquoi la France, l'Allemagne, la Grande-Bretagne et l'Italie ne sont-elles plus des 'grandes puissances'? Comment peuvent-elles le redevenir?

5 Quelle est l'occasion qui, selon Toynbee, était offerte à la Grande-Bretagne aux débuts de la Communauté économique européenne? Pourquoi l'a-t-elle refusée?

6 Expliquez le sens donné ici par Toynbee aux deux expressions 'regarder en arrière' et 'regarder en avant'.

7 Qu'est-ce qui a changé dans la situation de la Grande-Bretagne vis-à-vis de la Communauté?

8 Quelle devrait être, selon Toynbee, la politique de la Grande-Bretagne dans la situation actuelle?

9 Comment Toynbee voit-il le problème de l'adhésion ou de la non-adhésion de la Grande-Bretagne à la Communauté économique européenne?

B Résumé

Ecrivez en quelque 250 mots un résumé de ce passage (1) Relisez attentivement le texte, en notant les mots et les phrases qui expriment les points les plus importants de l'argument; (2) Notez les phases principales de l'argument; (3) Faites votre résumé d'après ces notes; (4) Comparez votre résumé et le texte de Toynbee en vous assurant que vous n'avez négligé aucun point important.

C Sujet de discussion

Partagez-vous le point de vue de Toynbee sur les raisons pour lesquelles la Grande-Bretagne doit faire partie de la Communauté économique européenne?

D Sujets de rédaction à discuter

(1) Le destin de la Grande-Bretagne est-il de s'intégrer à une communauté européenne, ou de faire partie d'une communauté atlantique qui comprendrait notamment les États-Unis?

(2) Les avantages et désavantages pour la Grande-Bretagne de s'intégrer à la Communauté économique européenne.

Grammar

1 The Subjunctive

(a) After superlatives

The subjunctive is used in relative clauses when the antecedent is qualified by a superlative, or by such words as *seul, unique, premier, dernier*, and the stress is on the attitude of the speaker:

—*la conquête militaire n'est pas la seule méthode qui permette de réaliser...*

But the indicative is used if a simple factual statement is being made:

Ce sont les États les plus puissants qui ont pu jouer un rôle indépendant.

(b) Not used

—*je ne crois pas que l'Europe aurait jamais pu être unifiée.*

—*sans qu'elle ait l'assurance que les Six **aient** la volonté politique et **seraient** disposés...* (passage 12)

Sometimes when a subjunctive would normally be required, the indicative is used to make the meaning clear; for example, to distinguish between a present or past subjunctive and the conditional. Further examples of this point should be noted from your own reading.

2 Personal Pronouns

(a) Use of *autres* for emphasis

The stressed forms of *nous* and *vous* can be strengthened by adding *autres*, especially when people are seen as belonging to a particular category:

—*Nous autres, Britanniques, nous accueillons avec joie:*

We British . . .

—*Nous autres Français sommes particulièrement en jeu.*

(passage 19)

(b) Partitive *d'entre*

Personal pronouns are not preceded by partitive *de* but by *d'entre*:

—*imposée par l'un d'entre eux à tous les autres.*

—*certaines d'entre elles.* (passage 13)

3 Prepositions

de —*d'un commun accord:* by common consent.
  —*de concert:* together.
en —*en projet:* at the planning stage, under discussion.
Compound prepositions
  —*tenue à l'écart de la Communauté:* kept out of . . .
  —*en regard de la perspective:*
    opposite, when compared with, the prospect.
  —*à l'intérieur des frontières:* within the frontiers.
  —*sur un pied d'égalité:*
    on an equal footing, on a basis of equality.

—*au cours des années 1940–1945:*
  (during the years) between 1940 and 1945.
—*au moment où les Six:*
  at the very time when, just when . . .
—*mettre ceux-ci en mesure de jouer un rôle indépendant:*
  enable them to play . . . (*mettre en...*: see 1.6)
Past participle + preposition
  —*l'entente intervenue dans l'après-guerre:*
  the post-war entente.

Exercise

The Subjunctive Translate:
1 This is the only policy which would enable Britain to play an independent rôle. 2 That was the first mistake Britain made in the years following the war. 3 He did not think that the situation would change rapidly in the next five years. 4 Do you think that Britain's 'special relationship' with the United States has ever influenced the latter's foreign policy? 5 We British are capable of facing up to any danger that might arise.

66

12
'Il est de l'intérêt de la France que la Grande-Bretagne signe le Traité de Rome'

'Il est de l'intérêt de la France que la Grande-Bretagne signe le Traité de Rome.' Cette petite phrase figure au centre d'un important rapport présenté au nom de la Commission des Affaires étrangères de l'Assemblée nationale française, par son Président, Jean de Broglie. Elle est significative de la profonde évolution de l'attitude des hommes politiques français à l'égard d'un problème qui, depuis longtemps, bloquait la construction européenne.

significatif (adj.): a sign

Ce texte expose les raisons politiques et économiques qui appuient cette affirmation. Cette prise de position est suffisamment importante pour que nous en publiions les passages essentiels:

appuyer: to support

'Il est déraisonnable de s'apprêter à demander à la Grande-Bretagne de réviser des conceptions séculaires et les bases de son économie, sans qu'elle ait au départ l'assurance que les Six aient la volonté politique de l'admettre en leur sein et seraient disposés, en échange de son adhésion aux dispositions du Traité de Rome, à lui faciliter les transitions et à comprendre ses difficultés.

déraisonnable: unreasonable
séculaire: centuries-old

adhésion (f) (1): acceptance

'Le réalisme est en fin de compte le meilleur aliment de la conviction. Pour que les Britanniques acquièrent la certitude de notre volonté politique de mener la négociation dans un esprit positif, le mieux est qu'ils connaissent les raisons qui conduisent la France à entreprendre cette aventure de l'élargissement, et qu'il leur apparaisse avec évidence que la France considère qu'il est de son intérêt de réussir cette entreprise.

aliment (m) *de*: basis for

entreprendre: to undertake

Un intérêt politique

✳ 'Il y a d'abord pour la France et pour la Communauté un intérêt politique à l'adhésion de la Grande-Bretagne. La tradition démocratique et parlementaire, ancrée dans la mentalité anglaise, constitue pour l'avenir de la Communauté la certitude d'un renforcement psychologique des conceptions qui sont les nôtres sur la dignité de l'individu, ainsi que d'une pérennité plus certaine en Occident des chances de la liberté. La houle de l'esprit latin, le romantisme parfois inquiétant de l'esprit germanique trouveront, au contact du caractère anglais, un apport qu'il faut considérer comme bénéfique et rassurant.

adhésion (f) (2): membership

pérennité (f): survival
en Occident: in the West

apport (m): contribution
bénéfique: beneficial

'Il est vrai que l'on peut soutenir, avec une apparence de raison, qu'il est contraire aux intérêts de la France de laisser pénétrer sur le Marché commun une nation qui aspire à s'y faire accepter, moins pour des raisons économiques, que pour y trouver l'occasion d'un renouveau d'influence politique. Si la chose était vraie, qui pourrait, d'ailleurs, honnêtement reprocher à un grand État ayant le glorieux passé de la Grande-Bretagne de concevoir de semblables espérances? N'en avons-nous jamais caressé? Et quelle est la nation qui dans une entreprise, alliance, coalition ou communauté, ait jamais été jusqu'à y perdre le sens de ses intérêts et de sa personnalité?

renouveau (m): renewal

semblable: similar, such

'L'intérêt de la France est de constater qu'aujourd'hui, la non-entrée de la Grande-Bretagne dans l'ensemble européen créerait une déchirure dont nul ne tirerait profit, ramènerait le Royaume-Uni dans une orbite américaine dont on ne le détacherait plus, et produirait enfin chez certains de nos

déchirure (f): division

partenaires un choc et une déception tels que la Communauté s'en trouverait durablement affaiblie. La notion d'indépendance européenne s'éloignerait davantage de toute réalité. ✳

déception (f): disappointment

Un intérêt économique

'Mais il y a par ailleurs pour la France et pour la Communauté un intérêt économique à l'adhésion de la Grande-Bretagne. La réussite même de la Communauté, son expansion rapide, en dépit de ses retards, et de ses structures inadaptées, laisse entrevoir avec l'apport anglais une impulsion nouvelle et décisive. Une technologie qui est sans doute la plus avancée du continent, une concentration industrielle pratiquement achevée, un appareil commercial et bancaire éprouvé, constitueraient pour les Six un élément de progrès et de prospérité dont il est impossible de méconnaître l'intérêt pour l'Europe.

pratiquement: all but
appareil (m): system
éprouvé: well-tried
méconnaître: to ignore

'Ce poids nouveau ramènerait par ailleurs à l'intérieur de la Communauté actuelle un équilibre économique beaucoup plus favorable aux intérêts français. Qui peut fermer les yeux sur les aspects préoccupants pour la France de la croissance continue et terriblement rapide du potentiel économique de la République fédérale, ainsi que sur les indices de rapports économiques nouveaux avec l'Allemagne de l'Est, augmentant encore à notre détriment les distorsions industrielles qui existent aujourd'hui?

ramener: to restore

préoccupant: worrying

indice (m): sign

'Si l'intérêt de la France est d'assurer à l'Europe une capacité économique permettant de se hausser au niveau américain, comment imaginer une monnaie européenne sans l'apport de la livre, comment imaginer un marché de capitaux sans l'apport de la City, comment imaginer l'Europe des ordinateurs sans l'apport des plus complexes et des plus avancés, qui sont ceux que fabriquent les Anglais?'

se hausser: to rise
monnaie (f): currency

ordinateur (m): computer

L'urgence de la construction européenne

Dans sa conclusion, le rapport souligne avec force le caractère urgent de la construction européenne et la gravité de tout retard qui pourrait y être apporté.

'Dans une vingtaine d'années, le monde, réduit à trois ou quatre grandes civilisations pourrait être essentiellement constitué, aux côtés des nations géantes, de grands ensembles économiques, culturels, linguistiques, plus ou moins consolidés par des structures de nature politique. La personnalité de telle ou telle des nations d'aujourd'hui se mesurera moins alors à son nationalisme propre qu'à son appartenance simultanée à plusieurs de ces ensembles existants. Dans ce monde-là, la Confédération européenne apparaîtra, dans tout l'éclat de sa diversité, héritière des plus hautes civilisations du passé, capable par son capital humain exceptionnel d'apporter une contribution spécifique à l'ère technique et scientifique qui s'ouvre, armée enfin pour l'économie de la société post-industrielle.

ensemble (m): grouping

appartenance (f): membership

éclat (m): brilliance
héritier de: heir to

'Une telle évolution n'est pas acquise aujourd'hui. Des idées reçues, des forces de conservation, des difficultés de conjoncture, voire une hésitation compréhensible aux portes d'une société humaine, si différente de celle que nous connaissons, pourraient retarder de quelques décades cette transformation souhaitable et logique.

acquis: certain
conjoncture (f): circumstances
voire: and indeed

'Or, ce retard peut être beaucoup plus qu'un simple retard. Tout ce qui ne sera pas groupé devra se satelliser et subir, sur l'un des plans en cause, la tutelle de l'un des Super-États existants. Le monde restera un monde de blocs dont l'une des lignes de partage traversera l'Europe. Et de ce fait, le monde

subir: to suffer
tutelle (f): protection
partage (m): division

68

continuera d'être soumis à la possibilité d'un conflit planétaire ou, à tout le moins, à des évolutions idéologiques qui mèneront vers un destin imprévisible.

imprévisible: unforeseeable

'La construction européenne apparaît dès lors dans toute son urgence, et toute la gravité de son enjeu. Elle est en fin de compte, pour la France, l'aboutissement de sa politique de paix, et de son action persistante contre la consolidation des blocs.'

enjeu (m): stake

aboutissement (m): logical conclusion

Communauté Européenne

Pour ou contre l'adhésion britannique?

À la question: 'Vous, personnellement, êtes-vous favorable ou opposé à l'entrée de la Grande-Bretagne dans le Marché commun?' une majorité de Français répond 'oui':

Date du sondage	'Favorable'	'Opposé'	Ne se prononcent pas	
octobre 1967	50	22	28	%
mars 1969	56	16	28	%
novembre 1969	52	16	32	%

Verb Constructions

réussir qch.: to make a success of sth.
assurer qch. à qqn.: to guarantee s.o. sth.
se mesurer à qch.: to be measured, judged, by sth.
être soumis à qch.: to be open to sth.
s'apprêter à faire qch.: to prepare to do sth.

aspirer à faire qch.: to aspire to do sth.
conduire qqn. à faire qch.: to lead s.o. to do sth.
être disposé à faire qch.: to be inclined to do sth.
reprocher à qqn. de faire qch.:
to reproach, criticise, s.o for doing sth.

Further Vocabulary

cette prise de position: this statement of attitude
son adhésion aux dispositions:
her acceptance of the provisions
la houle de l'esprit latin:
the turbulence of the Latin temperament
l'occasion d'un renouveau d'influence politique:
an opportunity for reasserting its political influence

n'en avons-nous jamais caressé?:
have we never cherished (such hopes)?
elle laisse entrevoir une impulsion nouvelle:
it holds out the possibility of a new impetus
tout retard qui pourrait y être apporté:
anything that might occur to delay it
des idées reçues: preconceptions
sur un des plans en cause: in any of the spheres referred to
à tout le moins: at the very least

A Questions à préparer

1 Quelle est 'la profonde évolution de l'attitude des hommes politiques français' dont parle l'auteur?

2 Quelles sont, selon l'auteur, les obligations des Six dans les négociations avec la Grande-Bretagne? Qu'est-ce que la France en particulier doit prouver?

3 Quel serait pour la Communauté l'intérêt politique de l'adhésion de la Grande-Bretagne? Pourquoi M. de Broglie considère-t-il que l'apport britannique serait 'bénéfique et rassurant' pour la Communauté?

4 M. de Broglie estime-t-il qu'il est contraire aux intérêts de la France d'encourager les ambitions politiques de la Grande-Bretagne? Comment justifie-t-il son attitude?

5 Quelles seraient, de l'avis de M. de Broglie, les conséquences pour la Communauté et pour la Grande-Bretagne si celle-ci n'entrait pas dans le Marché commun?

6 Comment l'adhésion de la Grande-Bretagne pourrait-elle contribuer au développement économique de la Communauté?

7 A quoi pense M. de Broglie lorsqu'il parle d'un 'équilibre économique beaucoup plus favorable aux intérêts français'?

8 Pourra-t-on encore parler, dans le monde de l'avenir, de nations indépendantes? Comment la personnalité d'une nation telle que la France ou la Grande-Bretagne se mesurera-t-elle? Quel sera le caractère spécifique d'une éventuelle 'Confédération européenne'?

9 Quel sera l'avenir d'une nation qui refusera de s'intégrer dans un ensemble plus grand?

10 Résumez les raisons pour lesquelles M. de Broglie estime que la construction européenne est 'urgente'.

B Sujet de discussion

Par quels moyens le rapport de M. de Broglie cherche-t-il à convaincre les Français de la nécessité de l'adhésion de la Grande-Bretagne à la Communauté économique européenne? Avec quels arguments essaye-t-il de surmonter la méfiance traditionnelle des Français envers la Grande-Bretagne? A quels sentiments fait-il appel? Si vous étiez Français, trouveriez-vous ces arguments convaincants?

❖ C Sujet de rédaction à discuter

Les États-Unis de l'Europe
Quelles possibilités et quelles difficultés un tel projet comporte-t-il pour les États européens et pour le monde?

Grammar

1 The Subjunctive

(a) **After impersonal verbs**
The subjunctive is used in clauses dependent on an impersonal verb, unless it expresses certainty or probability:
—*Il est de l'intérêt de la France que la Grande-Bretagne signe...:*
It is in France's interest that Britain (should) sign . . . (subjunctive)
—*Il est vrai que l'on peut soutenir...* (indicative)
Similarly with many constructions not containing impersonal *il* but equivalent to impersonal constructions:
—*le mieux est qu'ils connaissent et qu'il leur apparaisse...* (i.e. *il vaut mieux qu'ils connaissent...*)

(b) **After *pour que*** (and *afin que*)
—*Pour que les Britanniques acquièrent la certitude, le mieux est...*
Note also the use of *pour que* + subjunctive after *suffisamment, assez* and *trop* when there is a change of subject:
—*Cette prise de position est suffisamment importante pour que nous en publiions les passages essentiels.*
Compare the infinitive construction:
Cette prise de position est suffisamment importante pour justifier un commentaire détaillé.

(c) **After *sans que***
—*demander à la Grande-Bretagne de réviser, sans qu'elle ait au départ l'assurance que...:*
. . . without her being confident that . . .
Compare the infinitive construction:
La Grande-Bretagne ne veut pas négocier sans avoir l'assurance que...

(d) **In relative clauses**
The subjunctive is used in relative clauses containing a statement presented as contrary to fact:
—*quelle est la nation qui ait jamais été jusqu'à y perdre le sens de ses intérêts?*

2 Tenses

(a) With *si*

In conditional statements with *si*, the following tense sequence is generally observed:

(i) Conditional in main clause, imperfect in 'if' clause:

— *Si la chose **était** vraie, qui **pourrait** reprocher à un grand état?*

(ii) Conditional perfect in main clause, pluperfect in 'if' clause:

*Si la Grande-Bretagne **avait signé** le Traité de Rome en 1958, la plupart de ces problèmes **auraient été** résolus.*

Note: for *si* used with other tenses, see 8.2.

(b) With *depuis*

The present or the imperfect tense is used in a clause with *depuis* to describe an action or state seen as continuing or existing up to a particular point in time.

The point of reference can be (i) the present time:

*La Communauté économique européenne **existe** depuis 1958.*

or (ii) an event (a moment) in the past:

—*un problème qui, depuis longtemps, **bloquait** la construction européenne.*

(The point of reference in the passage is the publication of the report on Britain and the E.E.C.)

Note that the phrase with *depuis* can state either 'how long' (e.g. *depuis longtemps*) or 'since when' (e.g. *depuis 1958*).

3 Indefinite Adjective   *tel:* such

(a) *un tel, de tels*

— *Une telle évolution:* Such a development.

— *de tels excédents:* such surpluses. (passage 10)

(b) *tel ou tel*

— *La personnalité de telle ou telle des nations d'aujourd'hui:*

The individuality of any (particular) nation . . .

(c) *tel que:* (*1*) **such that**, (*2*) (**such**) **as**

— *un choc et une déception **tels que** la Communauté s'en trouverait affaiblie:*

such a shock and **such** disappointment **that** . . .

Note that here *tel* is placed after the noun, i.e. next to *que*.

— *le marché mondial des denrées alimentaires, **tel qu'**il fonctionne actuellement:*

. . . **as** it operates at present. (passage 10)

(d) *tel* + noun: **such as, like**

— *des maladies graves, **telles** la tuberculose et les maladies vénériennes:*

. . . like (such as) . . . (passage 14)

Note that *tel que* agrees with the preceding noun(s) while *tel* agrees with the following noun(s):

*des pays **tels que** la France...*

*un pays industrialisé, **telle** l'Allemagne...*

Note:

— *dans peu de pays le souverain est réduit à **si** faible rôle:*

. . . is confined to such an unimportant rôle (passage 20)

— *il n'y a plus une opposition **si** profonde et **si** violente que...*

(passage 20)

When 'such' modifies an adjective it is translated by *si* or *aussi.* (see also 4.5)

4 Prepositions

à after *il y a* + noun:

— *il y a un intérêt politique **à** l'adhésion de la Grande-Bretagne:*

Britain's membership has political advantages.

— *l'inconvénient qu'il y a pour la Grande-Bretagne **à** être...:*

the disadvantage for Britain in being . . . (passage 11)

de — *il est **de** l'intérêt de la France:*

it is in France's interest.

en — *un des plans **en** cause:*

one of the areas concerned

avec + noun forms innumerable adverb phrases:

— *avec évidence:* clearly.

— *avec force:* strongly, forcefully.

jusqu'à — *quelle est la nation qui ait jamais été **jusqu'à** y perdre...?*

. . . which has ever gone so far as to . . .?

*Il est allé **jusqu'à** affirmer que...:*

He went so far as to declare that . . .

par — *par ailleurs:* furthermore, on the other hand

Compound prepositions

— *en leur sein:* in their midst.

au sein de la Communauté:

within the Community.

— *en échange de son adhésion aux dispositions:*

in exchange for its acceptance of the provisions.

— *en dépit de ses retards:* despite its setbacks.

— *aux côtés des nations géantes:*

alongside the giant nations.

— *aux portes d'une société humaine:*

on the threshold of . . .

Exercises

(1) **The Subjunctive** Translate:

1 It is not true that the Common Market endangers Britain's interests. 2 It is probable that Britain will eventually be accepted by the Six. 3 In that case the danger would be that Britain would choose to remain independent. 4 The question is too complex for people to be able to settle it by referendum. 5 The situation is now clear enough to be discussed by the governments concerned. 6 The government cannot change its policy without informing its partners. 7 The government's policy cannot be changed without its partners knowing. 8 There are now no reasons which could lead Britain to change her present attitude. 9 He did not think that this would ever happen. 10 He denied that this would have made any difference whatsoever.

(2) **Tenses** Translate:

1 Britain would have signed the Treaty of Rome in 1958 if she had taken part in the negotiations. 2 He said that if Britain did not enter the Common Market she would remain in the American sphere of influence. 3 If he had not explained this, we would not have understood the seriousness of what was at stake. 4 When the Treaty of Rome was signed in 1958 the six countries concerned had been working for eight years to set up common institutions. 5 Britain has, since 1961, been trying to join the Common Market.

(3) *tel*

Replace the words in italics by *tel* or *tel que*, according to the sense:

1 Une *si profonde* évolution ne s'était pas prévue. 2 L'entrée de la Grande-Bretagne pourrait apporter à l'Europe des avantages certains, *comme par exemple*, une technologie avancée, et un appareil commercial et bancaire éprouvé. 3 L'échec des négociations produirait un choc et une déception *si grands* que la Communauté s'en trouverait durablement affaiblie. 4 Quelle nation n'a pas conçu des espoirs *semblables à* ceux que caressent les Anglais? 5 Le rapport condamnait des idées reçues *comme* on en lit souvent dans les journaux. 6 L'intérêt de *n'importe quelle* nation d'aujourd'hui est de s'allier à un de ces grands ensembles économiques et culturels.

IV
Le racisme et
l'immigration

Armstrong

Armstrong je ne suis pas noir
Je suis blanc de peau
Quand on veut chanter l'espoir
Quel manque de pot
Oui j'ai beau voir le ciel l'oiseau
Rien rien rien ne luit là-haut
Les anges zéro
Je suis blanc de peau

Armstrong tu te fends la poire
On voit toutes tes dents
Moi je broie plutôt du noir
Du noir en dedans
Chante pour moi Louis O oui
Chante chante chante ça tient chaud
J'ai froid O moi
Qui suis blanc de peau

Armstrong la vie quelle histoire
C'est pas très marrant
Qu'on l'écrive blanc sur noir
Ou bien noir sur blanc
On voit surtout du rouge du rouge
Sang sang sans trêve ni repos
Qu'on soit ma foi
Noir ou blanc de peau

Armstrong un jour tôt ou tard
On n'est que des os
Est-ce que les tiens seront noirs
Ce serait rigolo
Allez Louis! Alleluia!
Au-delà de nos oripeaux
Noir et blanc sont ressemblants
Comme deux gouttes d'eau.

Claude Nougaro

13
Les races humaines et la biologie moderne

Le concept de race paraît simple: il recouvre en fait une réalité biologique dont la complexité apparaît sans peine. Peu de mots ont agité aussi brutalement l'histoire de l'humanité. Les premiers Espagnols qui débarquèrent aux Amériques, les Nouvelles Indes, décrétèrent que les indigènes n'avaient pas d'âme et n'étaient pas des hommes. Ils ne pouvaient donc pas posséder de terre et rien n'interdisait de les réduire à l'état de sous-esclaves assimilables aux animaux domestiques. Il fallut l'intervention du souverain pontife pour faire admettre que les Indiens étaient des hommes. On les baptisa mais on ne leur a jamais rendu leur terre.

débarquer: to land
décréter: to decree
indigène (m and f): native
esclave (m and f): slave
assimilable: comparable

C'est au nom de l'inégalité des races que, pendant des siècles, l'Afrique noire fut vidée d'une partie de sa population active au profit du Nouveau Monde. La traite des Noirs favorisa l'expansion de l'Amérique, mais elle fut l'une des causes du sous-développement de l'Afrique sud-saharienne. Si les esclaves noirs ou leurs descendants se sont bien adaptés au nouveau continent, ils n'ont jamais été socialement intégrés. Il suffit de parcourir Harlem pour s'en convaincre. C'est le racisme qui a engendré l'horreur et l'épouvante de l'univers concentrationnaire. Auschwitz et Buchenwald resteront pour l'histoire les pages d'humiliation de notre siècle.

actif: working
traite (f): slave-trade

épouvante (f): terror

L'anthropologie

Les hommes ne sont pas tous semblables; ils peuvent présenter des types variés. Sans quitter la France, le voyageur est frappé par la fréquence des blonds aux yeux bleus dans certaines parties du nord qui contrastent avec les bruns aux yeux noirs des régions méditerranéennes. Ces différences s'accentuent si l'on considère des zones géographiques plus vastes. Les caractères les plus faciles à observer portent sur la couleur de la peau, des cheveux et des yeux. Bien avant notre ère, les Egyptiens avaient figuré, sur les tombes des rois, des hommes blancs, noirs ou jaunes. Une distinction analogue se retrouve dans les vieux textes sanscrits.

caractère (m): characteristic
peau (f): skin
figurer: to represent

analogue: similar

Pendant une longue période l'humanité vécut sur cette notion de 'race de couleur'. Vers le milieu du XVIIIe siècle, Linné impose la notion de classification zoologique dans laquelle l'homme vient prendre sa place. Les espèces se subdivisent en sous-espèces et en races. L'étude de l'homme en tant qu'espèce zoologique donne naissance à une science nouvelle: l'anthropologie.

espèce (f): species

L'anthropologie recherche des critères morphologiques portant essentiellement sur le squelette: taille du corps, forme du crâne, massif facial, etc. On détermine ainsi les grandes races morphologiques classiques.

critères (m pl.): criteria
squelette (m): skeleton
crâne (m): skull
massif (m): mass

Pendant tout le XIXe siècle, les anthropologistes perfectionnent leurs méthodes, multiplient leurs indices. Et l'on en arrive à scinder peu à peu ces races traditionnelles en un nombre sans cesse plus élevé de sous-races 'nouvelles', sur l'individualité desquelles personne n'était d'accord.

indice (m): sign
scinder: to divide

Ces difficultés étaient en partie dues au fait que l'espèce, tout comme la race, doit être uniquement définie par des caractères génétiques, et qui échappent de ce fait à l'influence du milieu. Or, si les caractères morphologiques sont en partie contrôlés par l'hérédité (nul ne songerait à nier la ressemblance de jumeaux vrais), ils sont très largement influencés par les conditions

jumeau (m): twin

d'environnement. Une alimentation riche favorise l'accroissement de la taille et l'allongement du crâne. Une alimentation pauvre produit l'effet contraire, tout comme le travail physique précoce. La couleur de la peau dépend en grande partie de la durée d'ensoleillement, etc.

De l'anthropologie à la biologie

Aussi, l'anthropologie devait-elle être complètement remaniée par la découverte de caractères concernant la structure biochimique des cellules et dont la réalisation est directement contrôlée par l'information génétique. Les plus classiques correspondent aux groupes sanguins portés par les globules rouges qui se différencient aujourd'hui en un nombre élevé de systèmes (A.B.O., M.N., rhésus, etc.).

A part de très rares cas, la plupart des types de facteurs sanguins sont rencontrés dans toutes les populations, mais avec des fréquences caractéristiques pour chacune d'elles. Ainsi le concept de type morphologique théorique qui devrait correspondre à chaque race (et que chaque sujet d'une même race réalise plus ou moins) doit être remplacé par un concept statistique: une race donnée se définit par des fréquences caractéristiques des facteurs sanguins.

Or, à de très rares exceptions près, les populations actuellement vivantes ne présentent pas d'homogénéité quant à leurs caractères sanguins. Il est possible que, dans les premiers.temps de l'humanité, différents types sanguins aient été rigoureusement localisés à tel ou tel groupe racial. Mais l'homme est un animal migrateur, et très vite, sans doute dès la fin du paléolithique, de nombreux métissages eurent lieu, qui n'ont fait que s'accentuer au cours de l'histoire pour atteindre aujourd'hui une ampleur jamais égalée.

L'hérédité et le milieu

Enfin, bien que la race repose sur un patrimoine génétique transmis de génération en génération, elle n'en échappe pas pour autant à l'action du milieu. Bien des caractères raciaux ont un aspect adaptatif. Ce n'est pas l'effet du hasard si toutes les races à peau foncée se trouvent rassemblées dans les régions intertropicales du globe, alors que certaines d'entre elles n'ont aucune communauté d'origine: dans ces zones, les peaux sombres protègent mieux l'organisme contre l'action des radiations ultraviolettes du soleil. Le phénomène inverse joue dans les pays de faible ensoleillement, où sont concentrées les races les plus claires.

La race, telle qu'elle nous apparaît aujourd'hui, n'est donc qu'un état d'équilibre entre un patrimoine génétique hérité de multiples générations et les conditions d'environnement qui ont effectué un 'tri' sur les facteurs ayant une valeur adaptative en favorisant leur diffusion au détriment des autres. Ainsi toute modification de milieu peut, à la longue, modifier le stock génétique d'une population, donc son type racial.

Il est aujourd'hui très difficile d'isoler de vrais groupes raciaux, en dehors des grands ensembles entre lesquels d'ailleurs existent toutes les transitions.

Biologiquement, toutes les populations humaines ont la même valeur. Il n'existe ni race inférieure ni race supérieure. Il y a seulement des différences de culture et de développement. Le racisme, qui prétendait isoler des races dites supérieures, est contraire aux données les mieux établies de la science: toute population génétiquement isolée vivant en endogamie stricte est, tôt ou tard, condamnée à la dégénérescence et à la disparition. C'est ce qui se passe aujourd'hui pour les petits groupes d'Indiens de la forêt guyanaise. Le

alimentation (f): diet
accroissement (m): growth
taille (f): height
allongement (m): lengthening
précoce: at an early age
durée (f): length, duration
ensoleillement (m): exposure to sun
remanier: to reshape
cellule (f): cell
réalisation (f): production
sanguin (adj.): blood

métissage (m): cross-breeding

patrimoine (m): heritage

peau (f) *foncée:* dark skin

jouer: to operate

tri (m): selection

prétendre: to claim

endogamie (f): in-breeding

brassage biologique qui apporte des gènes étrangers est souhaitable et nécessaire pour maintenir ce polymorphisme génétique qui donne aux humains, comme aux autres vivants, leur meilleure chance de survie.

brassage (m): mixing

survie (f): survival

Joseph Ruffié, *Le Monde*

Notes

la morphologie: étude de la forme et de la structure des êtres vivants.
le gène: élément du chromosome, conditionnant la transmission et la manifestation d'un caractère héréditaire.

Verb Constructions

échapper à qch.: to escape from sth. (figuratively)
donner lieu (naissance) à qch.: to give rise to sth.
être d'accord sur qch: to agree about sth.
porter sur qch.: to have a bearing on, relate to sth.
reposer sur qch.: to be based on sth.
vivre sur qch.: to live with or on sth.
(Compare *vivre sur* with *vivre de: vivre de son travail* (to live by one's work.) *Vivre sur* is used figuratively: *vivre sur sa réputation* (to live on one's reputation.))

Impersonal verbs: *falloir* and *suffire*
—*Il fallut l'intervention du souverain pontife pour faire admettre que...:*
It took the Pope's intervention to have it acknowledged that . . .
—*Il suffit de parcourir Harlem pour s'en convaincre:*
For proof of this all you have to do is go through Harlem . . .

Further Vocabulary

l'homme vient prendre sa place: man takes his place
pour atteindre aujourd'hui une ampleur jamais égalée: and which are now more widespread than ever before

elle n'en échappe pas pour autant à...: this does not mean that it is unaffected by . . .
le racisme est contraire aux données les mieux établies: racialism goes against all the evidence

---

A Questions à préparer

1 Pourquoi les Espagnols avaient-ils décrété que les indigènes des Nouvelles Indes n'étaient pas des hommes? Pourquoi l'auteur donne-t-il cet exemple au début de son article?
2 Quelles ont été les conséquences pour l'Afrique noire, de l'idée de l'inégalité des races?
3 Auschwitz et la traite des Noirs ont-ils le même point de départ? Lequel?
4 Quelles étaient les caractéristiques de l'homme étudiées par les premiers anthropologistes?
5 Quels sont les problèmes qui se sont posés à ceux qui, aux XVIIIe et XIXe siècles, voulaient établir une classification des races humaines?
6 Les différences entre les races sont-elles dues uniquement à l'hérédité?
7 Comment l'étude des caractères sanguins a-t-elle modifié le concept de race?
8 Quels sont les effets d'une modification du milieu sur les caractères raciaux?
9 Quelles sont, selon l'auteur, les dangers qui se présentent à toute population vivant strictement séparée d'autres groupes d'hommes?

B Sujets de discussion

(1) Quelles contributions cet article peut-il apporter à une discussion sur le 'développement séparé' des races, tel qu'il est pratiqué par exemple en Afrique du Sud?

(2) L'auteur de l'article affirme-t-il que tous les hommes naissent égaux?
(3) A qui le racisme, au cours de l'histoire, a-t-il servi? Considérez le racisme sous ses aspects économiques, sociaux, personnels:
économiques: l'utilité pour les employeurs de toutes sortes, d'une main-d'œuvre composée d'esclaves ou de groupes humains considérés comme inférieurs (donnez des exemples);
sociaux: le désir des groupes sociaux dominants de maintenir leur supériorité, par exemple par la désignation de certaines terres, de certains quartiers interdits aux groupes 'inférieurs', ou au contraire réservés à ceux-ci (les Peaux-Rouges en Amérique; les ghettos de toutes sortes);
personnels: les mœurs, les capacités, voire l'existence de certains groupes ethniques peuvent être ressenties comme une menace par leurs voisins qui leur attribuent, le plus souvent à tort, des coutumes barbares, des pouvoirs magiques, etc.
(4) Le racisme tient-il à une prédisposition inhérente aux hommes ou est-il au contraire l'expression des craintes et des ressentiments qu'éprouvent les hommes dans leur vie personnelle, sociale et économique?

C Sujet de rédaction à discuter

Le racisme: ses origines et ses conséquences.

Grammar

1 Tenses

(a) The Past Historic and Perfect tenses

Both the past historic and the perfect tenses refer to a particular point or period of time in the past; the past historic emphasises the event itself, in its place in history, whereas the perfect tense relates the event to the present time:

—*On les **baptisa** mais on ne leur **a** jamais **rendu** leur terre.*

—*dès la fin du paléolithique, de nombreux métissages **eurent** lieu, qui n'**ont fait** que s'accentuer au cours de l'histoire.* (see also 9.1)

(b) Use of the Present tense with past meaning

(i) *c'est...qui (que)...*

—*C'est au nom de l'inégalité des races que l'Afrique noire fut vidée:*

It was in the name of . . .

—*C'est le racisme qui a engendré l'horreur et l'épouvante...:*

It was racialism which . . .

The present tense is generally used in the construction *c'est...qui (que); ce fut* and *ce sera* are possible, but compound tenses (e.g. perfect, pluperfect) are usually avoided.

(ii) **The historic present**

The present tense is sometimes used instead of the past historic, either as a means of making a particular point of a narrative more vivid, or to situate an historical fact which was not really an event:

—*Vers le milieu du XVIIIe siècle, Linné impose la notion...*

—*Pendant tout le XIXe siècle, les anthropologistes perfectionnent leurs méthodes.*

(For the **imperfect** tense used historically, see 15.1)

2 The Present Participle

Agreement (see also 2.2)

(a) —*des critères morphologiques **portant** sur le squelette* (i.e. *qui **portent** sur...*)

—*(des) caractères **concernant** la structure biochimique* (i.e. *qui **concernent**...*)

Used verbally (i.e. when it corresponds to a relative clause as in the above examples), the present participle is **invariable.**

(b) —*les populations actuellement **vivantes*** (i.e. *qui sont vivantes*)

Compare:

*On a trouvé des populations entières **vivant** dans la misère.* (i.e. *qui vivent...*)

Used adjectivally (i.e. when it expresses a characteristic of the noun), the present participle **agrees.**

3 Relative Pronouns

(a) *dont* and *duquel:* whose, of which

(For other uses of *dont*, see 17.16.)

(i) *Dont* is used when the noun it is linked to in the relative clause **is not** governed by a preposition:

—*une réalité biologique **dont** la complexité apparaît sans peine:*

. . . **the complexity of which** is readily apparent.

—*un élément...**dont** il est impossible de méconnaître **l'intérêt**:*

. . . **the advantage of which** cannot be ignored. (passage 12)

(Note the word order in this last example.)

(ii) *Duquel* (or *de qui* when referring to persons) is used when the noun it is linked to in the relative clause **is** governed by a preposition:

—*(des) sous-races nouvelles, **sur l'individualité desquelles** personne n'était d'accord:*

. . . **whose individuality** no one could agree on.

(b) *et qui, et dont*

If a noun is followed by two relative pronouns, the second relative is preceded by *et;* this makes clear to which noun the second relative refers:

—*(des) caractères concernant* (i.e. *qui concernent*) *la structure biochimique des cellules **et dont** la réalisation est directement contrôlée...*

4 Prepositions

à in phrases meaning 'except (for)', 'apart from':

— *à de très rares exceptions près:*
with very few exceptions.

à ceci près que...:
with the exception that . . ., except that . . .

— *à part de très rares cas:*
apart from a few cases, with very few exceptions.

de — *de ce fait:* thereby, as a result.

en is used after verbs of dividing, separating (into):

— *scinder ces races traditionnelles en un nombre...:*
to divide these traditional races into . . .

— *qui se différencient en un nombre élevé de...:*
which are divided into . . .

sur — *qui ont effectué un 'tri' sur les facteurs:*
which have sorted out, picked out, the factors.

vers — *vers le milieu du XVIIIe siècle:*
about the middle of the eighteenth century.

Exercises

(1) **Tenses** Explain the use of the past historic and perfect tenses in these examples taken from the passage and, where possible, show how the meaning or the emphasis of the extract would be changed if the other past tense were used:
1 Peu de mots ont agité aussi brutalement l'histoire. 2 Les premiers Espagnols qui débarquèrent aux Amériques...décrétèrent... 3 Pendant des siècles l'Afrique noire fut vidée. 4 La traite des Noirs favorisa l'expansion de l'Amérique. 5 Si les esclaves noirs se sont bien adaptés, ils n'ont jamais été socialement intégrés. 6 Pendant une longue période l'humanité vécut sur cette notion. 7 Ce polymorphisme sur l'origine duquel on s'est souvent interrogé... 8 Les conditions d'environnement qui ont effectué un 'tri'...

(2) **Relative Pronouns** Combine the following pairs of sentences, using *dont* or *duquel* as appropriate. (Example: *C'est un phénomène; on en ignore les causes.*—*C'est un phénomène dont on ignore les causes.*):
1 C'était un événement; on s'interroge sur ses conséquences. 2 Voilà une coutume; on en ignore les origines. 3 C'était une crise; son ampleur n'a jamais été égalée. 4 C'est là un projet; il serait prêt à tout faire pour sa réalisation. 5 Il s'agit d'un projet important; sa réalisation exigera d'immenses efforts. 6 Il faut élaborer un projet; plusieurs pays participeraient à sa réalisation. 7 Il y eut ensuite une longue période; au cours de cette période la situation se transforma peu à peu.

Bidonville

Regarde-la ma ville
Elle s'appelle bidon
Bidon bidon bidonville
Vivre là-dedans c'est coton

Les filles qui ont la peau douce
La vendent pour manger
Dans les chambres l'herbe pousse
Pour y dormir faut se pousser
Les gosses jouent mais le ballon
C'est une boîte de sardines...bidon.

—Donne-moi ta main camarade
Toi qui viens d'un pays
Où les hommes sont beaux
Donne-moi ta main camarade
J'ai cinq doigts moi aussi
On peut se croire égaux.

Regarde-la ma ville
Elle s'appelle bidon
Bidon bidon bidonville
Me tailler d'ici à quoi bon ?

Pourquoi veux-tu que je me perde
Dans tes cités à quoi ça sert ?
Je verrai toujours de la merde
Même dans le bleu de la mer
Je dormirais sur des millions
Je reverrais toujours toujours...bidon.

—Donne-moi ta main camarade
Toi qui viens d'un pays
Où les hommes sont beaux
Donne-moi ta main camarade
J'ai cinq doigts moi aussi
On peut se croire égaux

Serre-moi la main camarade
Je te dis au revoir
Je te dis à bientôt
Bientôt...on pourra se parler camarade
Bientôt...on pourra s'embrasser camarade
Bientôt...les oiseaux les chemins les cascades
Bientôt...le soleil dansera camarade
Bientôt...je t'attends je t'attends camarade.

Claude Nougaro

Vue aérienne du bidonville de Nanterre (démoli en 1969).

Les étrangers en France

La proportion des étrangers dans la population totale est en augmentation: 5,4% en 1968 (soit 2,7 millions) contre 4,7% en 1962 (soit 2,2 millions).

Il y a une plus grande part d'étrangers dans la population active (6,3%) que dans la population totale (5,4%) et, dans certaines branches, elle atteint des niveaux élevés: bâtiment et travaux publics (18%), mines et carrières (14%), industrie (7%).

Les régions comprenant une forte minorité étrangère sont le Midi (Pyrénées, Languedoc, Rhône-Alpes), les zones industrielles du Nord et de l'Est et la région parisienne.

Population de nationalité étrangère en 1962 et 1968 (principales nationalités)

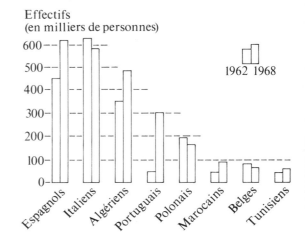

Ouvriers algériens à Nanterre.
...peuplés à 92% d'étrangers, sans eau, sans lumière...'

14
La France, première
'terre d'accueil' d'Europe

accueil (m): reception

Avec ses 3 100 000 étrangers, soit 6% de la population totale et 10% des salariés, la France connaît un nombre record d'immigrants. Elle se situe du même coup au premier rang des 'terres d'accueil' de l'Europe. Ces chiffres, que cite M. Corentin Calvez dans son rapport devant le Conseil économique et social, pourraient bien, à partir de cette année, diminuer dans de fortes proportions.

soit: that is to say

rang (m): rank
citer: to quote

Car l'immigration, spécialité française depuis la fin du XIXᵉ siècle, pose, en raison des proportions qu'elle atteint, quelques problèmes au gouvernement. 'Nous ne pouvons plus nous contenter de mécanismes flous et plutôt anarchiques, dit M. Michel Massenet, directeur de la Population et des Migrations. Il nous faut définir une véritable politique, consciente et ferme.' Cela signifie avant tout diminuer le rythme des régularisations: 80% des étrangers qui se trouvent en France ont passé officieusement ses frontières depuis 1945, et ont été 'régularisés' ensuite par le ministère des Affaires sociales. Les immigrants devront donc désormais, pour entrer en France, montrer qu'ils possèdent un contrat de travail. Sinon, ils pourront être refoulés vers leur pays d'origine. Ces contrôles incomberont à l'Office national de l'immigration.

mécanisme (m): machinery
flou: vague
plutôt: somewhat
conscient: definite

officieusement: unofficially

désormais: from now on

refouler: to send back

Pourquoi la France choisit-elle une politique sélective et contrôlée de ses immigrants? Parce que, répond-on au ministère des Affaires sociales, les problèmes soulevés par leur présence commencent d'être considérables. D'abord le logement: on ne peut continuer de voir d'indécents bidonvilles peuplés à 92% d'étrangers, sans eau, sans lumière, où les enfants pataugent dans la misère et la boue. Ensuite, des problèmes sanitaires: les travailleurs immigrants sont exposés aux maladies contagieuses graves, telles la tuberculose et les maladies vénériennes; le taux d'hospitalisation des étrangers est de deux à six fois celui des Français. Pour un Africain noir, la sensibilité à la tuberculose est de cent à cent cinquante fois plus forte.

bidonville (m): shanty town
patauger: to flounder
misère (f): poverty
boue (f): mud
taux (m): rate

Mais le problème essentiel du migrant reste l'assimilation: pour le Portugais venu d'un petit village à structure patriarcale, l'adaptation à une chaîne de montage chez Renault est malaisée. Une adaptation que doit faire de son côté, le pays d'accueil. Des sociologues ont révélé l'existence de 'seuils de tolérance': plus de 20% de fils d'immigrants dans une école, cela pose des problèmes pédagogiques; 15% de Siciliens dans un immeuble, c'est trop, parce que leur insensibilité au bruit est très supérieure à celle du milieu ouvrier français moyen.

chaîne (f) *de montage:*
  assembly-line
malaisé: difficult
seuil (m): threshold

insensibilité (f): insensitivity

Enfin et surtout, de telles constatations risquent de renforcer certains comportements racistes et de réveiller le malthusianisme latent de l'opinion. Les Français, constatant qu'ils sont plus de 300 000 à chômer, établissent une équation simple: des étrangers de moins, ne serait-ce pas des emplois de plus? En tarissant l'immigration, voire en rapatriant certains étrangers, n'aurait-on pas davantage de places pour les nationaux?

constatation (f): finding
comportement (m):
  behaviour

tarir: to dry up
voire: indeed

Et l'on se met à raisonner comme en 1932. La France, à cette date, instituait une réglementation stricte de ses immigrants. Sacrifiant à l'esprit 'ligne Maginot', elle verrouillait ses frontières. Avec, constate M. Alfred Sauvy, 'cette idée du travail qui n'existerait dans la nation qu'en quantité limitée'.

verrouiller: to bolt

Alors que nous savons aujourd'hui l'immense avantage de la venue des immigrants: en exécutant des tâches grossières, épuisantes, auxquelles répugnent désormais les Français (bâtiment, mines, transformation des métaux), ils éliminent les goulets d'étranglement de la production. En occupant les échelons les plus bas de la hiérarchie, ils permettent aux nationaux d'accéder à de plus hauts postes.

Mais le principal avantage est, pour le pays d'accueil, de recevoir une main-d'œuvre en pleine force productive, jeune, capable de freiner le vieillissement de la population ainsi que la dénatalité. 'Une dénatalité que connaissent tous les pays européens, souligne M. Pierre Laroque, président de la section sociale au Conseil d'État, et qui les oblige à aller chercher de plus en plus loin, en Turquie, en Yougoslavie, en Grèce, cette main-d'œuvre vivifiante indispensable à la survie de l'économie.'

Il ne s'agit plus d'un problème spécifiquement français. Il faudra bien en venir, là encore, à une concertation européenne.

Marcelle Padovani, L'Express

venue (f): arrival	
grossier: rough	
épuisant: exhausting	
goulet (m) *d'étranglement*: bottle-neck	
échelon (m): rung	
poste (m): job, position	
main-d'œuvre (f): labour-force	
dénatalité (f): fall in birth-rate	
vivifiant: invigorating	
survie (f): survival	
concertation (f): common policy	

Lettre parue dans *Le Figaro littéraire* du 19 février 1968

Vieille lectrice du 'Figaro littéraire', j'ai lu dans votre numéro du 24 janvier l'article de Daniel Albo: 'Le chômage frappe aussi à vingt ans.' Je crois que vous avez négligé un problème intimement lié au chômage.

chômage (m): unemployment

Ce grave problème est, à mon avis, celui de la main-d'œuvre étrangère. Exception faite pour les réfugiés politiques et les familles implantées depuis un très grand nombre d'années, pouvez-vous me dire le nombre d'émigrants actuellement en France? Je ne suis pas xénophobe, loin de là, et aime profondément 'mon prochain'. Mais ils vivent dans des conditions affreuses pour la plupart, mal nourris, mal logés: c'est du gibier d'hôpital (sécurité sociale en déficit) et de prison. Les amies que j'ai un peu partout me fournissent des chiffres *effarants*.

prochain (m): neighbour
gibier (m) *d'hôpital*: hospital fodder
effarant: frightening

On dit qu'ils font des métiers que refusent les Français: là il y aurait un sérieux triage à faire dans les bars et sur les lieux de travail, car les frontières sont poreuses.

triage (m): selection

Qu'on garde une petite proportion pour les fonderies, mines, mais que les manœuvres non spécialisés soient remplacés par 'les jeunes chômeurs français', à qui l'on expliquera clairement que balayer ou manier la pelle n'est nullement déshonorant en attendant autre chose.

fonderie (f): foundry
manœuvre (m): labourer
manier: to handle
pelle (f): shovel

La politique de la porte ouverte ne peut se pratiquer que dans une situation économique prospère; et encore ceux qui la possèdent (Suisse, U.S.A.) veillent jalousement à ne pas embarquer trop de lest.

lest (m): ballast

Mlle S. B. (Lyon)

Notes

Malthusianisme (m): (*a*) restriction volontaire de la procréation (*b*) ralentissement volontaire de la production.

ligne Maginot: ligne de fortifications construites sur la frontière française de l'Est de 1927 à 1936.

Verb Constructions

fournir qch. à qqn.: to provide s.o. with sth.
incomber à qqn.:
to devolve upon, be the responsibility of, s.o.
(Used in third person only)

répugner à qch.: to loathe, have an aversion to, sth.
se contenter de qch.: to be satisfied with sth.

A Questions à préparer

1 En quoi consiste la politique que veut définir le gouvernement français dans le domaine de l'immigration? Pourquoi cherche-t-on à appliquer cette politique?

2 Les bidonvilles: pourquoi existent-ils? pourquoi sont-ils peuplés à 92% d'étrangers? Quels sont les effets de ces conditions de logement sur la santé des immigrants?

3 L'assimilation: pourquoi 'l'adaptation à une chaîne de montage chez Renault' est-elle plus malaisée pour un Portugais, un Algérien, un Africain, que pour un jeune paysan français?

4 Quels sont les problèmes pédagogiques qui se posent quand il y a plus d'un certain pourcentage de fils d'immigrants dans une école? comment les résoudre?

5 Pour quelles raisons serait-il inexact d'établir une équation entre 300 000 Français en chômage et le même nombre d'emplois occupés par des étrangers?

6 Vers quels emplois les immigrants semblent-ils s'orienter? Le font-ils de leur propre initiative?

7 L'auteur de l'article insiste sur les avantages que tire la France de l'existence d'une nombreuse main-d'œuvre immigrée; que dire, cependant, de l'économie et du développement des pays d'où viennent ces immigrants? leur départ représente-t-il un avantage ou une perte pour leur pays d'origine?

8 Pourquoi la lectrice du *Figaro littéraire* s'inquiète-t-elle de la présence en France d'une main-d'œuvre étrangère?

9 Quelle solution propose-t-elle à ce problème?

B Sujets de discussion

(1) Imaginez que vous êtes raciste; relevez, dans cet article, tous les élements (idées, chiffres, etc.) que vous pourriez utiliser pour alimenter votre propagande. Ensuite, essayez de réfuter chacun des arguments que vous venez de proposer.

(2) 'En occupant les échelons les plus bas de la hiérarchie les immigrants permettent aux nationaux d'accéder à de plus hauts postes.' Qu'est-ce que l'auteur veut faire accepter par ceux qui lisent son article? Comment essaie-t-il de rendre acceptable son point de vue? Encourage-t-il les nationaux à considérer les immigrants comme des gens inférieurs? Les immigrants devraient-ils toujours occuper les échelons les plus bas de la hiérarchie?

(3) Pour ou contre une politique sélective et contrôlée de l'immigration.

(4) La lettre écrite par la lectrice du *Figaro littéraire* exprime-t-elle selon vous une attitude raciste envers les immigrants? Comment répondriez-vous à sa lettre?

C Sujets de rédaction à discuter

(1) *Le travail sans frontières*
La libre circulation de la main-d'œuvre est un des buts principaux que se propose d'atteindre la Communauté économique européenne. Évaluez ses avantages et ses inconvénients tant à l'échelle mondiale qu'au niveau du Marché commun.

(2) Compilez un 'dossier' sur la situation raciale dans un seul pays (par exemple l'Afrique du Sud, les États-Unis, la Grande-Bretagne, la France): les données du problème, son évolution future, les mesures qu'il faudra prendre.

(3) Rédigez une réponse à la lectrice du *Figaro littéraire*.

À Paris . . .
'Balayer ou manier la pelle n'est nullement déshonorant en attendant autre chose.'

Grammar

1 Tenses

The Conditional

—*cette idée du travail qui n'existerait qu'en quantité limitée:*
  . . . work which only exists (is supposed to exist) . . .

The conditional (or past conditional) is used when referring to a reported or unconfirmed fact; its use often means that the writer doubts the truth of the statement being made. (see 4.3)

2 Numbers

Expressions of Number and Quantity (see also 3.2)

(a) Use of *à* with fractions:
—*(des) bidonvilles peuplés à 92% d'étrangers:*
  shanty towns, 92% of whose inhabitants are foreign.
  aux trois quarts vide: three-quarters empty.
  à moitié mort: half dead.
  When a fraction is used adverbially it is preceded by *à*.

(b) Use of *de plus, de moins* to show increase or decrease in quantity:
—*des étrangers de moins, ne serait-ce pas des emplois de plus?:*
  if there were **fewer** foreigners, wouldn't there be *more* jobs?
  3 000 chômeurs de plus:
  3 000 **more** people out of work.
  un kilo de moins: one kilogram **less.**
  un homme de trop: one man **too many.**
  une fois de plus: once **more** (once **again**).

(c) Use of *fois* in comparisons:
—*le taux d'hospitalisation est de deux à six fois celui des Français:*
  . . . between twice and six times **as high as** . . .
—*de cent à cent cinquante fois plus forte:*
  between a hundred and a hundred and fifty **times as** great.

(d) **Percentages** 20% *des...;* 20% *de...*
  Note the difference in meaning between these examples:
—*ses 3 100 000 étrangers, soit 10% des salariés*
  (i.e. one worker in ten is a foreigner).
—*15% de Siciliens dans un immeuble, c'est trop*
  (i.e. if 15% of the occupiers were Sicilians).
  Compare: *15% des Siciliens dans l'immeuble*

3 Prepositions

à —*à partir de cette année:*
  from this year onwards, after this year.
—*ils sont plus de 300 000 à chômer:*
  more than 300 000 of them are unemployed.
—*indispensable à la survie de l'économie:*
  vital for . . .

avant —*avant tout:* above all, first and foremost.

dans —*dans de fortes proportions:* considerably.

devant —*son rapport devant le Conseil:*
  his report to the Council.

en plein + noun: at the height of..., in the thick of...
—*en pleine force productive:*
  at the height of its productive powers.

Compound preposition:
—*en raison des proportions qu'elle atteint:*
  owing to, by reason of . . .

Past participle + preposition:
—*le Portugais venu d'un petit village:*
  a Portuguese from a small village.

Exercise

Number and quantity Translate:
1 The risks are twice as great. 2 In 1985 there will be 100 000 more children to care for. 3 What he says is only half true. 4 It was just one more article about immigration. 5 The birth rate is nearly twice as high as that of neighbouring countries. 6 This was a town more than 90% of whose inhabitants were African. 7 There are 6% more of them than last year.

1789: la Déclaration des droits de l'homme et du citoyen.

15
Les droits de l'homme
et la pratique

droit (m): right

pratique (f): practice

Le 10 décembre 1948, l'Assemblée générale des Nations unies, siégeant à Paris au palais de Chaillot, adoptait la Déclaration universelle des droits de l'homme, qui s'inspire très étroitement de la célèbre Déclaration de 1789 mais qui la complète sur de nombreux points. Quarante-huit États s'étaient prononcés en sa faveur, huit autres, six appartenant au camp soviétique, l'Afrique du Sud et l'Arabie Saoudite, s'abstenaient.

siéger: to be in session

étroitement: closely

Vingt ans après, jour pour jour, l'Assemblée de la même Organisation, qui réunit désormais cent vingt-six membres, célèbre le vingtième anniversaire de cette Déclaration.

Cette célébration ne s'est pas faite dans l'optimisme, alors que se multiplient dans le monde les exemples de violations de ces droits. Certes, en vingt ans, bien des succès ont été enregistrés dans le domaine de la défense et de la garantie des droits de la personne humaine, ainsi que dans la mise au point d'instruments juridiques internationaux relatifs à ces droits. Dès le 4 novembre 1950 était signée la convention européenne des droits de l'homme, contenant des engagements juridiques précis de la part des États et des mécanismes destinés à garantir toute une série de libertés fondamentales.

juridique: legal

engagement (m): commitment
mécanisme (m): machinery

Beaucoup plus récemment, le 16 décembre 1966, l'Assemblée de l'O.N.U. a adopté deux pactes et un protocole facultatif par lesquels les pays signataires s'engagent à protéger, d'une part, les droits civils et politiques de leurs habitants, d'autre part, leurs droits économiques, sociaux et culturels. Sans parler de la déclaration sur l'indépendance des pays et des peuples coloniaux, de la déclaration et de la convention sur l'élimination de toutes les formes de discrimination raciale, de la convention sur le génocide, etc.

facultatif: optional
pays (m) *signataire:* signatory

✳ Et, pourtant, tous ces documents, toutes ces déclarations solennelles, n'empêchent pas que la plus grande partie de l'humanité continue de vivre dans la pauvreté, l'ignorance et la maladie. Jamais autant qu'aujourd'hui, semble-t-il, les explosions de haine, de violence et de racisme ne se sont autant multipliées partout dans le monde, entraînant pour des populations entières les traitements les plus inhumains.

solennel: solemn

D'ailleurs, la plupart de ces pactes, qui prévoient des engagements précis des États pour assurer le respect et la protection des droits de l'homme, n'ont généralement pas été ratifiés après qu'ils eurent été signés. Bien plus, les pactes adoptés en 1966 à l'O.N.U. n'ont pas encore été signés. La France n'a même pas ratifié la convention européenne des droits de l'homme, qui est entrée en vigueur en 1953, et que le gouvernement grec viole délibérément aujourd'hui. De façon générale, les États se montrent prompts à dénoncer les violations des droits de l'homme commises par les autres et à qualifier d'interventions inadmissibles dans leurs affaires les accusations dont ils sont l'objet à cet égard.

inadmissible: unacceptable

Faut-il dès lors désespérer de l'homme et de sa capacité d'assurer la défense de ses propres droits? M. René Cassin, qui a beaucoup contribué à l'élaboration de la Déclaration universelle des droits de l'homme, et qui a reçu le 10 décembre à Oslo le prix Nobel de la paix, est fondé à déclarer comme il l'a fait la veille, que 'la raison pour laquelle la plupart des gens pensent que les violations sont plus nombreuses aujourd'hui est que les

élaboration (f): drawing up
fondé: justified

moyens de communication modernes font beaucoup mieux connaître ces violations'.

C'est sans doute un immense progrès qu'au cours des dernières années une conscience toujours plus claire et plus complète des droits et des libertés à protéger se soit dégagée des études entreprises et des négociations poursuivies sous la pression d'une opinion qui se rend de mieux en mieux compte qu'il y a un lien étroit entre les droits de l'homme et la paix.

conscience (f): awareness
se dégager: to emerge

Si les gouvernements et les régimes répugnent toujours à s'engager dans une voie qui leur paraît dangereuse parce qu'elle limiterait leurs possibilités de recourir à la force, ceux qui luttent pour les droits de l'homme disposent au moins pour les défendre d'armes plus nombreuses. ✳

possibilité (f): opportunity

Le Monde

Verb Constructions

recourir à qch.: to have recourse to sth.
disposer de qch.: to have sth. at one's disposal
qualifier qqn. (qch.) de qch.:
to call s.o. (sth.), sth.; to describe s.o. (sth.) as sth.

s'engager dans qch.: to enter, plunge into, sth.
s'engager à faire qch.:
to pledge oneself, undertake, to do sth.
répugner à faire qch.: to be loath, reluctant, to do sth.

Further Vocabulary

sans parler de....: not to mention . . .
les accusations dont ils sont l'objet:
the accusations levelled at themselves

A Questions à préparer

1 Pourquoi n'a-t-on pas pu célébrer 'dans l'optimisme' le vingtième anniversaire de la Déclaration universelle des droits de l'homme?
2 Résumez ce qui a été fait depuis 1948 pour compléter et renforcer cette Déclaration.
3 Pourquoi selon vous ces mesures n'ont-elles eu que peu d'effet?
4 Comment est-ce que les États réagissent devant les violations des droits de l'homme (*a*) quand celles-ci sont commises par d'autres et (*b*) quand ils en sont eux-mêmes accusés?
5 Comment expliquer cette contradiction?
6 Quelle est l'influence des moyens de communication modernes dans le domaine des droits de l'homme?
7 'Il y a un lien étroit entre les droits de l'homme et la paix.' Expliquez le sens de cette affirmation.
8 Pourquoi la plupart des gouvernements répugnent-ils toujours à ratifier les pactes?

B Sujet de discussion

Quelle est l'utilité des déclarations et des conventions internationales dans le domaine des droits de l'homme et de la paix?

C Sujets de rédaction à discuter

(1) *Déclaration des droits de l'homme*
En vous inspirant des Déclarations de 1789 et de 1948, ou d'autres documents similaires, rédigez vous-même une Déclaration des droits de l'homme qui correspondrait à vos idées personnelles sur la politique, la morale, etc.
(2) Qu'est-ce que le progrès? Faut-il désespérer de l'homme? ou bien est-ce que l'humanité avance vers un monde meilleur?

Grammar

1 Tenses

(a) 'Historic' use of the Imperfect tense

The imperfect tense is often used in written French instead of the past historic to mark a particular event in history (e.g. the death of a famous man or a declaration of war), particularly when the date or the year is given:

—*Le 10 décembre 1948, l'Assemblée générale* **adoptait** *la Déclaration universelle des droits de l'homme.*

This particular use of the imperfect tense occurs only when an event is seen as 'historic':

—*Beaucoup plus récemment, le 16 décembre 1966, l'Assemblée* **a adopté** *deux pactes et un protocole facultatif.*

(For the perfect and past historic tenses, see 9.1 and 13.1)

(b) The Past Anterior

The past anterior is used instead of the pluperfect tense in time clauses (i.e. after *quand*, *dès que*, *après que* and *à peine* (+ inversion) . . . *que*, when the actions occur in succession and the main verb is in the past historic, and, occasionally, when the main verb is in the perfect tense:

A peine la guerre **eut-elle éclaté** *que les premiers réfugiés* **commencèrent** *à traverser la frontière.*

—*la plupart de ces pactes* **n'ont pas été** *ratifiés* **après** *qu'ils* **eurent été** *signés.*

2 The Subjunctive

The subjunctive is used in subordinate clauses after numerous impersonal expressions stating the writer's **attitude** to a fact:

—*C'est sans doute un immense progrès qu'une conscience toujours plus claire se soit dégagée.*

3 The Infinitive

(a) Adjective + *à* + infinitive

Most adjectives are linked to a following infinitive by *de* when the verb has an active meaning (*Je suis content de vous voir. Il est facile d'oublier cela.*) and by *à* when the verb has a passive meaning (*Cela est bon à manger. Ce point est difficile à expliquer*). But some groups of adjectives are followed by *à* + an infinitive with an active meaning (e.g. *premier*, *dernier*, *seul*; *prêt*, *lent*, *prompt*):

—*les États se montrent prompts à dénoncer les violations:*
. . . are quick to denounce . . .

—*M. René Cassin est fondé à déclarer...:*
. . . is justified in stating . . .

Similarly after an adverb phrase such as the following:

—*ils sont plus de 300 000 à chômer:*
more than 300 000 of them are out of work.

(b) Noun + *à* + infinitive with passive meaning:

—*libertés à protéger:* freedoms **to be protected.**
Note the passive meaning of the infinitive in this construction. Compare also:

—*ce qui est à prévoir:* what needs **to be foreseen.**

—*cette vocation est à mettre en rapport avec l'influence* . . . (passage 4)

The verb *être* may separate the noun from *à* and the verb it governs.

4 The Article

Use of the partitive article

The partitive article is reduced to *de* after adverbs of quantity such as *beaucoup, peu, plus, moins, tant, autant, trop, assez, combien.*

But the full article is used

(a) after **bien,** which is often used in written French in place of *beaucoup*:

—*bien des succès ont été enregistrés:*
many successes have been recorded.

(b) after *la plupart:*

—*la plupart des gens pensent que...:*
most people think . . .

In addition to the expression *la plupart du temps*, **la plus grande partie** is used with a following singular noun:

—*la plus grande partie de l'humanité:*
the greater part of mankind.

5 Prepositions

dans —*dans l'optimisme:*
  in an atmosphere of optimism.
  dans l'espoir de...: in the hope of . . .
pour —*la raison pour laquelle...:* the reason why . . .
  (Compare 8.5: *les raisons de...*)
sur means 'about', 'concerning', in phrases such as:
  —*la déclaration sur l'indépendance des pays:*
  the declaration on . . .

Compound preposition
  —*des engagements de la part des États:*
  commitments by (on the part of) States.

allez lui dire de ma part que...:
  tell him from me that . . .
  pour ma part: as for me, as far as I am concerned.

Past participle + preposition
  —*des mécanismes destinés à garantir...:*
  machinery for guaranteeing . . .

Exercises

(1) **Tenses** Translate:
1 When he began to speak most of the Assembly had left. 2 On the 4th of November 1950, the European convention on human rights was signed by most of the countries concerned. 3 There were many nations who began to prepare for a new war as soon as peace had been signed. 4 No sooner had the document been signed than war broke out among two of the signatories. 5 When these countries declared war they realised that they would be condemned for violating the Charter.

(2) **The Infinitive** Translate:
1 It was easy to foresee the consequences of such action. 2 The United Nations were fortunately quick to act. 3 The sudden outbreak of violence had been difficult to foresee. 4 That is obviously the policy to pursue. 5 Such violations are to be condemned. 6 That country was the first to sign the treaty. 7 He was the only one to speak optimistically. 8 It is inhuman to treat people thus.

V
Le tiers monde

L'Inde
(1) **Population (en millions)**

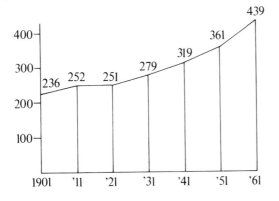

439
361
319
279
236 252 251

400—
300—
200—
100—

1901 '11 '21 '31 '41 '51 '61

(2) **Taux de natalité et de mortalité**

Moyenne annuelle	1941–51	1951–6	1956–61
Natalité (pour mille habitants)	39,9	41,7	40,7
Mortalité (pour mille habitants)	27,4	25,9	21,6

(1) Qu'est-ce qui caractérise l'accroissement actuel de la population de l'Inde, par rapport à celui des premières décennies du XXe siècle?

(2) Le taux de natalité en Inde n'a guère évolué depuis 1941: comment expliquer l'accroissement de la population qu'on a néanmoins enregistré depuis cette date?

Inde: l'aciérie de Durgarpur.
Un ouvrier qui a la chance de travailler gagne en moyenne 80 francs par mois.

16
L'Inde et le sous-développement

L'Inde: 540 millions d'habitants, c'est-à-dire plus que l'Amérique du Sud et l'Afrique réunies, plus que l'U.R.S.S. et les États-Unis réunis. Et tous les vingt-huit jours, ce peuple s'accroît d'un million d'êtres dont on sait qu'ils ne trouveront jamais ni nourriture, ni travail, ni bonheur, mais au contraire la faim, la maladie et la misère.

misère (f): poverty

Au Pakistan, le gouvernement dépense environ 75 millions de francs par an pour le planning familial: mais aucune diminution du taux des naissances n'est encore perceptible. De 45 millions d'habitants au début du siècle, il est passé à 134 millions aujourd'hui. Sa population aura doublé en vingt et un ans.

perceptible: noticeable

Le taux d'accroissement de l'Inde est un peu moindre: population doublée en vingt-huit ans. Mais pour 540 millions d'habitants le gouvernement indien dépense 320 millions de francs par an pour le planning familial, qui du reste ne parvient à toucher que le quart de la population.

toucher: to affect

✱ En Inde, un ouvrier qui a la chance de travailler (il y a officiellement 10 millions de chômeurs non assistés) gagne en moyenne 60 roupies par mois s'il est dans l'agriculture et 120 roupies s'il est dans l'industrie. Prenons le cas d'un ouvrier d'usine, à Calcutta ou à Bombay. 120 roupies, cela fait 80 francs par mois. Il a une femme, qui ne travaille pas, et des enfants, beaucoup d'enfants qui vont en principe à l'école. Un kilo de riz vaut une roupie avec la carte de rationnement et jusqu'à cinq roupies au marché noir. Le kilo de dalda, graisse végétale utilisée dans la cuisine indienne, coûte cinq roupies. La plus mauvaise poussière de thé coûte deux roupies la demi-livre. Un pantalon vaut vingt roupies. Le sari le plus ordinaire coûte quinze roupies.

chômeur (m): unemployed person

valoir: to cost

graisse (f): fat

Comment fait-il pour vivre? Eh bien, tout simplement, il ne vit pas. Il survit au milieu de sa marmaille rachitique, déguenillée, dans un bidonville sub-urbain auprès duquel celui de Nanterre fait figure de Club Méditerranée. L'eau et l'électricité n'arrivent jamais jusqu'à lui puisque pour l'administration ces quartiers de taudis sont 'illégaux'.

marmaille (f): kids, brood
rachitique: rickety
déguenillé: ragged

taudis (m): hovel
quartier (m) *de taudis:* slum area

Mais la sienne n'est qu'une des formes de la misère qui en Inde a plus d'un tour dans son sac. Le paysan n'est guère plus heureux. Aujourd'hui comme au Moyen Age, il est esclave des caprices de la mousson, de la voracité des usuriers, des propriétaires ou des fonctionnaires, des tabous de sa caste et de sa religion soigneusement entretenus par une classe prospère de prêtres parasitaires. Après la récolte, il ne lui reste bien souvent que tout juste de quoi assurer la maigre subsistance de sa famille.

mousson (f): monsoon
usurier (m): moneylender
entretenir: to maintain
prêtre (m): priest
récolte (f): harvest
maigre: frugal

L'un et l'autre seraient bien surpris si on leur disait qu'ils vivent dans un pays 'en voie de développement'. Car même les statistiques officielles reconnaissent que l'Inde ne 'décolle' pas. En 1961, les Nations unies, dans un bel élan, avaient inauguré la 'Décennie du Développement' dont l'objectif était de faire atteindre aux pays sous-développés un taux d'expansion de 50% en dix ans. La décennie touche à sa fin. Prenons le revenu de l'Inde par habitant. C'est la valeur de tout ce que le pays produit en une année, divisé par le nombre d'habitants. Il était de 310 roupies en 1961. Il monta péniblement à 339 roupies en 1965. En 1967, il est retombé à 313 roupies dans le désastre économique qui a suivi vingt-deux jours de guerre avec le Pakistan et deux sécheresses successives.

décoller: to take off
élan (m): burst of enthusiasm
décennie (f): decade
objectif (m): aim

sécheresse (f): drought

Trois cent treize roupies par an, soit un peu plus de quarante dollars, c'est tout ce que 'vaut' aujourd'hui l'Indien moyen. Le citoyen américain, avec un revenu de 3 300 dollars, est 80 fois plus lourd. C'est autre chose que l'écart technologique entre les États-Unis et l'Europe occidentale. On n'est plus dans le même monde. ✱

écart (m): gap

L'aide étrangère

L'Inde est pourtant le pays du monde qui a reçu depuis son indépendance le plus gros volume d'aide étrangère: environ dix milliards de dollars. Cela paraît énorme mais cela ne fait jamais que vingt dollars par habitant. Le drame, c'est qu'avant même d'avoir pu atteindre le stade du décollage économique, l'Inde, comme beaucoup d'autres pays assistés, se trouve en face de prêteurs essoufflés qui lui avancent de moins en moins et à qui elle doit de plus en plus. Au train où vont les choses, l'Inde, d'ici deux ans, versera aux pays industrialisés, sous forme de remboursement de dettes, plus qu'elle n'en recevra en crédits frais.

drame (m): problem

prêteur (m): lender
essoufflé: short of breath
train (m): rate
verser: to pay
remboursement (m): repayment
faire faillite: to go bankrupt

De toute évidence, la coopération internationale, telle qu'elle est conçue depuis quinze ans, a fait faillite. Ce que demandent maintenant les 86 pays sous-développés représentant deux milliards de pauvres, ce n'est plus une aide qui les transforme en débiteurs à perpétuité. Ils veulent des prix soutenus pour leur thé, leur café, leur caoutchouc et leur cacao. Ils veulent une chance de vendre les produits manufacturés par leurs industries naissantes.

caoutchouc (m): rubber

'Le prix des matières premières est réglé par la loi de l'offre et de la demande', leur répondent les pays industrialisés. 'Quant aux produits manufacturés, pourquoi achèterions-nous chez vous des marchandises que nous produisons mieux et à meilleur marché?'

matière (f) *première:* raw material

C'est le dialogue entre les riches et les pauvres qui s'engage une fois de plus. Encore un dialogue de sourds?...

s'engager: to begin
sourd: deaf

Claude Moisy, *Le Nouvel Observateur*

Courrier de *L'Express*

Bravo pour la publication de votre 'Marée humaine' (enquête sur la faim dans le monde). Comme solution pratique, à l'image des jumelages de cités pour le rapprochement des hommes, ne pouvons-nous pas entreprendre une vaste campagne de jumelages fraternels entre cités de 'bien-nourris' et villes ou villages de 'sous-alimentés'? Chaque agglomération prendrait à charge une cité malheureuse, et ses habitants s'engageraient à agir en frères à son égard, par exemple en consacrant chaque année une journée du salaire de ses habitants pour lui envoyer nourriture, matériel de culture et assistants qualifiés. Ce léger sacrifice pourrait, d'ailleurs, être plus étendu dans la mesure du dénuement des frères 'adoptés' et de la connaissance exacte de leur détresse.

Jean Thos, La Ferté-sous-Jouarre.

Notes

Club Méditerranée: village de vacances exploité par l'organisation qui porte ce nom.
un milliard: mille millions.

Verb Constructions	**Impersonal construction:**
faire figure de... (no article): to look like a . . .	*il reste qch.:* something is left over.
parvenir à faire qch.:	(*Il lui reste 60 roupies:* He has 60 rupees left)
to succeed in doing, manage to do, sth.	(*Il ne me reste que 50 roupies:* I have only 50 rupees left)
Further Vocabulary	*qui a plus d'un tour dans son sac:*
Comment fait-il pour vivre?:	which has more than one trick up its sleeve
How does he manage to live?	*au train où vont les choses:* at the rate things are going

A Questions à préparer

1 Quelle est la menace qui pèse sur l'Inde à l'heure actuelle? Comment les autorités essaient-elles d'y faire face, et avec quel succès?
2 Essayez d'imaginer quelques-unes des conséquences qu'entraîne un niveau de salaire aussi bas sur la vie familiale et sur la santé de ces ouvriers.
3 Comment comprenez-vous ce que l'auteur veut suggérer par cette phrase: 'beaucoup d'enfants qui vont en principe à l'école'.
4 Comment voit-on que les autorités sont impuissantes devant le problème des bidonvilles en Inde?
5 Expliquez comment chacun des facteurs énumérés contribue à la misère du paysan; pourquoi n'arrive-t-il jamais à se tirer de la misère par ses propres efforts?
6 Qu'est-ce qu'un 'pays en voie de développement'?
7 Pourquoi ne peut-on pas dire selon l'auteur que l'Inde est 'en voie de développement'?
8 Quel est l'effet de l'accroissement de la population indienne sur le taux d'expansion du pays?
9 Expliquez ce que veut dire l'auteur par 'stade du décollage économique'.
10 Quels sont les grands problèmes économiques qui confrontent l'Inde face aux pays industrialisés?
11 Comment les pays riches pourraient-ils aider les pays pauvres?

B Sujets de discussion

(1) Le rôle du planning familial dans la lutte pour élever le niveau de vie dans les pays sous-développés.
(2) Parmi les problèmes qui confrontent l'Inde, quels sont ceux qui sont partagés par tous les pays sous-développés, et ceux qui lui sont particuliers?
(3) Que pensez-vous de l'idée exprimée par le lecteur de *L'Express*? Quelle contribution cette action pourrait-elle apporter au problème de la faim?

C Sujets de rédaction à discuter

(1) *Riches et pauvres à l'O.N.U.*
Imaginez un dialogue entre le représentant de l'Inde et celui d'un des pays riches; leur conversation a lieu au cours d'une soirée pendant une conférence sur la faim dans le tiers monde. Les pays riches, préoccupés par leurs propres problèmes (l'expansion économique, leurs rivalités politiques et commerciales, etc.) ne semblent pas reconnaître la gravité du problème de la faim dans le monde. Tout en exposant leur point de vue particulier, les deux représentants essaient chacun de comprendre les problèmes de l'autre…
(2) 'Si tu donnes un poisson à un homme, il se nourrira une fois. Si tu lui apprends à pêcher, il se nourrira toute sa vie.' (Kuan-tzu) Discutez.

Grammar

1 The Article

(*a*) **The definite article is required:**

(i) before names of continents, countries, provinces:
—*l'Inde:* India; —*Au Pakistan:* in Pakistan
Note that if the country is feminine singular, 'to' and 'in' are translated by *en* without any article:
en Inde; en France; en Angleterre, etc.
Masculine countries are: *le Japon, le Canada, le Mexique, le Portugal, les États-Unis, le Danemark*, etc. (see also *b*(i) below)
(ii) with nouns of measure, weight or quantity, after a price or a value:
—*(il) coûte deux roupies la demi-livre:*
(it) costs two rupies a half pound.
Note: twice a year (a month): *deux fois par an* (*par mois*).
For the definite article with fractions, see 3.2c
(iii) before abstract nouns:
—*la faim, la maladie et la misère:*
hunger, sickness and distress.

(iv) before names of materials used in a general sense:
—*l'eau, l'électricité:* water, electricity.
(v) before plural nouns denoting a class:
Les usuriers tendent à disparaître:
Usurers are tending to disappear.

(*b*) **The definite article is omitted:**

(i) after *de:* from; *arriver de, venir de*, etc.:
—*des garçons qui viennent de France.*
(passage 17)
Note however that the article is usually retained before masculine countries:
Ils reviennent du Mexique.
(ii) after *être, devenir*, etc., when the noun denotes such things as nationality, status or profession:
—*il est esclave des caprices de la moisson:*
he is a slave of the monsoon's whims. (For other examples, see 3.1)
(iii) after *ni...ni* (and *sans*):
—*ils ne trouveront jamais ni nourriture, ni travail, ni bonheur.*
Il est sans nourriture.

2 Comparison

(a) Superlative of adjectives and adverbs
—*la plus mauvaise poussière de thé.*
—*le sari le plus ordinaire.*
The position of the adjective in the superlative is generally as in the positive form. Note the repetition of the article with adjectives that follow the noun.
—*Ils préfèrent le plus souvent conserver...:*
They generally (mostly) prefer ... (passage 8)
The article *le* is invariable before an adverb.
Similarly, in phrases:
L'Inde est le pays qui a reçu le plus d'aide:
...the most aid.

(b) Comparative forms
(i) —*plus que l'Amérique du Sud et l'Afrique réunies...*
—*la misère a plus d'un tour...*
Plus de (not *plus que*) is used when followed by an expression of quantity.
(ii) —*L'Inde versera plus qu'elle n'en recevra en crédits frais:*
... more than she will receive ...
Ne is required before the verb in a clause forming the second term of a comparison, after *plus, moins, mieux*, etc....*que.*
(iii) —*qui lui avancent de moins en moins et à qui elle doit de plus en plus:*
... less and less ... more and more.
—*une conscience toujours plus claire* (= *de plus en plus claire*) (passage 15)
—*qui se rend de mieux en mieux compte...:*
which is more and more aware ... (passage 15)
(see also 5.3)
(iv) *bien plus, beaucoup plus:*
—*bien plus:* much more.

—*beaucoup plus récemment:*
much more recently.
—*beaucoup mieux:*
much better. (passage 15)
The comparative can be modified either by *bien* or *beaucoup.*

(v) **Irregular forms:** *mieux, meilleur, moindre*
—*que nous produisons mieux et à meilleur marché.*
un monde meilleur.
Note that *mieux* is the comparative form of the adverb *bien* and that *meilleur* is the comparative form of the adjective *bon.*
—*le taux d'accroissement de l'Inde est un peu moindre:*
...somewhat less.
Moindre is the alternative comparative form of the adjective *petit;* it expresses a comparison of degree, whereas *plus petit* more often expresses one of size.

(vi) *auprès de:*
—*dans un bidonville auprès duquel celui de Nanterre...:*
... compared with which (beside which) ...
autre chose que, (tout) autre que:
—*c'est autre chose que l'écart technologique entre les États-Unis et l'Europe occidentale:*
the technological gap between the United States and Western Europe is quite a different thing.
L'écart qui existe entre les États-Unis et l'Europe est (tout) autre que celui qui sépare les États-Unis et l'Inde:
... is quite different from ...

3 Adverb

Uses of encore
(a) **'again', 'more'** — of something repeated
Ils veulent encore du café:
They want some more coffee.
—*encore un dialogue de sourds:*
yet again a (one more, another) failure in communication.
Nous y retournerions encore:
We would go back there again.
—*qui vivent une fois encore:*
who live once more (again).
Similarly: *une fois de plus* (see 14.2b)
—*la situation est encore aggravée:*
... further aggravated. (passage 19)

—*(il) verra encore sa productivité augmenter:*
it will again see ... (passage 10)
But with a negative, *plus* is used:
Ils n'en veulent plus: They want no more of it.
Ils ne veulent plus en parler:
They don't want to speak of it again.
(b) **'not yet'**
—*la conscience de cette situation n'est pas encore très claire.* (passage 20)
Rien n'est encore décidé:
Nothing has been decided yet.
Pas encore!

3 (c) **'still'**

—*ce potentiel, encore mal exploité:*
... still badly exploited. (passage 10)

—*l'aide doit être encore accordée:*
aid must still be granted. (passage 18)

—*parmi lesquels figure encore la Chine:*
... China is still represented. (passage 19)

(d) **'even'**

(i) **In comparisons** (*même* must not be used):
—*ceci est encore plus vrai:*
... even truer. (passage 19)

(ii) **For emphasis** (equivalent to *même*):
—*groupes de presse qui, encore aujourd'hui:*
... even today. (passage 8)

—*et encore ceux qui la possèdent:*
and even those who ... (passage 14, *lettre au 'Figaro'*)

(iii) **Restricted use**
Hier encore je lui ai parlé:
Only yesterday (even as late as yesterday) I spoke to him.

(e) **'even so'**
—*et encore méritent-elles à peine ce titre:*
and even so they hardly deserve this title. (passage 31)

With this meaning *encore* precedes the verb and causes inversion of verb and subject.

---

4 Negatives

—*ils ne trouveront jamais ni nourriture, ni travail, ni bonheur:*
they will never find either ...

Note that 'either ... or' after a negative is translated by *ni*.

---

5 Prepositions

à —*au marché noir:* on the black market.
—*à meilleur marché:* more cheaply.
—*débiteurs à perpétuité:*
permanent debtors, debtors for life.

de —*du reste:* in any case.
—*de toute évidence:* manifestly, quite clearly.

dans —*dans un bel élan:* with a fine burst of energy.
(Compare: *d'un seul élan:* with one bound.)

pour —*le gouvernement dépense 75 millions de francs par an pour le planning familial:*
... on family planning.

Compound prepositions
—*un pays 'en voie de développement':*
a 'developing' country.
—*sous forme de remboursement de dettes:*
in the form of ..., as ...

Exercises

(1) **The Article**   Translate:
1 At the rate things are going coffee will soon cost twenty francs a kilo. 2 A Calcutta factory worker's wife, she couldn't work or earn money. 3 A quarter of the crop was destroyed by the monsoon and a third by the droughts which on average occur twice a year. 4 The growth rate is very high in the United States, in Japan and in certain countries of Western Europe, especially Germany. 5 Priests in India live a relatively prosperous life. 6 The developing countries for the most part produce raw materials, such as tea, coffee, rubber and cocoa. 7 Continuously threatened by famine and disease, the peasant has one hope: that his son should become a priest. 8 Specialists come from England, France, Canada and Japan to set up factories and organise industry.

(2) **Comparison**   Translate:
1 In ten years time the situation ought to be much better than it is now, provided there are no further economic disasters. 2 Compared with the Indian peasant, the Indian civil servant is scarcely any better off. 3 For more than fifteen years now he has been a priest and looks more and more like the ragged peasants he cares for.

4 In the United States the problem of the unemployed is quite different from that in India, where to be employed is exceptional. 5 The United States is the most industrialised country in the world. 6 The goods these countries produce are of an increasingly better quality. 7 The poor countries generally prefer to export their goods. Unfortunately this is even truer of the rich countries. 8 Their factories are better and better equipped, but their people are less and less well fed.

(3) *encore*   Translate:
1 Et ils continuent encore à travailler? 2 Vivre dans ces taudis, c'est déjà mal; mais vivre dans ce bidonville, c'est encore pis. 3 La 'Décennie du Développement'? On en parlait aujourd'hui encore. 4 Ce projet, nous l'avons encore étudié hier. 5 On est encore à chercher une explication de ce désastre. 6 La situation était plus triste que je ne l'avais encore jamais imaginée. 7 Pendant trois mois encore ces pauvres gens doivent habiter ce quartier. 8 Cette tâche est encore plus difficile que je ne croyais. 9 La coutume est française; encore n'est-elle pas à la mode. 10 Il leur faudrait réduire encore le prix de leur produits.

17
Sur la route de Katmandou

❂ Le cinéaste français André Cayatte était allé au Népal afin d'y faire un film sur les hippies et la drogue; en passant par un État de l'Inde, le Bihar, il a trouvé des jeunes Français qui avaient décidé de faire quelque chose de positif contre la faim.

drogue (f): drug

Sur la route de Katmandou, à la frontière de l'Inde et du Népal, dans un État qui s'appelle le Bihar, j'ai rencontré des garçons qui viennent de France; deux en particulier m'ont frappé.

Ils sont dans des villages où il n'y a pas de puits, les hommes travaillent et les femmes—depuis des millénaires—font des kilomètres chaque jour pour aller chercher l'eau alors que l'eau est là, en dessous. Jamais ils n'ont eu la possibilité matérielle de consacrer tous ensemble huit à dix jours à la recherche de l'eau et au forage d'un puits. Jamais ils n'ont pu le faire, parce qu'ils sont obligés d'aller chaque jour travailler chez les autres.

puits (m): well
millénaire (m): thousand years

forage (m): sinking

Viennent là-dessus des garçons, de France également, qui s'engagent pour deux ans, qui viennent dans ces villages pour les arracher à cette sorte de circuit économique. Ils vivent dans un climat moral d'hostilité, dans un climat tout court à peu près insupportable, dans une absence totale d'hygiène, se nourrissant à peine d'une poignée de petits trucs de temps en temps. Ils vivent comme cela pendant deux ans, tout en amorçant un circuit économique. Ils arrachent les parias à l'exploitation. Ils les paient pour chercher de l'eau et creuser un puits, ils les paient pour semer, ils les paient pour récolter pour eux-mêmes, ils les paient pour qu'ils constituent une réserve, c'est-à-dire pour qu'ils aient de quoi se nourrir et de quoi recommencer, et c'est seulement une fois que ce cycle est complet, au bout de deux ans, qu'ils s'en vont.

poignée (f): handful
truc (m) (sl.): thing
amorcer: to set up
circuit (m): cycle
semer: to sow
récolter: to harvest
constituer: to build up

—Et le cycle continue de tourner après leur départ?

—Oui. J'ai vu des villages qui continuaient. J'ai donc rencontré ces deux garçons qui m'ont fortement impressionné, dont un à qui j'ai demandé pourquoi il était venu là. C'était un garçon qui n'était pas du tout genre boy-scout. Il m'a dit: 'J'en avais marre d'entendre parler de la faim, de la révolution, de tout ça; j'ai des copains qui parlent de la révolution, mon père et ma mère sont dans des comités contre la faim et, au nom de la faim, ils vont dans des banquets depuis vingt ans, tout le monde bouffe au nom de la faim; un jour, j'en ai eu marre et j'ai eu envie d'aller faire quelque chose avec mes mains.'

bouffer (sl.): to eat

—C'est sa façon de contester, à lui?

contester: to protest

—Oui, très exactement, mais c'est tout de même autre chose. Le départ est le même, le chemin n'est pas tout à fait le même. Je ne pense pas que ces garçons, aussi nombreux soient-ils, changeraient le destin de l'Inde, mais je crois qu'ils peuvent changer le leur. Parce qu'au fond qu'est-ce que la drogue? C'est la recherche d'un dépassement, et ce dépassement on peut le trouver sous une autre forme. Or, cela, personne n'en parle.

On nous répète qu'il faut faire quelque chose contre la drogue. Qu'il faudrait s'attaquer à la cause, au désenchantement, au sentiment de vide, que les jeunes éprouvent dans notre société. Je ne dis pas qu'il n'y a que ça, l'Inde, mais il y a ça aussi, et on le trouve sur le même chemin de Katmandou. ❂

vide (m): emptiness
éprouver: to feel

Le Figaro

Verb Constructions

arracher qqn. à qch.: to rescue s.o. from sth.
s'attaquer à qch.: to attack, tackle sth.
se nourrir de qch.: to live on, feed oneself on, sth.

consacrer (du temps) à faire qch.:
to spend (time) doing sth.

Further Vocabulary

dans un climat moral...dans un climat tout court...:
in an atmosphere . . . indeed in a physical climate . . .
pas du tout genre boy-scout:
not at all the boy scout type

j'en avais marre d'entendre parler de...:
I was sick of hearing about . . .
la recherche d'un dépassement:
an attempt to go beyond one's limits

A Questions à préparer

1 Qu'est-ce qu'il aurait fallu pour que ces villageois puissent profiter de l'eau qui se trouve sous la terre où ils vivent? Pourquoi n'ont-ils jamais pu y consacrer le temps nécessaire?
2 Quelles sont les difficultés qu'éprouvent les jeunes Français qui viennent vivre dans ces villages? Qu'essayent-ils de faire?
3 Pourquoi leur faut-il payer les habitants du village? En quoi consiste ce circuit économique?
4 A quoi voit-on que ces jeunes Français ont le sens de la responsabilité?
5 Qu'est-ce qui avait amené le garçon, dont parle Cayatte, à venir en Inde?
6 Quels sont les avantages qui découlent de ce travail—pour l'Inde et pour les garçons?
7 Selon l'auteur, qu'y aurait-il de commun entre la drogue, la contestation et le travail volontaire?

B Sujets de discussion

(1) Que pensez-vous de ceux qui, comme ces jeunes Français, consacrent une ou deux années de leur vie, et même davantage, aux pauvres, aux affamés? Pensez-vous que vous pourriez faire comme eux? A quel moment de votre vie? Comment et pourquoi?
(2) Depuis l'abolition du service militaire obligatoire en Grande-Bretagne, de plus en plus de jeunes se portent volontaires pour passer un an ou deux au service des pays sous-développés; ce système devrait-il, selon vous, devenir universel et obligatoire pour les jeunes des pays avancés?

En Inde...
Les femmes font des kilomètres chaque jour pour aller chercher l'eau.

C Sujet de rédaction

'Le monde est pourri. Que faire?'
Discussion entre un garçon comme celui qui figure dans cet article et ses parents avant son départ:
(*a*) Les objections faites par les parents: les études, la carrière; à quoi espère-t-il parvenir? c'est là un problème à l'échelle du monde; que peut faire un individu à lui tout seul? quelles connaissances peut-il apporter, quelle expérience? pourquoi ne pas attendre d'avoir fini ses études?
(*b*) Les arguments du garçon: plus tard il aura des responsabilités, une famille, qui sait? à présent, il est libre, il n'a pas encore de but fixe. Il est jeune, il veut faire quelque chose d'utile, dès maintenant...

Grammar

1 Relative Pronouns (see also 13.3)

(*a*) (i) *quoi:* **which**

    Quoi refers to an action, event or phrase, rather than a particular noun:

    *Ils sont obligés de travailler, **sans quoi** ils ne mangeraient pas:*
    . . . otherwise . . .

    *Ses parents refusèrent ses protestations, **sur quoi** il les quitta:*
    . . . whereupon . . .

    ***En quoi** cette réponse diffère-t-elle de la précédente?:*
    How . . . ?

    —*(ils) sont autorisés à revivre un jour sur terre, **au terme de quoi**...:*
    . . . at the end of which . . . (passage 25)

(ii) *de quoi* Idiomatic uses

    —*pour qu'ils aient **de quoi** se nourrir et **de quoi** recommencer:*
    . . . the means (the wherewithal) to . . .

    —*il ne lui reste bien souvent que tout juste **de quoi** assurer la maigre subsistance de sa famille:*
    . . . just enough to . . . (passage 16)

    *Il y a **de quoi** vous faire enrager:*
    It's enough to drive you mad.

    *Il n'y a pas **de quoi** être fier:*
    There is nothing to be proud of.

(*b*) *dont*

    —*j'ai donc rencontré ces deux garçons **dont un** à qui j'ai demandé... (= **dont il y avait un**):*
    . . . one of whom I asked . . .
    Note this ellipsis of *il y a,* etc.

    —*ce peuple s'accroît de 1 million d'êtres **dont on sait** qu'ils ne trouveront jamais:*
    . . . who, (concerning whom) it is known . . . (passage 16)

    Dont, besides translating 'whose', 'of whom', 'of which', can also translate 'among (about, concerning) whom (which)'.

2 Possessive Adjective

Emphasis

—*C'est **sa** façon de contester **à lui**?:*
It's **his** way of challenging the system?

The addition of *à moi, à toi, à lui, à elle,* etc., is one way of emphasizing the possessive adjective.

Another way is by the addition of *propre:* own, particular:

*C'est sa **propre** façon de protester?*

3 Word Order

Emphasis

Emphasis in French is generally achieved by changing the normal word order in a phrase or sentence:

—*ce dépassement, on peut **le** trouver.* (Normal order: *on peut trouver ce dépassement.*)

—*cela, personne n'**en** parle.* (Normal order: *personne ne parle de cela.*)

Note in these cases the addition of a personal pronoun complement for clarity.

When the speaker or writer wishes to emphasize the subject he may put the verb first:

— *Viennent là-dessus des garçons.*

This practice is especially common with the verbs *venir, arriver, suivre* and *rester:*

—*Reste un organisme dont on parle moins...* (passage 19)

Note that if *jamais* is placed in front of the verb for emphasis, inversion of the verb and subject does not take place:

—*Jamais ils n'ont eu la possibilité matérielle:*
Never have they had the means.

(For further examples of emphasis, see 23.3)

4 The Subjunctive

—*je ne pense pas que ces garçons, aussi nombreux soient-ils, changeraient le destin de l'Inde.*

For this use of the conditional instead of the subjunctive, see 11.1b.

For the concessive construction *aussi nombreux soient-ils*, see 18.1.

Exercises

(1) *de quoi* Translate:

1 There's nothing to complain of. 2 He has enough to live on. 3 We didn't have enough to pay for the dinner. 4 We must find something with which to dig a well. 5 Give me something to write with. 6 It's enough to discourage you for life.

(2) *dont* (see also 13, Exercise 2.)

1 I met a lot of 'hippies' in India, one of whom asked me the way to Katmandu. 2 I went to several villages among which was one which had succeeded in lifting itself out of the general state of wretchedness which characterises them all. 3 The writer met some Frenchmen in Nepal, who were said to have sacrificed their lives to help the peasants. 4 He decided to go and see this writer about whose sincerity no one could agree. 5 Something should be done about drugs, the dangers of which have been much talked about.

L'aide française aux pays en voie de développement

(1) Évolution de l'aide

	1964	1965	1966	1967	1968
Total net (en millions de francs)	6 723	6 416	6 508	6 622	7 321
Pourcentage du produit national brut	1,47	1,31	1,22	1,16	1,17

brut: gross, raw

(1) 1 L'aide financière accordée par la France aux pays en voie de développement a-t-elle augmenté ou diminué de 1964 à 1968?

(2) La coopération technique

Nombre d'experts et de conseillers français par secteurs d'activité (1966–7):

Énergie, transports et communications, travaux publics	4 066
Agriculture	3 353
Santé publique	2 431
Administration publique	1 485
Planification économique, inventaire des ressources, etc.	897
Industrie, mines, artisanat	717
Commerce, banques, assurances et tourisme	134
Services sociaux	121
Divers (y compris 400 volontaires du Progrès)	1 621
Total	**14 825**

artisanat (m): crafts and trades

(2) 2 Comment la présence d'experts et de conseillers français aide-t-elle les pays en voie de développement?

3 Dans quels secteurs d'activité cette présence vous semble-t-elle le plus nécessaire? Justifiez votre réponse.

Un conseiller technique en Haute-Volta.
14 825 experts et conseillers français à l'étranger en 1966–7.

(3) L'enseignement à l'étranger

La France est le pays du monde qui consacre le plus d'efforts à l'enseignement hors de ses frontières. En 1966–7, 31 778 professeurs français enseignaient à l'étranger, soit dans les lycées français ou franco-étrangers, soit dans des établissements nationaux en tant que coopérants mis à la disposition de pays en voie de développement.

Ces enseignants se répartissent comme suit :

Europe occidentale	1 395
Europe de l'Est	102
Moyen-Orient	358
Asie, Océanie	1 232
Amérique du Nord	605
Amérique latine	554
Afrique	27 534

dont		
	Algérie	9 502
	Maroc	7 894
	Tunisie	3 292
	Sénégal	1 268
	Côte-d'Ivoire	1 264
	Madagascar	1 156

coopérant (m): assistant
enseignant (m): teacher
se répartir: to be divided

(3) 4 Dans quelle région du tiers monde trouve-t-on le plus d'enseignants français? Pourquoi?
5 A quoi sert-il d'envoyer des enseignants français dans les pays en voie de développement? Quel intérêt la France y trouve-t-elle, selon vous?

Un jeune coopérant enseignant à l'école d'agriculture de Longa (Sénégal).
27 534 enseignants français en Afrique en 1966–7.

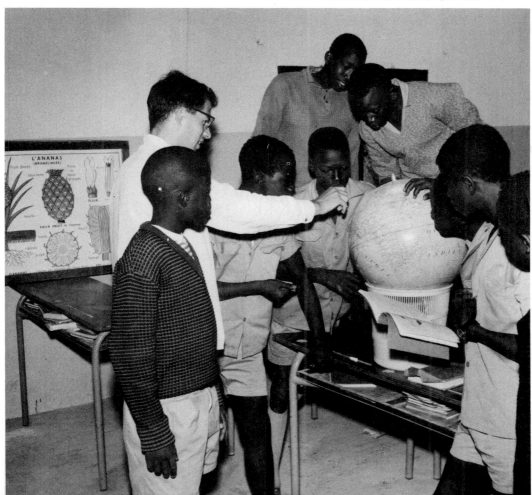

101

18
L'aide aux pays sous-développés

Insuffisance et nécessité de l'aide

L'aggravation de la misère et de la sous-alimentation dans le monde d'après-guerre, l'accession à l'indépendance de petites nations parfois primitives et souvent dénuées de ressources, de cadres et d'organisation ont fait de l'aide aux pays appelés d'abord sous-développés puis États en voie de développement, un des problèmes majeurs du monde actuel.

aggravation (f): increase

cadre (m): trained personnel

Le principe, l'obligation de cette aide ne sont pas contestés, publiquement du moins, mais la faiblesse des résultats obtenus face aux sacrifices consentis par les pays donateurs provoque des controverses passionnées et des critiques souvent très justifiées.

contester: to dispute

donateur: donor

Dans une interview à 'Jeune Afrique', M. René Dumont déclarait: 'Dans quinze ans, ce sera la famine dans le tiers monde', et il ajoutait que 'l'aide qui lui a été accordée jusqu'à présent a été trop faible, mal répartie et enfin mal utilisée, trop souvent au profit d'une minorité privilégiée qui vit dans le luxe et laisse les paysans dans la misère'.

répartir: to share out

✱ Il est certain que si dans certaines populations jusqu'alors égales dans la pauvreté un trop grand écart se produit entre une nouvelle classe, dont l'origine de la richesse récente relève du scandale, et une masse de plus en plus pauvre, un danger social se crée qui peut en engendrer d'autres.

Mais si c'est tout le tiers monde qui s'appauvrit et qui est menacé de famine alors que les nations riches et industrielles poursuivent leur expansion, c'est un autre danger, mondial celui-là, qui menace.

s'appauvrir: to grow poor

Enfin sur le plan humain il n'est pas tolérable que des centaines de millions d'hommes aient faim et que des nations qui viennent d'accéder à l'indépendance voient, de ce fait, s'abaisser leur niveau de vie et s'aggraver les injustices sociales.

Si l'aide apportée aux pays en voie de développement, pour généreuse qu'elle ait été, a abouti à un résultat aussi contraire à celui qu'elle recherchait, elle doit d'urgence être révisée, réorganisée—à l'échelle mondiale si possible— mais d'abord à la nôtre.

L'aide non-financière

A la base de l'effort entrepris jusqu'ici par la France en faveur des pays en voie de développement se place une action dite de 'coopération culturelle et technique' mise en œuvre sur la base d'accords bilatéraux et destinée à développer l'instruction et la formation de la population et des futurs cadres autochtones.

formation (f): training
autochtone: native
conditionner: to determine
consacrer: to devote

Elle est donc essentielle et conditionne l'avenir. La France y consacre un effort considérable. Les résultats obtenus jusqu'ici sont généralement bons— même très bons—mais leur influence sur le développement et l'expansion économique future de pays aussi différents des nôtres par leurs mentalités, leurs structures et la nature de leurs moyens ne pourra être estimée que plus tard. Tant que cette coopération n'aura pas produit d'effets généralisés, bénéfiques et durables, c'est l'aide immédiate, matérielle et financière, qui importe au premier chef. ✱

bénéfique: beneficial

L'aide financière

Dans ce domaine la Banque mondiale, l'Organisation des Nations unies, l'Europe des Six et presque tous les grands pays évolués apportent leur contribution.

Cette aide consiste soit en subventions sans conditions, soit en prêts à intérêts divers, soit en sommes allouées dans des buts bien déterminés, tels que des entreprises de grands travaux d'équipement (ports, barrages, etc.). C'est ce que nous appelons en France l'aide liée.

Or malgré son ampleur, malgré les charges qu'elle représente pour les pays donateurs, cette aide est insuffisante et, quels que soient les abus dénoncés, elle le restera, parce que les besoins des nations en voie de développement sont tels qu'ils ne pourront jamais être couverts de façon satisfaisante par les nations riches, quoi qu'elles fassent et quelques sacrifices qu'elles consentent. Elles peuvent et doivent aider, guider, conseiller, participer aux frais, mais le niveau de vie ne peut être accru et devenir satisfaisant que par une exploitation saine des ressources locales, l'organisation et l'expansion des économies nationales.

subvention (f) : subsidy
prêt (m) : loan
allouer : to allocate
barrage (m) : dam
aide (f) *liée :* tied aid
charge (f) : burden

frais (m pl.) : costs

Un barrage en Iran, construit par un groupe d'entreprises françaises.
La France consacre un effort considérable à l'aide aux pays sous-développés.

103

Comment exploiter les ressources des pays sous-développés?

Le potentiel de richesse de ces pays, quand il existe, est généralement constitué par des matières premières minérales ou végétales ou par des produits élémentaires utilisés et recherchés par les pays industriels.

matière (f) *première:* raw material

La première idée qui vient à l'esprit est de valoriser ces richesses et de les garantir contre les fluctuations des prix mondiaux. C'est la thèse française. Elle a inspiré l'accord pétrolier signé avec l'Algérie; mais elle se heurte à l'opposition de la plupart des pays industriels et utilisateurs.

valoriser: to develop
thèse (f): idea, principle
accord (m): agreement

Ces matières premières et produits de base peuvent au moins en partie être traités sur place par des entreprises agricoles, industrielles et commerciales dont les capitaux nécessaires à leur création et à leur fonctionnement ne peuvent venir que de l'extérieur.

traiter: to process

Seules ces entreprises peuvent animer la vie économique, employer la main-d'œuvre disponible, donner des places aux cadres sortant de nos écoles et cours techniques, apporter de la richesse aux pays, préparer leur avenir.

animer: to stimulate
disponible: available
cours (m): college

Or les capitaux ne peuvent s'investir que dans un climat de sécurité et de confiance et nous nous heurtons là à l'obstacle principal.

confiance (f): confidence

Beaucoup de pays neufs se sont laissé entraîner dans des systèmes plus ou moins dirigistes, ont cru protéger leur indépendance en s'entourant de barrières douanières qui font monter les prix.

dirigiste: interventionist
douanier (adj.): customs

La prospérité ne se construit pas, ne se recouvre pas, ne se développe pas hors du respect des lois économiques qui ne peuvent jouer que dans un climat de liberté, de légalité et de confiance.

C'est ce climat qu'il faut rétablir et l'entreprise est difficile. Dans ce but, et à la condition d'être bien employée, l'aide financière directe peut et doit être encore accordée mais comme un ballon d'oxygène et à titre temporaire pour sortir de l'impasse actuelle, rétablir la confiance et créer des bases saines d'économies nationales et libérales.

C'est la seule solution au problème qui nous occupe.

le général Béthouart, *Le Figaro*

Verb Constructions

consentir qch.: to authorise, accept, sth.
(*consentir à qch.:* to agree to sth.)
aboutir à qch.: to lead to sth.
accéder à qch.: to reach sth. (figuratively)
se heurter à qch.: to come up against sth.

participer à qch.: to share in sth.
relever de qch.: to be tantamount to sth.
consister en qch.: to consist in sth.
(Note the omission of the indefinite article after *en*.)

Further Vocabulary

l'accession à l'indépendance:
the newly-won independence
qui viennent d'accéder à l'indépendance:
which have just achieved independence
des entreprises de grands travaux d'équipement:
major construction projects

quelques sacrifices qu'elles consentent:
whatever sacrifices they make
qui vient à l'esprit: which comes to mind
hors du respect des lois économiques:
unless economic laws are respected
à la condition d'être bien employée:
provided it is properly used

A Questions à préparer

1 Pourquoi l'aide aux pays sous-développés est-elle plus nécessaire maintenant qu'avant la deuxième guerre mondiale?

2 Pourquoi cette aide provoque-t-elle dans les pays donateurs, des controverses et des critiques?

3 Pourquoi, malgré cette aide, craint-on la famine dans le tiers monde?

4 Comment la stabilité de ces pays et celle du monde entier sont-elles menacées par l'insuffisance et la mauvaise utilisation de cette aide?

5 Résumez les différentes formes d'aide non-financière offerte par les pays riches aux pays sous-développés.

6 Expliquez les termes: 'subventions sans conditions', 'prêts à intérêts divers', 'aide liée'.

7 Pourquoi l'auteur estime-t-il que 'l'aide liée' ne résoudra pas le problème économique des pays pauvres?

8 Quelle solution paraît être la seule capable de résoudre ce problème?

9 Quelle attitude la France a-t-elle adoptée face à ce problème?

10 Pourquoi les capitaux étrangers sont-ils nécessaires à ces pays?

11 Dans quelles conditions ces pays peuvent-ils espérer attirer ces capitaux?

B Résumé

Résumez cet article en quelque 250–300 mots: le problème actuel et futur; l'aide accordée jusqu'ici; l'aide dans l'avenir.

❦ C Sujet de discussion

Depuis plusieurs années déjà, des individus et des organisations internationales (dont notamment la 'Lester Pearson Commission on International Development' en 1969) ont proposé que les pays riches consacrent un pour cent de leur produit national brut à l'aide aux pays sous-développés. Discutez les avantages d'un tel projet et les problèmes qu'il pourrait susciter.

D Sujets de rédaction à discuter

❦ (1) *'Pourquoi les aider?'*

Écrivez un dialogue entre un partisan et un adversaire de l'aide aux pays sous-développés (par exemple entre deux parlementaires aux Communes), dialogue où chacun essaie de convaincre son interlocuteur de la nécessité ou de l'inutilité de l'aide.

(2) *Réponse à un électeur*

Un électeur, persuadé de l'inutilité de l'aide aux pays sous-développés, écrit à son député pour lui demander pourquoi celui-ci ne s'oppose pas, au Parlement, à ce que son gouvernement accorde une aide économique aux pays du tiers monde. Rédigez la réponse du député; vous devez insister surtout sur les avantages que tirent les pays riches de cette aide!

Grammar

---

1 The Subjunctive

(a) In concessive constructions

—*pour généreuse qu'elle ait été:* however . . .
—*aussi nombreux soient-ils:* however . . . (passage 17)
—*quels que soient les abus dénoncés:* whatever the malpractices . . .
—*quelques sacrifices qu'elles consentent:* whatever sacrifices.
—*quoi qu'elles fassent:* whatever they do.

(b) Impersonal expressions

—*il n'est pas tolérable que des centaines de millions d'hommes aient faim.*

The subjunctive is used in clauses dependent on an impersonal expression, unless it expresses certainty or probability:

—*il est certain que . . . un danger social se crée.* (see also 12.1)

---

2 Tenses

Imperfect Tense

—*Dans une interview M. René Dumont déclarait... et ajoutait que...*

When referring in the past to what was written in newspapers, in letters, on signs, etc., the imperfect tense is used:

Dans sa lettre il disait que...
Le journal annonçait que...

---

3 The Infinitive

After verbs of the senses, thinking and *laisser*.
(see also 26.5 and 27.2)
—*que des nations **voient s'abaisser** leur niveau de vie:*
  . . . see their living standards drop.
—*beaucoup de pays neufs **ont cru protéger** leur indépendance:*

  . . . have thought they could protect . . .
—*(ils) **se sont laissé entraîner** dans...:*
  they have allowed themselves to be dragged into . . .
For the non-agreement of the past participle of these
verbs, see 27.2.

4 Auxiliary Verb *pouvoir*

(*a*) 'may', 'might'
  —*un danger social se crée qui **peut** en engendrer
    d'autres:*
    . . . which **may** bring about others.
  *un danger qui **pourrait** en engendrer d'autres:*
    . . . which **might** . . .
If the verb contains an idea of risk or danger,
risquer de may replace *pouvoir:*
  —*qui **risque** fort d'amener l'anéantissement général:*
    which may well bring about . . . (passage 19)
  —*de telles constatations **risquent de** renforcer
    certains comportements racistes:*
    . . . may well reinforce . . . (passage 14)

(*b*) 'it is possible to'
  —*leur influence ne **pourra** être estimée que plus
    tard:*
    only later will it be possible to evaluate their
    influence.
  —*les besoins sont tels qu'ils ne **pourront** jamais
    être couverts de façon satisfaisante:*
    . . . it will never be possible to cover them
    satisfactorily.
Note that the English impersonal construction
need not be translated impersonally in French.

5 Pronominal Verbs

Avoidance of *il y a*
—*si un trop grand écart **se produit** entre...:*
  if there is too great a gap between . . .
—*un danger social **se crée** qui...:*
  there is a danger to society which . . .
—*à la base de l'effort **se place** une action...:*
  supporting the efforts there is a policy of . . .

—*une réaction **se fit** contre l'excès d'anarchie de cette
  formule:*
  there was a reaction against . . . (passage 30)
The frequently overused *il y a* construction can sometimes be avoided by the effective use of an appropriate
pronominal construction.
Examples of such pronominal verbs should be noted.

6 Adverbs 'only'

(*a*) 'Only' qualifying the subject of a sentence is translated by ***seul***, or ***il n'y a que*** + a relative clause in
the subjunctive:
  —*Seules ces entreprises peuvent animer la vie
    économique:*
    Only such companies can invigorate economic
    life.
  Lui seul peut... (Il n'y a que lui qui puisse...):
    He alone can . . .
  Il n'y a que ces entreprises qui puissent...:
    Only these firms can . . .
(*b*) ***Seulement*** may qualify the object of a verb, or the
verb itself:
  —*ce n'est pas seulement par sa propre conversion...*
    (passage 11)
  —*non pas seulement la parole, mais l'homme
    parlant* (passage 9)
(*c*) ***Ne...que*** qualifies the object of a verb. *Que*
must immediately precede the phrase it qualifies:
  —*des lois économiques qui **ne** peuvent jouer **que**
    dans un climat de liberté.*
But *ne...que* can be used with an auxiliary verb

(generally *pouvoir*). In such cases the sense of
'only' is different:
  —*les techniques nouvelles ne peuvent qu'accentuer
    de plus en plus le confort de ce lieu:*
    . . . will inevitably . . . (. . . can only . . .).
    (see (*d*) below)
(*d*) ***Ne faire que*** may be used to qualify a verb:
  —*de nombreux métissages eurent lieu, qui n'ont
    fait que s'accentuer:*
    . . . which have become progressively more
    pronounced. (passage 13)
  —*cette création ne fit que marquer davantage...:*
    . . . only (merely) made more marked . . .
    (passage 31)
(*e*) ***Rien qu'à*** or ***rien qu'en*** qualify an infinitive or a
present participle:
  rien qu'à le voir...:
    only (simply, merely) to see him . . .
  —*Rien qu'en montrant...:*
    Only (simply, merely) by showing . . .
    (passage 27)

7 Prepositions

à —*la faiblesse des résultats obtenus face aux sacrifices consentis:*
    . . . (when) compared with . . .
  —*qui importe au premier chef:*
    which is vitally important.
  —*prêts à intérêts divers:*
    loans at varied rates of interest.
  —*à titre temporaire:*
    temporarily, on a temporary basis.
    à titre officiel: officially.
    à titre d'exemple: as an example.
  —*une interview à 'Jeune Afrique':*
    an interview (published, appearing) in . . .
Compare:
  —*une interview de M. René Dumont:*
    an interview with (given by) . . .

de —*dans le monde d'après-guerre:*
    in the post-war world.
  —*elle doit d'urgence être révisée:*
    it should be reconsidered as a matter of urgency.
en —*au moins en partie:* at least partially, partly.
dans —*allouées dans des buts bien déterminés:*
    earmarked for specific purposes.
sur —*traités sur place:* processed locally, on the spot

Compound prepositions
  —*à la base de l'effort se place une action...:*
    the basis of the efforts is a policy . . .
  —*en faveur des pays:*
    for the countries, to help the countries.

Past participle + preposition
  —*dénuées de ressources:* without resources.
  —*l'aide apportée aux pays:* the aid (given) to . . .
  —*l'effort entrepris par la France:*
    France's efforts.

Exercises

(1) **The Subjunctive** Translate:
1 It seems that the results obtained up to now have been very good. 2 Is it likely that freedom will ever be restored to these countries? 3 Whatever these countries do, it seems unlikely that they will ever attract sufficient capital for their needs. 4 However hostile these countries are to us at the present time, it is essential that they are given aid. 5 Whatever is done, it is best done quickly.

(2) **Pronominal verbs** Use one of the following pronominal verbs to translate 'there is', etc., in the following sentences, without using the same verb twice:
se constituer, se créer, se développer, s'effectuer, s'élargir, se généraliser, se placer, se présenter, se produire, se transformer.
N.B. The word or words in italics should be made the subject of the new sentence.
1 There will be an increase in the use of *these methods.* 2 Lately there have been *difficulties* in the field of international cooperation. 3 At the centre of all these agreements there has always been *an attempt* to encourage economic expansion. 4 Recently there has been a complete change in *the attitude* of our government towards the developing countries. 5 At last there will be *an organisation* to deal with this question. 6 In the last ten years there has been a remarkable widening of *the area of cooperation* between states. 7 If countries are given aid in this way, there will be *important political consequences.* 8 There will be *a world problem* if nothing is done to prevent this scandal. 9 Recently there has been *a remarkable development* in international cooperation. 10 There will now be *considerable progress* in this field.

(3) **'only'** Translate:
1 Only this form of aid is useful. 2 The capital needed can only come from the advanced countries. 3 Only they can solve the problems of the underdeveloped countries. 4 These developments have only modified the problem, they haven't changed it. 5 Only to see these people, one can understand their feelings. 6 They have only two days' food left.

19
Pour une autorité politique mondiale

✱ Le projet le plus utopique est souvent le plus réaliste. Quand Jean XXIII, dans 'Pacem in terris', se prononce pour une autorité politique mondiale, bien des esprits forts sourient. 'Utopie!' Voire! Peut-être n'y a-t-il aujourd'hui aucune cause plus immédiatement pratique que celle-là.

La technique et l'économie ne résolvent pas tout. A vrai dire, elles ne triomphent que des problèmes solubles. Les vraies difficultés sont toujours politiques. Si on les ajourne, sous prétexte qu'elles sont insurmontables, on met en péril ce qui paraît acquis sur le plan technique. Ceci est déjà sensible quand il s'agit de l'Europe. La mise au réfrigérateur de l'Europe politique entraîne une certaine dégradation de l'Europe économique. Ceci est encore plus vrai quand il s'agit de la planète.

Changer l'assistance technique en coopération technique est une habileté de langage qui ne trompe aucun des bénéficiaires. Chacun d'eux sait que cette coopération est une arme dans le jeu politique international. Tant que les États nationaux se considéreront comme des absolus, d'où découlent toutes les valeurs, l'entraide pratiquée par les pays riches ne sera jamais qu'un des instruments à leur disposition pour s'assurer une meilleure place dans le concert discordant des nations.

Comment s'étonner que les pays en voie de développement (nouvel euphémisme) manifestent une certaine 'ingratitude'? Ils savent parfaitement bien à quels mobiles obéissent les gouvernements qui les secourent. Il s'agit d'empêcher le rival de remplir le vide.

Tout serait différent si cette action de solidarité s'inscrivait dans un plan d'ensemble, dont le but final serait la mise en place d'une autorité politique mondiale. Dès lors, chaque mesure serait un jalon posé dans cette direction, et non plus un pion avancé sur l'échiquier pour hâter le mat de l'adversaire, qui, au siècle de la terreur nucléaire, risque fort d'amener l'anéantissement général. ✱

On dira que les vœux pieux ne font guère avancer les problèmes concrets, tels qu'ils se posent aujourd'hui, graves, pressants, inéluctables. Ce serait exact, s'il n'existait, dès maintenant, le germe des futures institutions mondiales.

Bien évidemment, l'Assemblée générale des Nations unies n'est pas ce germe. Elle n'est qu'une mauvaise photographie des forces politiques du monde, une juxtaposition stérile des antagonismes nationaux. Les gouvernements utilisent sa tribune pour vider les querelles les plus anachroniques. Cette assemblée auguste est trop souvent une foire d'empoigne.

On ne peut compter davantage sur le Conseil de sécurité. Là aussi, les États nationaux donnent libre cours à leur impérialisme. Et la situation est encore aggravée par le droit de veto accordé aux cinq membres permanents, parmi lesquels figure encore la Chine nationaliste.

Reste un organisme dont on parle moins et qui est pourtant l'essentiel: le secrétariat général des Nations unies. C'est autour de lui, sur lui, avec lui qu'on pourra bâtir l'avenir. Son chef actuel est un homme d'une valeur et d'une largeur de vues exceptionnelles. Étant Asiatique, il jouit de la confiance du tiers monde, d'ordinaire si ombrageux, et il a su forcer l'estime des Américains comme des Russes. Il y a là une chance historique qu'il serait criminel de laisser passer.

108

---

utopique: utopian

voire!: that remains to be seen

ajourner: to postpone
acquis: assured
sensible: noticeable

entraîner: to entail, lead to
dégradation (f):
    deterioration, decline

tromper: to deceive

découler: to be derived
entraide (f): assistance

mobile (m): motive

plan (m) *d'ensemble:*
    overall plan

pion (m): pawn
échiquier (m): (chess) board
hâter: to hasten
mat (m): check-mate
anéantissement (m):
    destruction
vœux (m) *pieux:* pious
    hopes
inéluctable: inescapable
germe (m): germ,
    starting-point

ombrageux: touchy

Nous autres Français sommes particulièrement en jeu. La tradition française, celle des Croisades et celle de la Révolution, est universaliste. L'étranger nous reconnaît quand nous prônons la solidarité et la fraternité. Il ne nous reconnaît pas quand nous nous enfermons dans le nationalisme. La vraie grandeur de la France a toujours été de se faire le champion d'une cause universelle, au mépris parfois de ses propres intérêts immédiats. Il est tout à fait vrai que la France n'est pas faite pour la médiocrité. Elle s'y enlise et s'y perd.

prôner: to preach

s'enliser: to get bogged down

Si donc nous souhaitons pour la France la gloire d'une grande entreprise, et pas seulement le confort, alors militons pour l'établissement d'une autorité politique mondiale. Que la France soit au premier rang pour renforcer et aider les institutions qui en sont le noyau et en portent l'espérance.

militer: to work actively

noyau (m): nucleus

Jacques de Bourbon-Busset, *Le Monde*

Verb Constructions

obéir à qqn. (à qch.): to obey s.o. (sth.)
jouir de qch.: to enjoy sth. (e.g. trust, confidence, reputation, good health, etc.)

triompher de qch.: to triumph over sth.
se prononcer pour qch.: to declare oneself in favour of sth.

Further Vocabulary

bien des esprits forts sourient:
many independent-minded people smile
une habileté de langage: linguistic sleight of hand
un jalon posé: a step taken
qui risque fort d'amener...:
which is very likely to bring about . . .

pour vider les querelles: to fight out differences
une foire d'empoigne: a free-for-all
il a su forcer l'estime de...:
he has succeeded in winning the respect of . . .

A Questions à préparer

1 'Les vraies difficultés sont toujours politiques'; énumérez quelques-uns des grands problèmes qui empêchent la création d'une autorité politique mondiale.
2 Selon l'auteur quelle est la principale préoccupation gouvernant la politique des États?
3 Comment l'auteur explique-t-il l'ingratitude des pays pauvres envers les pays riches?
4 Quel serait le but que se donnerait une autorité politique mondiale? Quels avantages l'auteur voit-il pour notre planète si on réussissait à établir une telle autorité?
5 Pourquoi l'Assemblée générale des Nations unies ne peut-elle pas remplir ce rôle?
6 Qu'est-ce qui freine les initiatives du Conseil de sécurité?
7 Quels avantages particuliers l'auteur reconnaît-il au secrétariat général des Nations unies?
8 Qu'est-ce que l'auteur entend par la 'médiocrité' en matière de politique internationale?
9 Quels sont selon vous les intérêts immédiats que les États seraient appelés à sacrifier dans la cause d'une autorité politique mondiale?

B Sujet de discussion

A quoi sert l'Organisation des Nations unies? Considérez son rôle, ses réalisations et ses échecs dans les domaines suivants: politique internationale (disputes et conflits entre nations; rôle militaire?)— santé—éducation—culture—le service qu'elle rend en tant que tribune, forum des nations.

C Sujet de rédaction à discuter

Le rôle et l'avenir des Nations unies
'Il serait souhaitable que tous les gouvernements se servent davantage, dans l'intérêt de la paix, des instruments d'ordre international dont ils disposent déjà.' (U Thant) Discutez, en vous référant à quelques-unes des guerres et des crises que le monde connaît ou a connues. (A voir également: 'Les droits de l'homme et la pratique'.)

109

Grammar

1 Impersonal Verbs

—*ce serait exact, s'il n'existait, dès maintenant, le germe...:*
that would be true, if **there did not exist,** at this present moment, the seed . . .

Impersonal *il*, translated by 'there', is used to bring a noun into a stressed position. Some of the more common verbs used in this way are:

arriver, exister, se passer, se présenter, se produire, venir. (see also 27.1)

Alors il est arrivé un événement extraordinaire:
Then **there occurred** . . .

Il se présentera certaines difficultés:
Certain difficulties **will arise** (occur).

Note also these impersonal forms (and in other tenses):

Il doit y avoir...: **There must be** . . .
Il peut y avoir...: **There can (may) be** . . .

2 Pronouns *il* and *ce*

(*a*) *Il* (*elle*) is used to translate 'it' when referring to a specific noun:

—*l'Assemblée générale n'est pas ce germe. Elle n'est qu'une...:*
. . . It is only . . .

(*b*) *Il* is also used as a neuter subject of:
   (i) impersonal verbs (see above):
     —*quand il s'agit de l'Europe:*
     in the case of Europe.
   (ii) *être* + adjective, when this is followed by *de* + an infinitive or a clause introduced by *que:*
     —*il serait criminel de laisser passer...*
     —*il est tout à fait vrai que la France n'est pas faite pour la médiocrité.*

(*c*) *Ce* is used:
   (i) when referring to a fact or a statement, as opposed to a particular noun:
     —*ce serait exact.*
   (ii) in the construction *c'est...qui* (*que*) to emphasize any particular word or phrase:
     —*c'est autour de lui qu'on pourra bâtir l'avenir.*
     —*c'est l'aide immédiate qui importe.*
     (passage 18)
     —*C'est ce climat qu'il faut rétablir.*
     (passage 18) (see also 23.3)

3 The Article

With Abstract Nouns

—*un homme d'une valeur et d'une largeur de vues exceptionnelles:*
a man of exceptional worth and breadth of view.

In adjective phrases the indefinite article is used with abstract nouns when they are qualified. Compare:
C'est un homme de valeur.
C'est un homme d'une grande valeur.

4 Tenses

(*a*) **Sequence of tenses in time clauses:**
   —*tant que les États nationaux se **considéreront** comme des absolus, l'entraide ne sera jamais que...:*
   so long as nation states **consider** themselves as absolutes, mutual aid will only ever be . . .

(*b*) **Sequence of tenses in relative clauses** (hypothetical statements):
   —*tout **serait** différent si cette action s'inscrivait dans un plan d'ensemble, dont le but final **serait**...:*
   everything **would be** different if this action were part of an overall plan, whose final objective **was** . . .

The tense of the verb in the relative clause must be conditional (or conditional perfect), in sequence with the tense in the main clause. (see also 4.2)

5 Prepositions

en + noun after *mettre* and *la mise* (see 1.6):
   —*on met en péril ce qui paraît acquis:*
     one endangers (jeopardizes) what seems to
     have been gained.
   —*la mise en place d'une autorité politique
     mondiale:*
     the setting-up of . . .
   —*une action mise en œuvre sur la base d'accords
     bilatéraux:*
     a policy implemented on the basis of . . .
     (passage 18)
   —*la mise au réfrigérateur de l'Europe politique:*
     the shelving of . . .
sous —*sous prétexte qu'elles sont insurmontables:*
     on the pretext, with the excuse that . . .

   —*sous la réserve que le pays sera fait juge:*
     with the reservation that . . . (passage 21)

Compound prepositions
   à la disposition de *n'importe quel pays:*
     available to any country.
   —*un des instruments à leur disposition:*
     one of the means at their disposal, available to
     them.
   —***au mépris de*** *ses propres intérêts:*
     regardless of her own interests.

Past participle + preposition
   —*un jalon* ***posé*** *dans cette direction:*
     a step towards this goal.

Exercises

(1) **Impersonal verbs** Put the following sentences into the impersonal form, e.g.
   Un événement extraordinaire est arrivé.
   = Il est arrivé un événement extraordinaire.
1 Bien des choses se sont passées depuis la dernière guerre. 2 Une occasion aussi favorable s'est rarement présentée. 3 Certains problèmes se présenteront à coup sûr. 4 Un homme qui sut diriger les événements se trouva enfin. 5 Les représentants de tous les États Africains sont venus à la conférence. 6 Une certaine ingratitude se manifesta chez les représentants. 7 Un malheur pourrait arriver. 8 Des difficultés survinrent. 9 Beaucoup de monde est venu aux conférences de presse du président. 10 Des incidents pourraient se produire.

(2) **Pronouns *il* and *ce*** Translate:
1 It would be different if we could make the Council into a political force, but it would be a difficult thing to do. 2 How can one be surprised that the United Nations is ineffective? It will never be anything but a platform for airing national differences. 3 It is only by working through organisations like the United Nations that it will be possible to achieve a lasting peace. 4 On the national level it is true to say that economics and technology don't solve everything; it is even truer where the whole planet is concerned. 5 Pope John's idea was not realistic, it is true, but it encouraged people to reflect on the present state of the world.

111

VI
La vie politique

L'Assemblée nationale au Palais-Bourbon.

20

La démocratie sans le peuple

La faiblesse des partis et le centrisme

✱ La République française ne repose pas sur le 'régime des partis'. Le régime des partis fonctionne dans la plupart des autres pays d'Europe occidentale, mais pas chez nous. La France est plus proche d'un régime sans partis. On appelle 'partis', chez nous, des états-majors sans troupes, des comités sans militants, de petits groupes de notables locaux, des poignées de politiciens professionnels ou semi-professionnels, sans rapport avec les grandes organisations populaires qui portent ce nom dans les nations voisines. Seul notre parti communiste, avec 400 000 adhérents, fait figure internationale. Nos autres partis sont extraordinairement faibles par rapport à leurs homologues étrangers.

Avec la faiblesse des partis, le 'centrisme' est l'originalité principale de la vie politique française. Dans les autres pays d'Europe, on trouve la plupart du temps une alternance de gouvernements de droite et de gouvernements de gauche. Elle se déroule soit entre deux partis seulement (Grande-Bretagne), soit entre deux grandes coalitions. La conjonction de la faiblesse des partis et du centrisme restreint l'influence des citoyens sur la politique française. Dans peu de pays démocratiques, le souverain théorique est réduit à si faible rôle.

On propose d'appeler ce système 'la démocratie sans le peuple'. L'avènement du général de Gaulle en 1958 n'en a pas modifié sensiblement les bases, mais seulement la forme. Le gaullisme réduit les citoyens au choix d'un chef suprême qui échappe ensuite à leur contrôle entre deux élections. Notre système politique traditionnel (c'est-à-dire sous les IIIe et IVe Républiques) le réduit au choix de cinq cents chefs de second rang, qui restent ensuite aussi libres et aussi peu contrôlés dans le même intervalle, pendant lequel ils désignent et changent eux-mêmes librement le chef suprême. Le second système n'est guère plus démocratique. La controverse à ce propos évoque celle de Saint-Simon et de Louis XIV. Le premier voulait que le pouvoir soit aux mains des nobles, le second qu'il soit aux mains du roi. Nos parlementaristes veulent que la République soit gouvernée par une aristocratie élective; nos gaullistes qu'elle le soit par un monarque élu. Personne ne propose sérieusement qu'elle soit un peu plus gouvernée par les citoyens. ✱

La nécessité du centrisme depuis la Révolution

De 1792 jusqu'à 1955 environ, la France s'est trouvée dans une situation telle que l'alternance de la droite et de la gauche n'y était pas possible, et que le centrisme seul y permettait à la démocratie pluraliste de fonctionner quelque peu. On peut difficilement imaginer aujourd'hui à quel point la nation était divisée, voici cent ou cent cinquante ans. La coupure entre communistes et non-communistes, au temps de la guerre froide, n'en donne qu'une faible idée. On raconte qu'au Conseil d'État, où Bonaparte avait voulu que siègent côte à côte des anciens jacobins et des anciens chouans, les uns et les autres se jetaient des regards homicides, et que leurs collègues modérés — 'centristes' — devaient au début les surveiller, pour empêcher qu'ils n'en viennent aux mains.

Une moitié de la France voulait détruire l'autre, et a tenté de le faire quand elle en a eu la possibilité: la gauche a commencé en 1793–1794; la droite lui a rendu avec usure en juin 1848 et en mai 1871.

---

reposer sur: to be based on

état-major (m): headquarters
militant: active worker
notable (m): dignitary
poignée (f): handful
adhérent (m): member
homologue (m): opposite number

faiblesse (f): weakness

alternance (f): alternation
se dérouler: to take place

conjonction (f): combination
restreindre: to limit

avènement (m): coming
sensiblement: markedly

désigner: to appoint

quelque peu: to some extent
coupure (f): split, break

siéger: to sit (e.g. in parliament)

usure (f): interest

Deux types de gouvernement seulement pouvaient fonctionner et ont effectivement fonctionné. Ou bien la domination d'une moitié de la France sur l'autre, impliquant une grande violence, à cause de la résistance qu'elle rencontrait nécessairement : ce fut la solution de 1793, de 1815, de juin 1848, de 1871. Ou bien le rapprochement des modérés de chaque camp, tâchant de définir un compromis acceptable par l'un et l'autre : c'est-à-dire le centrisme, dont le développement a permis à notre pays d'échapper au cycle infernal des Terreurs et des Contre-Terreurs, et de faire coexister pacifiquement deux France ennemies. Il a peu à peu acclimaté des méthodes démocratiques, moins développés qu'ailleurs, plus restreintes, moins ouvertes aux citoyens, mais tout de même authentiques. La démocratie sans le peuple n'est pas satisfaisante. Elle est préférable à l'absence totale de démocratie.

acclimater: to introduce

La situation actuelle

Les raisons qui ont rendu le centrisme nécessaire depuis 1792 sont en train de disparaître. Dès maintenant, on pourrait s'engager dans un jeu dualiste, offrant aux citoyens la possibilité d'un choix plus réel. Dès maintenant, la démocratie française pourrait s'ouvrir un peu plus au peuple. Mais la conscience de cette situation n'est pas encore très claire, et les appareils politiques du centre-droit et du centre-gauche ne font rien pour la clarifier.

conscience (f): awareness
appareil (m): (party) machine, leadership

Il n'y a plus entre la droite et la gauche une opposition si profonde et si violente que chacune ne puisse accepter d'être gouvernée par l'autre. Un gouvernement de droite n'est pas plus insupportable pour la gauche française qu'un gouvernement de M. Heath pour la gauche britannique, ni plus dangereux. Un gouvernement de gauche ne serait guère plus insupportable pour notre droite qu'un gouvernement travailliste pour la droite britannique. La peur de la réaction ou celle de la révolution ne sont plus que des régressions infantiles. Ni la réaction, ni la révolution (violente) ne sont possibles dans la société française d'aujourd'hui.

travailliste: Labour

Maurice Duverger, *La Démocratie sans le peuple*

Notes

Jacobins: la 'gauche' révolutionnaire en 1793–4, ainsi nommés d'après le nom du club où ils se réunissaient.
Chouans: insurgés royalistes de la Vendée et de la Bretagne pendant la Révolution Française.

Further Vocabulary

il fait figure internationale: it is of international stature
dans le même intervalle: during the same period
ils se jetaient des regards homicides:
they exchanged murderous looks

pour empêcher qu'ils n'en viennent aux mains:
to stop them coming to blows
on pourrait s'engager dans un jeu dualiste:
a two party system could be allowed to develop

A Questions à préparer

1 Qu'est-ce qu'un parti politique, selon l'auteur ? Pourquoi cette définition ne peut-elle pas s'appliquer aux partis politiques français ?
2 Que veut dire l'expression 'La démocratie sans le peuple' ?
3 Quelles différences existe-t-il entre le système proposé par le général de Gaulle et celui qui l'a précédé ? et quelles ressemblances ?
4 Résumez les circonstances qui ont donné naissance au centrisme en France. Qu'est-ce qui arrivait chaque fois que les 'modérés' étaient impuissants à imposer un compromis ? Comment le développement du centrisme a-t-il favorisé l'extension de la démocratie en France ?
5 Pourquoi, selon l'auteur, le centrisme n'est-il plus une nécessité dans le jeu politique français ?
6 Si le centrisme n'est plus nécessaire, comme l'affirme l'auteur, pourquoi est-il si lent à s'effacer ?

B Sujets de discussion

(1) Le centrisme a-t-il eu une bonne ou une mauvaise influence sur la vie politique française ?

(2) 'Ni la réaction ni la révolution (violente) ne sont possibles...'—est-ce vrai, dans la France ou dans n'importe quel pays de l'Europe d'aujourd'hui ?

(3) M. Duverger affirme ailleurs que 'Les parlementaires de Londres sont liés de façon permanente à des centaines de milliers de citoyens actifs, qui pèsent sur leurs représentants à travers les organisations politiques.' Commentez ce point de vue d'après vos connaissances de la situation politique en Grande-Bretagne.

C Sujets de rédaction à discuter

(1) Quelles sont à votre avis les fonctions des partis politiques dans une démocratie moderne ?

(2) La Grande-Bretagne est-elle un pays démocratique ? Pourrait-on appeler le système de gouvernement anglais 'la démocratie sans le peuple' ?

(3) 'Nos parlementaristes veulent que la République soit gouvernée par une aristocratie élective, nos gaullistes qu'elle le soit par un monarque élu.' Commentez.

Grammar

1 The Subjunctive

(a) In subjunctive clauses dependent on certain verbs, a superfluous *ne* is added, particularly after verbs of fearing, but also after certain verbs expressing a negative aim, such as *empêcher que, éviter que, prendre garde que* (to take care that). This use of *ne* is more common in written than in spoken French.

—*pour empêcher qu'ils n'en viennent aux mains:*
to prevent them coming to blows.

—*éviter qu'il y ait à la place de la République des factions:*
to avoid replacing the Republic by factions.
(passage 21)

(b) The subjunctive is used in a subordinate clause containing a statement presented as being contrary to fact:

—*Il n'y a plus une opposition si profonde et si violente que chacun ne puisse accepter...:*
The opposition is no longer so deep and violent that each cannot accept . . .

This use of the subjunctive occurs most commonly in relative clauses:

Il n'y a personne qui puisse accepter cela.

2 Negatives

(a) *plus* and *ne...plus* (see also 9.2)

Ne...plus can be combined with other negative expressions such as *ne...jamais, ne...rien* and *ne...que:*

—*La peur de la réaction ou celle de la révolution ne sont plus que des régressions infantiles:*
. . . are now merely (are no longer anything but) infantile regressions.

It is important to distinguish such constructions from negative statements followed by or containing a comparative:

—*Un gouvernement de droite n'est pas plus insupportable qu'un gouvernement de M. Heath:*
. . . is no more intolerable than . . .

—*le second système n'est guère plus démocratique:*
. . . is scarcely more democratic.

(b) *ni...ni*

—*Ni la réaction, ni la révolution ne sont possibles.*
When two subjects are linked by *ni*, the verb is normally plural, unless the subjects are mutually exclusive:

Ni la gauche ni la droite ne pouvait gouverner seule.

(c) *ni*

—*Un gouvernement de droite n'est pas plus insupportable, ni plus dangereux.*
The construction *ne...ni...ni* is chiefly used to give a formal balance to the sentence; otherwise, a straightforward negative (*ne...pas, ne...plus*, etc.) is used, followed by a single *ni*. (see 16.4)

3 Nouns

Plural of Proper Nouns

(a) Family names are invariable in the plural:
une soirée chez les Pompidou.
les frères Goncourt.

(b) Trade names are also invariable:
Ils possèdent deux Rolls-Royce et trois Citroën.

(c) Geographical names can be used in the plural:
les deux Allemagnes.
unless the reference is to a single entity:
—*deux France ennemies.*

4 Tenses

(a) **Sequence of tenses in time clauses**
—*Une moitié a tenté de le faire quand elle en a eu la possibilité.*
The tense used in a time clause or in an adjectival clause must be in sequence with that of the main clause.

(b) *depuis*
The present or imperfect tense is used with *depuis* to mark an action or state which is still in progress. However, the perfect or pluperfect tense can be used with *depuis* (i) when the verb is negative:
Depuis trois siècles il n'y a pas eu de révolution en Angleterre:
For three centuries . . .
(ii) when, despite the use of *depuis*, the action or state is regarded as belonging to the past:
—*Les raisons qui ont rendu le centrisme nécessaire depuis 1792 sont en train de disparaître:*
. . . since 1792 . . .

5 Personal Pronoun

Uses of *en*

(a) Idiomatic use
—*pour empêcher qu'ils n'en viennent aux mains.*
En venir (arriver, être) à, followed by a noun or an infinitive denotes that a particular stage in a process or situation has been reached.

(b) As verb complement
—*La coupure entre communistes et non-communistes n'en donne qu'une faible idée:*
. . . gives only a faint idea (of it).
—*et a tenté de le faire quand elle en a eu la possibilité:*
and tried to do so whenever it could.

En is used to replace a noun or an infinitive governed by *de*.
(The above example in full would be: *quand elle a eu la possibilité de le faire.*)

(c) To replace the possessive adjective
—*ce système...L'avènement du général de Gaulle n'en a pas modifié les bases, mais seulement la forme.*
This use of *en* and the definite article (translating 'its', 'their') is frequently found in written French. Note also that *ses bases*, *sa forme*, in the above example, would be ambiguous. (see also 4.1)

6 Indefinites *peu, un peu; quelque*

(a) —*dans peu de pays démocratiques:*
in **few** democratic countries.
—*chaque siècle ne produit que quelques vrais peintres:*
. . . only **a few** real artists. (passage 22)

(b) —*qu'elle soit un peu plus gouvernée par les citoyens*
. . . governed **a little** more by . . .
Leur attitude est peu différente de celle de leurs prédécesseurs:
Their attitude is **little** different from . . .

(c) *Peu* is frequently used to give a negative sense to adjectives, adverbs and verbs:
—*qui restent aussi libres et aussi peu contrôlés...:*
. . . as free and as **unrestricted** . . .

Ils se conduisent peu honnêtement.
—*peu importe une telle question:*
such a question is **of no importance.** (passage 25)
Ce régime ressemble peu à la démocratie:
. . . does **not** bear **much resemblance** to . . .

(d) *quelque peu (un peu):* **somewhat, to some extent**
—*permettait à la démocratie pluraliste de fonctionner quelque peu.*

(e) *peu à peu:* **gradually**
—*Il a peu à peu acclimaté des méthodes démocratiques:*
It has **gradually** fostered democratic methods.

116

Exercises

(1) **The Subjunctive** Translate:

1 They wanted power to be in the hands of the nobility. 2 We must prevent our political parties from becoming as weak as they are in France. 3 There is nothing in the system which allows that to happen. 4 The moderates in each camp took care that the extremists did not dominate them. 5 There is no one who could seriously suggest that France be governed by a monarch.

(2) **Negatives** Translate:

1 There is now only one solution to this problem. 2 There is not more than one person in a hundred who will believe that. 3 The Right was no more capable than the Left of governing alone. 4 Neither the Right nor the Left was capable of governing alone. 5 Neither Bonaparte nor de Gaulle were able to give France a fully democratic system of government.

(3) **Tenses and Pronouns** Translate:

1 The government will change its policy when it is able to do so. 2 This system has existed in France since the Revolution, but wars and industrial progress have significantly diminished its importance. 3 Such a violent opposition between Right and Left has not been seen since the last century. 4 The situation is such that some people have come to refuse democratic solutions. 5 There has been no election now for three years. 6 The French political system is very complex: only a simple description of it can be given here.

Les partis politiques sous les IVe et Ve Républiques

(1) La dernière Assemblée de la IVe République (élue en 1956)

(2) L'Assemblée nationale élue en juin 1968

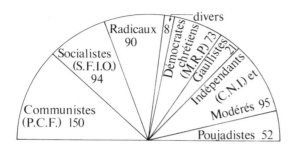

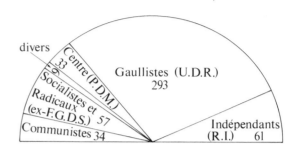

Sous la IVe République, le système électoral en vigueur fut celui du scrutin de liste à un tour, avec représentation proportionnelle des partis.

en vigueur : in operation
scrutin (m) : poll, voting
tour (m) : round

La Ve République a renouvelé le système du scrutin uninominal à deux tours : chaque électeur vote pour un candidat ; si aucun candidat ne réunit plus de la moitié des suffrages exprimés, on procède à un second tour.

uninominal : single-member
suffrage (m) : vote

Notes La F.G.D.S. (Fédération de la gauche démocrate et socialiste) s'est dissoute en 1969.

La majorité gouvernementale regroupe actuellement les députés U.D.R. (Union des démocrates pour la république), R.I. (Républicains indépendants) et P.D.M. (Progrès et démocratie moderne).

se dissoudre : to break up
regrouper : to comprise

118

(3) Les principaux partis politiques

Le Parti communiste français, créé en 1920, est un parti de masses, fortement organisé. Sauf pendant de courtes périodes (soutien du mouvement et du gouvernement 'Front populaire,' 1935–8; participation au gouvernement, 1944–7; alliance électorale avec les autres formations de gauche à partir de 1965), le P.C. s'est trouvé, ou s'est maintenu, dans une sorte de 'ghetto' politique.

Le Parti socialiste (anciennement la Section française de l'internationale ouvrière, créée en 1905), est encore, dans certaines régions—Marseille, le Nord—un parti de masses; elle a participé à plusieurs des gouvernements de la IVe République. Partagé entre la tentation 'centriste' et la nostalgie de l'unité d'action avec le P.C., affaibli par des scissions internes, le P.S. connaît aujourd'hui une nette diminution de son influence.

Le Parti radical, créé en 1901, a connu ses plus beaux jours sous la IIIe République. Parti de cadres et de notables locaux, jadis hostile à l'influence de l'Église, il a fait partie de la F.G.D.S. (1965–9) mais s'est rapproché depuis du centre.

La démocratie chrétienne, sous le sigle du M.R.P. (Mouvement républicain populaire, créé en 1944) a joué au cours de la IVe République un rôle analogue à celui du Parti radical sous la IIIe. Depuis l'avènement du gaullisme en 1958, ses adhérents se sont répartis entre le P.S.U. (formé en 1960 avec des dissidents socialistes), le Centre démocrate, et le mouvement Progrès et démocratie moderne, qui fait partie de l'actuelle coalition gouvernementale.

Le gaullisme, après l'épopée de la Résistance et de la Libération, et l'aventure du R.P.F. (Rassemblement du peuple français, 1947–1953), crée en 1958 l'Union pour la nouvelle république, qui est devenue en 1968 l'Union des démocrates pour la république. Depuis le départ du général de Gaulle en 1969, ce grand mouvement, regroupant autour de son nom des millions d'électeurs, tend à devenir un grand parti 'conservateur'.

La droite (qu'on appelait jadis 'la plus bête du monde') n'a jamais existé en France sous la forme d'un grand parti organisé. Les modérés ou indépendants, nombreux au Parlement jusqu'en 1962, se sont pour la plupart laissé réconcilier depuis cette date avec le gaullisme, soit au sein même de l'U.D.R., soit sous la bannière des Républicains indépendants.

scission (f): split, division
sigle (m): initials
analogue: similar
répartir: to share, divide
épopée (f): epic
rassemblement (m): rally
au sein de: within

Qui gouverne la France?

(1) A qui appartient-il de déterminer les grandes orientations de la politique?

au gouvernement	36%
au Parlement	33
au Président de la République	24
sans opinion	7

(2) Qui fixe actuellement les grandes orientations de la politique?

le gouvernement	40%
le Président de la République	38
le Parlement	13
sans opinion	9

(3) Souhaitez-vous que le Parlement ait un rôle...?

accru	48%
le même	31
réduit	3
sans opinion	18

(Sondage de la S.O.F.R.E.S., novembre 1969)

119

21

Qu'est-ce que la démocratie?

🔹 Au cours d'un débat radiodiffusé organisé par Europe n° 1, avant l'élection présidentielle de décembre 1965, Pierre Mendès France et Michel Debré ont exprimé deux conceptions bien différentes de la démocratie en France sous de Gaulle.

radiodiffusé (adj.): broadcast

M. Mendès France: Je sais tout le soin que vous avez pris à préparer cette Constitution de 1958, que vous avez veillé avec beaucoup de précaution à emprunter au schéma américain et au schéma anglais tout ce qui pouvait renforcer le pouvoir du chef de l'exécutif, le pouvoir du président de la République, et que vous avez veillé, avec la même minutie, à extirper de ces deux modèles tout ce qui permettait de réaliser une dose suffisante et efficace de démocratie.

schéma (m): system, outline

minutie (f): attention to detail
extirper: to eradicate

A l'heure actuelle, il n'y a plus de démocratie; tous les pouvoirs, toutes les décisions fondamentales appartiennent à un homme, à un homme seul, dont vous avez d'ailleurs vous-même évoqué le caractère, le tempérament personnel et cette tendance à l'autoritarisme.

M. Debré: Mais non. Je vous avais posé une question précise qui était la suivante: compte tenu de ce que sont les institutions de la Ve République, compte tenu du fait qu'elles ont été voulues par un homme qui savait parfaitement que ces institutions, parce qu'elles correspondent à des nécessités nationales, se prolongeront bien au-delà de sa propre personne, que faudrait-il pour que la France soit, selon vous, en démocratie, puisque vous ne les acceptez pas? Le fait d'évoquer les autres systèmes constitutionnels n'est pas une réponse.

Ce n'est pas une réponse car on ne peut appliquer à aucun pays les règles qui sont en vigueur et en usage dans un autre pays. Lorsque nous regardons les pays anglo-saxons, l'un beaucoup plus puissant que nous, les États-Unis, et l'autre comparable à nous, la Grande-Bretagne, nous n'avons pas, nous en France, et malheureusement nous n'aurons sans doute jamais, je le crains, cette règle fondamentale qui transforme tout et qui fait que dans ces pays anglo-saxons il n'y a que deux partis. Puisque nous ne sommes pas un pays anglo-saxon, puisque nous n'avons pas cette tradition éminente, et combien importante, comme base de mécanisme constitutionnel, nous ne pouvons pas nous comparer exactement à eux.

✳ **M. Mendès France:** Je reste persuadé que nous pouvons avoir en France un régime démocratique dans lequel le pouvoir sera partagé, comme il l'est dans les pays voisins, régime dans lequel, après des élections générales, un gouvernement est constitué à l'image de la majorité voulue par le pays, un régime dans lequel ce gouvernement et cette assemblée sont contraints, par principe et par règle, à vivre la même durée l'un que l'autre: sous la réserve que, chemin faisant, si un désaccord irréductible se présente, le pays sera fait juge, le gouvernement ayant le droit de procéder à la dissolution de l'assemblée.

partager: to share

constituer: to form

durée (f): length of time
désaccord (m): disagreement
irréductible: which cannot be settled

Vous avez dit: ce système est simple dans un pays comme l'Angleterre, qui n'a que deux partis. Mais il fonctionne d'une manière efficace et satisfaisante dans beaucoup d'autres pays qui ont beaucoup plus de partis. En Hollande, il y a autant de partis qu'en France; dans le petit Danemark, il y a six partis politiques, et je pourrais en dire autant d'autres pays comparables au nôtre par le degré de culture, de civilisation et dans le domaine économique. Mais il y a, dans ces pays, des coalitions et le système du gouvernement de législature contraint les coalitions à la durée et à la stabilité, ce qui malheureusement n'était pas le cas chez nous.

J'ai toujours considéré que le progrès, au point de vue humain, au point de vue de la vie commune, de la vie sociale, le progrès consiste à permettre à chaque individu, à chaque citoyen, d'intervenir dans le débat sur les affaires dont son destin dépend, de donner son avis, de peser sur la décision, non pas une fois de temps en temps, tous les cinq ans ou sept ans, quand il y a des élections, en mettant un bulletin de vote dans une urne; mais d'une manière permanente, en étant associé à ce brassage quotidien de délibérations, de discussions et, finalement, de décisions. Les problèmes, les options fondamentales doivent être délibérées par les citoyens et non pas délégués et réservés purement et simplement à un seul homme. ✳

bulletin (m) *de vote:* voting slip
urne (f): ballot-box
brassage (m): mixture

M. Debré: On nous dit que le général de Gaulle n'est pas un démocrate. En fin de compte, le passé a quand même sa valeur. Le général de Gaulle a contribué à éviter qu'il y ait à la place de la République des factions dominant sans scrupule la légalité; il a toujours considéré que sa première mission était de donner à la France des institutions qui permettaient à la fois l'autorité et la liberté et le moins que je puisse dire, c'est que le général de Gaulle a réussi.

M. Pierre Mendès France à Grenoble.
'Le progrès consiste à permettre à chaque citoyen d'intervenir dans le débat d'une manière permanente.'

M. Michel Debré à Paris.
'La démocratie, c'est la désignation de l'autorité par le suffrage représentant la nation.'

La démocratie, qu'est-ce que c'est? Elle a une définition vieille comme le monde, qui est attachée au fond de notre cœur: la démocratie, c'est la désignation de l'autorité par le suffrage représentant la nation. La démocratie, c'est en même temps l'institution de lois supérieures qui garantissent la liberté individuelle.

suffrage (m): vote

Mais cela dit, il n'y a de démocratie que lorsque l'autorité élue est capable de gouverner, étant bien entendu qu'à la fin de son mandat elle se présente librement pour être approuvée ou désapprouvée par l'électeur. 🎲

mandat (m): mandate

Le Nouvel Observateur

Note

système du gouvernement de législature: système dans lequel la défaite du gouvernement au parlement entraîne nécessairement la dissolution de l'assemblée et des élections législatives.

Verb Constructions

être associé à qch.: to be associated with sth.
(*associer qqn. à qch.:* to associate s.o. with sth.)
se comparer à qqn. (à qch.):
to compare oneself with s.o. (with sth.)
emprunter qch. à qqn. (à qch.):
to borrow sth. from s.o. (from sth.)
être réservé à qch. (à qqn.): to be reserved for sth. (for s.o.)
(*réserver qch. à qqn.:* to reserve sth. for s.o.)

tenir compte de qch.: to take sth. into account
peser sur une décision: to influence a decision
consister à faire qch.: to consist in doing sth.
contraindre qqn. à faire qch.: to compel s.o. to do sth.
prendre tous ses soins à faire qch.:
to take great pains to do sth.
veiller à faire qch.: to be careful to do sth.

Further Vocabulary

réaliser une dose suffisante et efficace de démocratie:
to achieve an adequate and effective measure of democracy
compte tenu de ce que sont les institutions:
taking the nature of the institutions into account

les règles qui sont en vigueur et en usage:
the rules which apply and are practised
qui fait qu'il n'y a que deux partis:
which means that there are only two parties
étant bien entendu que...:
with the clear understanding that . . .

A Questions à préparer

1 Que reproche M. Mendès France à la Constitution de 1958?
2 Pourquoi M. Debré n'accepte-t-il pas de comparer la France à la Grande-Bretagne ou aux États-Unis en ce qui concerne les règles du jeu politique?
3 Comment M. Mendès France répond-il à cette objection? Est-ce le nombre de partis qui détermine la stabilité politique d'un pays?
4 Comparez ce que dit ici M. Mendès France (J'ai toujours considéré que le progrès...consiste...') aux propos du général de Gaulle sur la participation. (Voir 'La grande question de ce siècle': questionnaire—*Actualités Françaises*, Part One.) M. Mendès France et le général de Gaulle vous semblent-ils du même avis sur la question?
5 Comment M. Debré justifie-t-il la conception du général de Gaulle, à savoir qu'en France il faut accorder un rôle déterminant au chef de l'État dans le domaine politique?

6 Résumez la définition qu'offre M. Debré de la démocratie. Cette définition vous semble-t-elle adéquate? Que dire du rôle du citoyen dans le système défini par M. Debré? Ses conceptions de la démocratie sont-elles celles de M. Mendès France?

B Sujet de discussion

Des deux conceptions de la démocratie présentées ici, laquelle vous semble la mieux fondée? Justifiez votre point de vue.

C Sujets de rédaction à discuter

(1) Quel système de gouvernement vous semble assurer la plus grande mesure possible de démocratie?
🎲 (2) 'Les problèmes, les options fondamentales doivent être délibérés par les citoyens et non pas délégués et réservés purement et simplement à un seul homme.' Discutez.

Grammar

1 Auxiliary Verbs *faire*

—*le pays sera fait juge:*
  the nation will be made the judge (i.e. will decide
  the matter).
In statements such as 'they made him king', 'he was
taken prisoner', where a new status is conferred on
someone, the French construction with *faire* corre-

sponds to English usage. Compare this with the constructions *faire de* + noun and *rendre* + adjective:
—*(elles) ont fait de l'aide un des problèmes majeurs du
  monde actuel.* (passage 18)
—*les raisons qui ont rendu le centrisme nécessaire.*
  (passage 20)

2 Adverbs   Translation of 'how'

(*a*) **Comme** is used in exclamations such as:
  Comme vous êtes désagréable!
  Comme il fait chaud!
(*b*) **Comment** (or *de quelle façon*) is used in statements
  and questions such as:
  Dites-moi comment il l'a fait.
  Regardez de quelle façon il le fait.
  Comment se fait-il (D'où vient-il) que... ?:
  How is it that . . . ?
(*c*) **Combien** is often used instead of *comme* or
  comment to intensify an adjective or a verb:
  —*cette tradition éminente, et combien importante:*
  this eminent and so very important tradition.
  Combien je regrette que...!:
  How sorry I am that . . . !
  combien de fois: how often.
  en combien de temps: how soon.

  Combien de temps faudra-t-il... ?:
  How long will it take . . . ?
  (*Quelle est la durée de vos vacances ?:*
  How long are your holidays ?)
  Combien y a-t-il d'ici à... ?: How far is it to . . . ?
When 'how' means 'to what extent', it can be
translated by *combien* or by a more specific
phrase:
—*On peut difficilement imaginer à quel point la
  nation était divisée:*
  . . . how divided the country was. (passage 20)
Note also:
  Je ne vois pas **en quoi** *cela vous intéresse:*
  . . . **how** . . . (see 17.1)

3 Stressed Pronouns

—*nous ne pourrons pas nous comparer exactement à
  eux.*
When *me* (*te, se, nous* or *vous*) is the **direct** object of a

verb, an **indirect** object pronoun referring to a person
must be in the stressed form.

4 Indefinite Pronouns   *l'un...l'autre*

(*a*) 'both (of them)', 'each (of them)':
  —*un compromis acceptable par l'un et l'autre.*
  (passage 20)
(*b*) 'each other', 'one another':
  L'un l'autre, les uns les autres, can be used to
  strengthen a verb with reciprocal meaning:
  —*ils s'éliminent les uns les autres.* (passage 22)
  Elles se parlaient les unes aux autres.

—*les uns et les autres se jetaient des regards
  homicides.* (passage 20)
The phrase can be used in other constructions
with a preposition or an adverb:
—*vivre la même durée l'un que l'autre:*
  to have the same life as each other
—*dans l'un comme l'autre cas:*
  in each case

Exercises

(1) *faire*   Translate:
1 Do broadcast discussions make politics more
interesting? 2 The 1958 constitution made the
President the head of the executive. 3 Bonaparte was made Consul in 1802 and Emperor in
1804. 4 Time and tradition have made this
system effective. 5 'The Assembly of the
French people has been turned into a theatre',
the deputy complained.

(2) 'how'   Translate:
1 How strange his views are! 2 How well he
spoke! 3 How sorry I am I did not go! 4 How
long did they speak for? 5 How soon do you
think the system could be changed? 6 Can you

explain how the system works in England? 7
It is obvious how divided the country was. 8
I know how effectively this system works in
Denmark. 9 I don't see how that differs from
what happens in other countries. 10 How is it
that this system, which works very well in
Holland, can't be tried in this country?

(3) **Indefinite pronouns**   Translate:
1 I answered his arguments one after the other.
2 The two men asked each other several questions. 3 The nations of the world should try to
understand each other better. 4 In politics we
should learn to work for each other and not for
ourselves. 5 Neither of them could answer this
question satisfactorily.

22

Éloge de la politique

La vocation de la politique

Certains hommes ont la vocation de la politique, comme d'autres ont celle de la peinture, du théâtre ou de l'invention mathématique. Ce sont des hommes à passion, à passion unique. Le politique, lui, sa passion, c'est de faire l'histoire de son temps; quand il réussit, il fonde des États ou fait des révolutions. Les vraies vocations et les passions absolues sont rares et qu'elles réussissent l'est encore davantage. Chaque siècle ne produit que quelques vrais peintres et quelques grands politiques. Comme tout le monde, bien sûr, je m'intéresse à ces gens-là—et dans la période présente, peut-être davantage au peintre qu'au politique. Je ne me cache pas d'admirer les grands hommes; Plutarque fut une de mes premières lectures et je ne renie pas son enseignement.

Mais ce qui me paraîtrait aujourd'hui plus intéressant, ce serait de comprendre pourquoi des hommes qui n'ont pas la vocation politique—la très grande majorité des hommes—des hommes qui ont peur de la politique parce qu'ils savent, par leurs manuels d'histoire et la lecture des journaux, qu'il est bien plus dangereux de faire de la politique que de descendre dans l'arène aux taureaux ou de courir en automobile, parce qu'ils pensent aux procès, aux guillotines, aux camps, aux meurtres, pourquoi des hommes qui se laissent aller au courant de la vie quotidienne parce que c'est le plus facile, parce que l'achat d'une voiture, d'un disque, le sourire d'une fille fait oublier qu'il sera bien triste de mourir à la fin d'une vie pendant laquelle il ne se sera rien passé;—pourquoi et dans quelles circonstances ces hommes-là, ces hommes de tous les jours et de tous les temps se mettent tout d'un coup—et quelquefois tous ensemble—à se conduire en politiques. Alors, et pour un temps, les 'grands hommes' (comme dans Plutarque) foisonnent. (Ensuite, ils s'endorment ou s'éliminent les uns les autres, mais c'est une autre histoire.)

Un peuple dépolitisé?

Ce serait particulièrement intéressant aujourd'hui parce que jamais, de mémoire d'homme, le peuple français (et pas seulement lui) n'a été aussi profondément 'dépolitisé' comme on dit; singulier vocable, singulière chose. Il est informé, bien sûr, mais être informé de la politique, c'est-à-dire de l'histoire en train de se faire, la regarder à la télévision, même si c'était une télévision objective, c'est utile pour se conduire en politique, mais ce n'est pas par là-même se conduire en politique. Avoir des opinions ne suffit pas non plus; l'opinion, par définition, ce n'est pas une certitude et encore moins une action raisonnée; quant à l'opinion publique, les tyrans d'Athènes savaient déjà la fabriquer. Se conduire en politique, c'est agir au lieu d'être agi, c'est faire l'histoire, faire la politique au lieu d'être fait, d'être refait par elle. C'est mener un combat, une série de combats, faire une guerre, sa propre guerre avec des buts de guerre, des perspectives proches et lointaines, une stratégie, une tactique. Voilà qui paraît bien le dernier souci aujourd'hui de nos contemporains.

Les Français en 1932

J'ai déjà vu ce peuple désintéressé—pas tout à fait autant—à plusieurs reprises. En 1932, j'étais jeune journaliste dans un grand quotidien; je me rappelle très bien certaines conférences de rédaction, on nous disait: Hitler,

124

unique: single
politique (m): politician

renier: to reject

procès (m): trial

foisonner: to abound

singulier: strange
vocable (m): word

certitude (f): certainty

rédaction (f): editorial staff

Ouvriers et ouvrières en grève. '*Pendant quelques semaines de 1936, un très grand nombre de Français furent des politiques et crurent au bonheur.*'

Mussolini, la crise américaine, les affaires soviétiques, notre public en a par-dessus la tête; ce qui l'intéresse, c'est la vie de tous les jours; ce qu'il veut savoir de New York: qu'est-ce que les Américains font de leurs réfrigérateurs? De Berlin: l'amour y est-il plus libre qu'à Paris? De chez nous: comment supprimer au plus vite les passages à niveau qui font tant de victimes sur la Nationale 6? Et c'était vrai, les inspecteurs de vente du journal le confirmaient, les Français, cette année-là, ne voulaient plus entendre parler de Hitler ni de Mussolini; ils commençaient d'acheter des tandems pour se promener le dimanche.

supprimer: to get rid of

...en 1936

Voilà ce qui les intéressait. Quatre ans plus tard, les métallurgistes et les mineurs occupaient leurs usines et leurs mines. Pas seulement les métallurgistes, mais aussi les gaziers, les cartonniers, les ouvriers municipaux. Les balayeurs des municipalités défilaient, le balai sur l'épaule.

✹ Ce n'est pas mon rôle de faire ici, maintenant, l'analyse de ce qui s'était passé entre 1934 et 1936, la menace fasciste devenue brusquement concrète en février 1934, les premiers succès du Front populaire montrant que la bataille

métallurgiste (m): engineering worker
gazier (m): worker in gasworks
cartonnier (m): worker in cardboard box factory
balayeur (m): road-sweeper
municipalité (f): local authority
défiler: to march past

1936: ravitaillement de grévistes occupant leur usine. '*Ce n'était pas seulement une bataille défensive...*'

125

Premiers départs en congés payés.
'... la vie de chacun pouvait être changée.'

brassage (m): mixture

pouvait être gagnée et tout ce brassage d'idées et d'actions qui fit toucher du doigt que ce n'était pas seulement une bataille défensive mais que la vie de chacun pouvait être changée, qu'il s'agissait de mon, ton, son, de notre bonheur.

Pendant quelques semaines de 1936, un très grand nombre de Français furent des politiques et crurent au bonheur.

...en 1942

Et puis, une nouvelle fois, j'ai vu le peuple français 'dépolitisé'. En 1942— l'affreuse année. Ce n'était pas seulement d'être vaincu, d'être occupé, d'être gouverné par les vaincus de 1936 ('Mieux vaut Hitler que le Front populaire', répétait mon garagiste). C'était qu'un peuple tout entier parût ne plus penser qu'au ravitaillement. Un jour, sur le quai de Lyon-Perrache, des hommes qui paraissaient bien élevés s'écrasaient, puis se battirent pour gagner quelques places dans la queue à l'entrée du wagon-restaurant; un vieillard qui les regardait à distance les injuria avec les termes les plus délibérément grossiers; j'étais de tout cœur avec ce vieillard.

ravitaillement (m): food supply
écraser: to crush

injurier: to swear at
grossier: crude

Paris, 1942.
L'affreux, 'c'était qu'un peuple tout entier parût ne plus penser qu'au ravitaillement.'

1943: membres des F.F.I. à
St.-Nazaire.
'*Des maquis campaient comme
ci, comme ça...*'

...en 1943

Moins d'un an plus tard, à la mi-43, des maquis campaient comme ci, comme
ça, dans tous les déserts de la France; les résistants, les clandestins trouvaient
tant qu'ils voulaient des secrétaires de mairie qui prenaient tous les risques
pour leur faire des faux papiers, des cheminots qui sabotaient, des fonctionnaires qui livraient les secrets militaires du double adversaire: l'Allemand et
Vichy. La plupart des Français commençaient de se conduire en politiques. ✳

cheminot (m): railwayman
fonctionnaire: (local
   government) official,
   civil servant

...et aujourd'hui

Et nous voici de nouveau dans le désert. Mais je ne veux pas croire qu'il ne se
passera plus jamais rien. Que les citoyens n'exerceront plus leur pouvoir qu'en
mettant un bulletin dans l'urne pour désigner comme souverain (à leur place)
un monsieur qui a une bonne tête à la télévision. Que le seul problème sur
lequel le citoyen aura à se prononcer (par référendum) sera l'itinéraire d'une
autoroute ou la puissance d'une centrale électrique. Que, dans un monde où
il n'y aura plus que des cadres, les cadres seront de plus en plus heureux parce
que la retraite des cadres sera progressivement augmentée. J'en ai par-dessus
la tête qu'on me parle de planification, d'études de marché, de prospectives,
de cybernétique, d'opérations opérationnelles: c'est l'affaire des techniciens.

bulletin (m): voting slip
urne (f): ballot-box

itinéraire (m): line, route
centrale (f): power-station
cadre (m): executive
retraite (f): pension

Groupe de maquisards dans
la Haute-Loire.
'*... dans tous les déserts de la
France.*'

127

Comme citoyen, je veux qu'on me parle politique, je veux retrouver, je veux provoquer l'occasion de mener des actions politiques (des vraies), je veux que nous redevenions tous des politiques.

Qu'est-ce que vous faites, les philosophes, les professeurs, les écrivains, moi-même, les intellectuels comme on dit? Les praticiens ne manquent pas, ce monde en est plein. Mais les penseurs politiques? En attendant que revienne le temps de l'action, des actions politiques, une bonne, belle grande utopie (comme nous pensions en 1945 que 'l'homme nouveau' serait créé dans les dix années qui allaient suivre) ce ne serait peut-être déjà pas si mal.

écrivain (m): writer

Roger Vailland, Le Nouvel Observateur

Ce texte de Vailland fut écrit en 1964, peu de temps avant sa mort. Quatre ans plus tard, en mai 1968, les Français—étudiants, ouvriers, cadres—se sont mis à 'se conduire en politiques'. Pour combien de temps?...

Notes

Front populaire: groupement politique arrivé au pouvoir en 1936, avec Léon Blum, et qui réunissait les partis de gauche (radicaux, socialistes, communistes).
Vichy: siège du gouvernement présidé par Pétain de 1940 à 1944.
les maquis: groupes de résistants à l'occupation allemande au cours de la Seconde guerre mondiale.

1968: manifestation C.G.T. du 29 mai.
'*Je veux que nous redevenions tous des politiques.*'

Verb Constructions

entendre parler de qch. (de qqn.):
to hear of sth. (of s.o.)
se prononcer sur qch.: to give a decision on sth.

croire en qqn. (en qch.):
to believe, have faith, in s.o. (in sth.)
(croire à qch.: to believe in (the existence or truth of) sth.)

Further Vocabulary

je ne me cache pas d'admirer...:
I make no secret of my admiration for . . .
l'histoire en train de se faire: history in the making
notre public en a par-dessus la tête:
our readers are sick and tired of them
j'en ai par-dessus la tête qu'on me parle de...:
I'm sick and tired of hearing about . . .

qui fit toucher du doigt que...:
which made it obvious, brought it home to people, that . . .
les praticiens ne manquent pas:
there is no shortage of experts.

A Questions à préparer

1 Pourquoi Vailland admire-t-il 'les grands hommes'?
2 Qu'est-ce qui explique, selon Vailland, que la grande majorité des hommes n'aient pas la vocation politique? Pourquoi Vailland trouve-t-il cette situation 'triste'? Quel phénomène s'efforce-t-il de comprendre?
3 Qu'est-ce qu'un peuple 'dépolitisé'?
4 Être informé, avoir des opinions: pourquoi cela ne suffit-il pas, aux yeux de Vailland?
5 Quelle idée Vailland se fait-il de l'activité politique?
6 Comment justifier l'attitude, vis-à-vis du public français, de la rédaction du journal pour lequel Vailland travaillait en 1932? Comment expliquer le manque d'intérêt des Français pour la politique? Qu'est-ce qui les intéressait au fond?
7 Les Français avaient-ils la même conception de la politique en 1936 qu'en 1932? Qu'est-ce qui avait changé?
8 En 1936, les Français crurent au bonheur; en 1942 ils ne pensaient qu'au ravitaillement. Montrez ce qui sépare, et ce qui rapproche, ces deux comportements.
9 En 1936 et en 1943 les Français se sont mis à se conduire en politiques; qu'est-ce qui a motivé, dans l'un comme l'autre cas, selon Vailland, ce changement?
10 'Et nous voici de nouveau dans le désert.' Expliquez.
11 Qu'est devenue aujourd'hui la participation des citoyens dans les affaires publiques, selon Vailland? Quelle est la différence fondamentale entre cette situation et celle des Français en 1936, en 1943 (et en mai 1968)?

B Sujets de discussion

(1) Cet article vous semble-t-il exprimer un point de vue optimiste ou pessimiste quant à l'avenir?
(2) 'Je veux que nous redevenions tous des politiques' dit Vailland. Est-ce possible ou même souhaitable? Comment, et pourquoi?
(3) La politique est-elle l'affaire de tous les citoyens ou d'une minorité de 'grands hommes'? Partagez-vous l'admiration de Vailland pour les grands hommes?
(4) 'La France fait de temps à autre une révolution, jamais de réformes' (Raymond Aron). 'La France ne fait jamais de réformes que dans la foulée d'une révolution' (Charles de Gaulle). Expliquez et commentez.

C Sujets de rédaction à discuter

(1) Écrivez, d'après vos conceptions personnelles, un 'éloge de la politique'.
(2) Les jeunes sont-ils dépolitisés?
(3) Dialogue de sourds: imaginez une conversation sur la politique entre Vailland et un jeune 'dépolitisé' (vous peut-être) d'aujourd'hui.
(4) **'La révolution doit se faire dans les hommes avant de se réaliser dans les choses.'**

129

Grammar

1 The Subjunctive

(a) **After impersonal verbs**

The subjunctive is used in many clauses dependent on impersonal verbs, even when the impersonal construction is not fully stated:

—*Les vraies vocations sont rares et qu'elles réussissent l'est encore davantage.* (i.e. *il est encore plus rare qu'elles réussissent.*)

—*1942—l'affreuse année. Ce n'était pas seulement...C'était qu'un peuple tout entier parût ne plus penser.* (i.e. *c'était affreux qu'un peuple parût...*)

(b) **'until'**

The subjunctive is used after *jusqu'à ce que, en attendant que* (until) and *attendre que* (to wait until):

—*En attendant que revienne le temps de l'action.*

(c) **'not until'**: either: *ne...que quand* (or *lorsque*) + indicative

or : *ne...pas avant que* + subjunctive (see also 4.2a)

Ils ne seront heureux que lorsque la retraite sera augmentée.

Ils ne seront pas heureux avant que la retraite soit augmentée.

The tense after *quand* must be in logical sequence with the main verb.

Jusqu'à ce que is not used after a negative main verb; similarly, *avant* is the usual translation of the preposition 'until' after a negative:

La bataille ne devait pas être gagnée avant 1936:
The battle was not to be won until 1936.

Note:

Ce n'est qu'en 1936 que la bataille fut gagnée:
It was not until 1936 that the battle was won.

(d) **Subjunctive not used**

—*Mais je ne veux pas croire qu'il ne se passera plus jamais rien. Que les citoyens n'exerceront plus...*, etc.

Croire, used negatively, is normally followed by the subjunctive; but the important point about the series of dependent clauses in this example is that they are about the future and not the present. The indicative is used to avoid ambiguity. Compare also 11.1b.

2 Negatives

(a) —*les Français ne voulaient plus entendre parler de Hitler **ni** de Mussolini:*

... didn't want to hear about Hitler **or** Mussolini any more.

After negative constructions, 'or' is translated by *ni*.

(b) —*Avoir des opinions ne suffit pas non plus:*

Having opinions is not sufficient either. (Nor is having opinions sufficient.)

'Neither' (or 'not . . . either'), used to link one negative statement to another, is translated by *non plus*.

Non plus can be used with *ni*:

Je n'aime pas son style, ni ses idées non plus.

3 Comparisons *autant (de)*: as much (as many); *tant (de)*: so much (so many)

—*J'ai déjà vu ce peuple désintéressé—pas tout à fait **autant**:*

... not quite as much.

*Notre siècle a-t-il produit **autant de** grands hommes que les précédents?:*

... as many great men as . . .?

*Il a **tant** insisté que j'ai fini par le croire.*

—*les passages à niveau qui font **tant de** victimes sur la Nationale 6:*

... so many victims . . .

Note: *tant* can be used instead of *autant* in negative statements:

Je n'ai pas tant de patience que lui.

and in phrases such as the following:

—*les clandestins trouvaient tant qu'ils voulaient des secrétaires, des cheminots, des fonctionnaires...:*

... as many . . . as they wanted.

4 Adverbs

Adverb Phrases

—*Les balayeurs défilaient, le balai sur l'épaule:*

... with their brooms on their shoulders.

In such adverb phrases of manner, French usage differs from English on three counts:

(i) 'with' is not translated.

(ii) possessive adjectives are not generally used.

(iii) the singular is preferred to the plural if the emphasis is on each individual rather than the total effect on the observer.

5 Demonstratives

(a) **Use of *voilà* for emphasis**

— *Voilà qui paraît bien le dernier souci aujourd'hui de nos contemporains:*
That seems to be . . .

Voilà here sums up what has gone before, more elegantly than would such a phrase as '*Tout cela paraît...*'. (see 5.4)

(b) *Voici* and *voilà* are commonly used with the meaning 'this is', 'that is':
Voici ce que je propose: This is what I suggest.
— *Voilà ce qui les intéressait:*
That is what interested them.

(c) *C'est là, ce sont là* are used in a similar way:
Ce sont là les seules solutions:
Those are the only solutions.

6 Prepositions

à — *au plus vite:* as quickly as possible
— *un vieillard qui les regardait à distance:*
. . . from a distance.

de — *jamais, de mémoire d'homme:*
never, within living memory.

de is used in adverb phrases to introduce the instrument of an action:
— *ce brassage qui fit toucher du doigt que...:*
which brought home to one that . . .
— *j'étais de tout cœur avec ce vieillard:*
I was wholeheartedly on the side of that old man.

en is used in certain adverb phrases of manner:
— *se conduire en politiques:* to act politically.

avec — *avec les termes les plus délibérément grossiers:*
in the most vulgar terms he could find.

par — *ils savent, par leurs manuels d'histoire:*
. . . from their history books.

Compound preposition
— *des hommes qui se laissent aller au courant de la vie quotidienne:*
. . . who drift through life from day to day.

Exercises

(1) **The Subjunctive**   Translate:
1 The terrible thing was that no one realised what was about to happen.   2 It's not enough simply to wait until things change.   3 It is impossible to believe that the French will never again be interested in politics.   4 It was not until 1942 that the Resistance really began in France.   5 Honour and patriotism required that risks should be taken.   6 People did not really become aware of the Fascist threat until 1934.

(2) **Negatives and Comparisons**   Translate:
1 It's not enough to vote; nor is it enough to be informed about current affairs.   2 He had so many things to say that I could not follow them all.   3 I have as much admiration for him as you have.   5 This government did not produce as many good ideas as its predecessor, and it didn't make as many mistakes either!

(3) **Adverb phrases and Demonstratives**   Translate:
1 Good illustrations, interesting articles: that's what I look for in a newspaper.   2 People must participate in political life. This is the only solution.   3 She went out of the town hall with the papers in her hand.   4 They marched down the street with smiles on their faces.

Le meneur
d'hommes
par Sempé

23
On votait dans mon village

✴ En ce temps-là, les choses se faisaient plus simplement et à meilleur ~~more cheaply~~ marché. Les femmes ne s'en mêlaient pas. Le physique des candidats avait moins d'importance. Les représentants de la majorité ne parcouraient pas leurs circonscriptions avec un visiotone et ne montraient pas aux citoyens des films sonores, en noir et en couleurs, à la gloire d'eux-mêmes, du régime, du parti et du Président de la République. Le régime, personne ou presque ne le discutait. Quant au Président, qui s'appelait Armand Fallières, il était hors de cause et se tenait au-dessus de la mêlée. On le disait de bon conseil et on admettait que la République, qui doit survivre aux hommes, tenait par ses institutions.

Sauf dans les circonscriptions sur lesquelles s'abattait un richard ~~bitten by the bug~~ piqué par la tarentule politique, les campagnes se faisaient à petits frais: pas de photos, pas d'affiches en couleurs, un tract ou deux au maximum, quelques numéros spéciaux du journal local et c'était tout. Les candidats tenaient des réunions qui se terminaient assez rarement en chahut. On se rattrapait au chapitre de l'éloquence et du vocabulaire: 'Lenglumé aux abois! Une infamie! Assez de mensonges! Marmouillard se dérobe piteusement!' Comme l'instituteur nous avait enseigné qu'on ne saurait trop tôt se préparer à l'exercice de ses devoirs civiques, je me pénétrais de cette littérature. Une expression qui revenait souvent m'étonnait: 'La réaction relève la tête.' J'étais surpris que la réaction, écrasée en 1789, méprisée, toujours battue, toujours piétinée, restât si vigoureuse et si insolente. Mon père, sans ambition pour lui-même, combattait vigoureusement pour la République. Il était secrétaire de la Fédération républicaine, radicale et radicale-socialiste, qui dans notre Meuse représentait la gauche la plus authentique. Je me risquai à l'interroger:

—Pourquoi dit-on que la réaction relève la tête?

Il me regarda avec pitié:

—Parce que cela fait bien.

Comme il parlait peu, je n'en ai pas su davantage. ✴

Une année toutefois, il y eut une sorte de scandale. Pour la bonne cause, c'est entendu. Pour la victoire de la démocratie, je n'en disconviens pas. Mais le comité de la Fédération républicaine, radicale et radicale-socialiste était composé d'hommes qui se faisaient une haute idée du suffrage universel et de la souveraineté populaire. Ils ne savaient quelle contenance prendre. Les sénateurs, conscience du département, eurent des paroles sévères sur les nouvelles mœurs politiques, qui sentent la décadence. M. Poincaré parla de parade foraine.

Pour tout dire, un candidat avait eu l'idée, lors de sa tournée de conférences, de se faire accompagner d'un orchestre. Pas un grand orchestre, non. Un orchestre de bal champêtre, renforcé de clairons. Lorsqu'il venait porter la bonne parole dans une commune, les musiciens, arrivés avant lui, l'attendaient aux premières maisons, le saluaient de sonneries, et il se rendait au son d'une marche militaire à la salle de réunion, précédé de la fanfare, escorté de son comité, suivi de ses militants. Un consul montant au Capitole après une victoire ne faisait pas plus de bruit ni d'effet. La réunion était vite expédiée et aussitôt s'ouvrait le bal. Polkas, mazurkas, valses...Le candidat n'en passait pas une. On oubliait de lui parler des chemins vicinaux, de la cote mobilière,

physique (m): appearance

circonscription (f): constituency

mêlée (f): fray
de bon conseil: sound
tenir: to endure
s'abattre: to descend, pounce
richard (m): wealthy person
campagne (f): campaign
numéro (m): issue
chahut (m): uproar
se rattraper: to make good
infamie (f): disgrace
mensonge (m): lie
se dérober: to hedge, dodge the question
piteusement: shamefully
écraser: to crush
mépriser: to despise
piétiner: to trample

mœurs (f pl.): ways
parade (f) *foraine:* fairground show
tournée (f): tour
conférence (f): lecture, speech
orchestre (m): band
champêtre (adj.): country
clairon (m): bugle
sonnerie (f): bugle-call
fanfare (f): brass band
militant: party worker
expédier: to rush through
passer: to omit, miss
chemin (m) *vicinal:* local road
cote (f) *mobilière:* property assessment

133

des patentes, de la proportionnelle, du traitement des fonctionnaires, et le départ (toujours musical) s'effectuait dans une atmosphère d'apothéose. Il fut élu, eut des malheurs et disparut durant la guerre de 1914, après avoir fait beaucoup de bruit.

Une année, comme mon âme enfantine s'insurgeait à l'idée que la réaction allait une fois encore relever la tête, j'arrachai une affiche du candidat de droite, qui, alors, s'appelait progressiste. Je faillis être traduit en justice de paix. Ramené à la maison par le garde champêtre aussitôt alerté, je fus sévèrement blâmé au nom des grands principes. Mon père me fit un discours très bref, mais bien senti. Il y était question de galopins qui veulent se mêler de ce qui ne les regarde pas, sans savoir ce que signifient les mots 'liberté, égalité'. On sent bien que tout cela se passait dans des temps très anciens. Mais enfin, je n'arrache plus les affiches.

Pierre Gaxotte, *Le Figaro*

patente (f): tax on self-employed people
proportionnelle (f): proportional representation
traitement (m): salary
s'effectuer: to take place
s'insurger: to rebel
arracher: to tear down
garde (m) *champêtre:* local policeman
blâmer: to reprimand
senti: strongly expressed
galopin (m) (sl.): cheeky brat

Notes
Fallières: président de la République de 1906 à 1913.
Poincaré: président de la République de 1913 à 1920.

Aristide Briand, Président du Conseil, faisant sa campagne électorale à St Chamond en 1910.
Les femmes ne s'en mêlaient pas.

Verb Constructions

sentir qch.: to savour of, smell of, sth.
se préparer à qch.: to prepare oneself for sth.
se rendre à un endroit: to go to a place
survivre à qqn. (à qch.): to survive, outlive, s.o. (sth.)
disconvenir de qch.: to deny, not to agree with, sth.

se mêler de qch.: to take a part in, interfere in, sth.
se pénétrer de qch.: to steep oneself in sth.
faillir faire qch.: to all but do sth.
se risquer à faire qch.: to venture to do sth.
(*risquer de faire qch.:* to be likely to do sth.)

A Questions à préparer

1 'Les femmes ne s'en mêlaient pas.' Expliquez.
2 En quoi le rôle du président de la République d'alors différait-il de celui du président d'aujourd'hui?
3 Quelles sont les références au moyen desquelles l'auteur souligne la différence entre le régime d'alors et celui d'aujourd'hui?
4 Quels événements, survenus depuis lors, ont contribué à l'instabilité des institutions, non seulement françaises, mais mondiales?
5 Quel secteur de l'opinion est-ce que l'auteur entend par 'la réaction'?
6 Qui se servait de la phrase 'la réaction relève la tête' et pourquoi?
7 Pourquoi eut-on des paroles sévères sur la conduite du candidat qui s'était fait accompagner d'un orchestre? Sa conduite fut-elle récompensée? Pourquoi?
8 Qu'est-ce qui avait poussé le jeune garçon à arracher une affiche?
9 Qu'est-ce qu'il y avait d'ancien, de démodé, dans la confrontation entre le père et le fils racontée par l'auteur?

B Sujet de discussion

Quelle semble être l'attitude de l'auteur vis-à-vis des mœurs électorales de l'époque dont il parle? Citez les phrases où son attitude paraît le plus clairement.

C Sujets de rédaction à discuter

(1) L'instituteur: 'On ne saurait trop tôt se préparer à l'exercice de ses devoirs civiques'; le père de l'auteur: '...des galopins qui veulent se mêler de ce qui ne les regarde pas, sans savoir ce que signifient les mots "liberté, égalité" '. Maintenant que les jeunes Anglais ont le droit de voter dès l'âge de 18 ans, laquelle de ces deux attitudes quant à la participation des jeunes à la politique vous semble la plus justifiée? Donnez vos raisons.
(2) En vous inspirant des réflexions de l'auteur sur les élections d'autrefois, donnez vos impressions d'une campagne électorale récente.
(3) Composez un discours électoral en faveur d'un candidat ou d'un parti politique, passé, présent ou à venir. (Ayez bien soin de ne mécontenter aucun secteur de l'électorat!)

Grammar

1 Tenses

(*a*) **The Past Historic** is used:
  (i) to describe a past event seen in its entirety:
    — *Une année il y eut une sorte de scandale.*
    — *Ramené à la maison, je fus sévèrement blâmé.*
  (ii) to describe a series of events in the past:
    — *Il fut élu, eut des malheurs et disparut durant la guerre.*
(*b*) **The Imperfect** tense is used:
  (i) to describe or explain people, things, situations:
    — *Il était secrétaire de la Fédération qui dans notre Meuse représentait la gauche la plus authentique.*
    — *Mon père me fit un discours très bref. Il y était question de...*
    — *Comme il parlait peu, je n'en ai pas su davantage.*
    — *tout cela se passait dans des temps très anciens.*
  (ii) to describe one action interrupted by another:
    — *sur le quai des hommes s'écrasaient, puis se battirent pour gagner quelques places.* (passage 22)
(*c*) **The Conditional**
    — *on ne saurait trop tôt se préparer à l'exercice de ses devoirs civiques:*
    it is never too soon to . . . (one cannot . . . too soon).
The conditional of certain verbs can be used as a polite or formal alternative to the present tense:
Je voudrais un kilo de...Pourriez-vous me dire...
Je ne saurais accéder à votre requête.
(see also 4.2b)

2 Auxiliary Verbs

(*a*) *se faire:*

    (i) followed by an infinitive, forms a passive construction:

        —*l'idée de se faire accompagner d'un orchestre.*

    (ii) used alone, translates 'to take place', 'to be run':

        —*les campagnes se faisaient à petits frais:* campaigns were run at little cost.

    Or with the idea of 'what is done' (or not done):

        Cela ne se fait pas, vous savez.

        —*les choses se faisaient plus simplement:* things were done more simply.

(*b*) *faillir:*

    —*Je faillis être traduit en justice de paix:* I was nearly brought before the magistrates' court.

Faillir is used (i) only in the past historic and perfect tenses and (ii) only in situations where something disagreeable has been narrowly avoided.

3 Word Order

Emphasis

Emphasis in French is generally achieved by changing the normal word order in a phrase or sentence. *C'est ...qui* (*que*) is frequently used to give prominence to a particular noun or pronoun. (see 19.2)

The following examples show how emphasis is given to words which otherwise remain in a subordinate position (e.g. after a preposition, or as object of the verb):

—*Le politique, lui, sa passion c'est de faire l'histoire de son temps.* (passage 22)

(Normal order: *La passion du politique est de...*)

—*Le régime, personne ou presque ne le discutait.*

(Normal order: *Personne...ne discutait le régime.*)

—*Polkas, mazurkas, valses ... Le candidat n'en passait pas une.*

(Normal order: *Le candidat ne passait pas une seule polka...*)

Note that this rearrangement of the sentence involves a **dislocation** of the normal flow of speech or writing; it occurs constantly in speech (e.g. *Tu veux y aller, toi, à cette réunion?*) and in writing, and used judiciously it is an essential attribute of French style. (see also 17.3)

4 Prepositions

à   —*les campagnes se faisaient à petits frais:* the campaigns were waged at little cost.

de   —*on le disait de bon conseil:* his advice was said to be sound.

de is used to introduce the agent of an action when the situation is a usual, everyday one, or to suggest a formal, ceremonial occasion:

    Comme tous les jours elle sortit, accompagnée de son chien:

    . . . accompanied by her dog.

    —*il se rendait à la salle de réunion, précédé de la fanfare, escorté de son comité, suivi de ses militants.*

(Compare:

    —*ramené à la maison par le garde champêtre:* brought home by the local constable.)

en   —*en ce temps-là:* in those days.

hors de —*il était hors de cause:* he was not involved.

lors de —*lors de sa tournée de conférences:* on, when making, his round of speeches.

sans is frequently used in adjective phrases for which the corresponding English construction is a present participle or a relative clause:

    —*mon père, sans ambition pour lui-même:* . . . who had no personal ambitions

    —*sans rapport avec les grandes organisations:* bearing no relation to . . . (passage 20)

Exercises

(1) **Tenses and Auxiliary verbs**   Translate:

1 He nearly fell head first as he came down the stairs.   2 I cannot allow you to say that his speeches were full of lies.   3 This year he arrived at the meeting twenty minutes late, hurried through his lecture in half an hour, and left.   4 The meeting lasted two hours: they talked most of the time about money.   5 In their letter, which didn't arrive until Thursday, they asked me to give a talk on the election.   6 Things weren't done that way in our time: the candidate arrived, gave a speech and left. He wasn't accompanied by a band!

(2) **Word Order**

(i) Change these sentences so as to give emphasis to the phrases in italics:

1 Les candidats tenaient *des réunions*.   2 Je me pénétrais de *cette littérature*. 3 Cette Fédération représentait *la gauche la plus authentique*.   4 Ces hommes se faisaient une haute idée *du suffrage universel*. 5 Il se rendait au son d'une marche militaire *à la salle de réunion*.   6 *Le Président* était hors de cause.   7 *La réunion* était vite expédiée. 8 *Les sénateurs* eurent *des paroles sévères*. 9 *Les femmes* ne se melaient pas *des élections*. 10 Le physique *des candidats*, par contre, n'a aucune importance.

(ii) Which of these sentences were most effective when dislocated? Which were most effective when *c'est...qui* (*que*) was used? Why?

Il ne faut pas...

Il ne faut pas laisser les intellectuels jouer avec les
          allumettes
Parce que Messieurs quand on le laisse seul
      Le monde mental Messsssieurs
      N'est pas du tout brillant
       Et sitôt qu'il est seul
      Travaille arbitrairement
      S'érigeant pour soi-même
Et soi-disant généreusement en l'honneur des travail-
       leurs du bâtiment
      Un auto-monument
      Répétons-le Messsssssieurs
      Quand on le laisse seul
       Le monde mental
         Ment
      Monumentalement.

Jacques Prévert: 'Paroles'

Le discours sur la paix

Vers la fin d'un discours extrêmement important
le grand homme d'État trébuchant
sur une belle phrase creuse
tombe dedans
et désemparé la bouche grande ouverte
haletant
montre les dents
et la carie dentaire de ses pacifiques raisonnements
met à vif le nerf de la guerre
la délicate question d'argent.

Jacques Prévert: 'Paroles'

VII
La vie culturelle

La Maison de la culture de Grenoble.
'*La première raison d'être de cette Maison de la culture, c'est que tout ce qui se passe d'essentiel à Paris, doive se passer aussi à Grenoble.*' (*André Malraux*)

Les lecteurs

Répartition des lecteurs selon certaines catégories socio-économiques

(en pourcentages)	Ne lisent jamais rien	Lisent des livres	Ne lisent que des journaux, magazines, etc.
Ensemble de la population	6	42	52
Hommes	4	45	51
Femmes	8	37	55
Groupe d'âge			
20 à 27 ans	5	51	44
28 à 37 ans	6	45	49
38 à 47 ans	6	44	50
48 à 57 ans	8	33	59
plus de 57 ans	6	33	61
Occupation			
Industriels, professions libérales, cadres supérieurs	3	72	25
Artisans, commerçants, cadres moyens	2	51	47
Employés	5	53	42
Ouvriers	7	33	60
Agriculteurs	12	15	73
Niveau d'instruction			
primaire	7	28	65
post-primaire et technique	4	60	36
secondaire et supérieur	1	80	19

1 Pourquoi les hommes lisent-ils plus de livres que les femmes, et les jeunes plus que les personnes âgées?

2 Dans quelle couche de la population trouve-t-on le plus de lecteurs de livres? Pourquoi?

3 D'après ces chiffres, qu'est-ce qui encourage le plus la lecture?

4 Dans l'ensemble, ces chiffres sont-ils plutôt alarmants ou plutôt encourageants quant à l'avenir du livre en France?

52% des Français ne lisent que des journaux ou des magazines.

139

Les livres

(1) Les achats de livres par catégorie (enquête de 1967)

Roman	36
Livre d'enseignement	14
Policier, aventures	12
Histoire	9
Livre d'enfant	7
Science et technique	6
Philosophie, politique, religion	5
Poésie, art, théâtre	5
Voyage	5
Divers	1
Total	**100 %**

(1) 1 Comment expliquez-vous la popularité du roman?
 2 Est-ce que vous-même (ou des membres de votre famille) achetez des livres? Pourquoi (ou pourquoi pas)? Dans quelles catégories choisiriez-vous?

(2) La production de livres (par titres) des principaux producteurs du monde

	1950	1955	1960	1964
U.R.S.S.*	43 060	54 732	76 064	78 204
Allemagne (est + ouest)	16 236	21 600	27 206	30 798
États-Unis	11 022	12 589	15 012	28 451
Royaume-Uni	17 072	19 962	23 783	26 123
Japon	13 009	21 653	23 682	24 049
France	11 849	11 793	11 872	13 479
Inde*	18 817	18 559	10 741	13 125

* pays multilingues, où la production est majorée par des traductions internes.

(2) 3 Dans quels pays la production de livres est-elle en expansion? Quels sont les pays qui n'ont pas conservé le rang qu'ils occupaient en 1950?
 4 Quels sont les pays qui produisent le plus de livres, par rapport à leur population?

57% des Français n'ouvrent jamais un livre.

24
Livres et lecteurs

L'I.F.O.P. (Institut français d'opinion publique) révèle périodiquement à l'opinion pieusement horrifiée que 57% des Français n'ouvrent jamais un livre, sans d'ailleurs pouvoir dire si le mot 'livre' couvre pour toutes les personnes interrogées la même réalité. On le savait depuis longtemps. C'est d'ailleurs une vue exagérément optimiste ou exagérément pessimiste selon ce que les gens interrogés entendent par livre. Mais cela permet de crier haro sur le baudet, c'est-à-dire sur le méchant Français qui ne veut pas lire, voire d'organiser de coûteuses campagnes pour l'inciter à lire des livres comme on l'incite à manger du beurre normand ou de la morue salée avec du concentré de tomates.

entendre: to understand

morue (f): cod
salé: salted

L'analphabétisme de fait

Mais que diable veut-on qu'il lise? Des recherches toutes récentes (sur le développement de la lecture en Asie en 1965), montrent que le sous-développement culturel d'un pays réside moins dans le taux d'analphabétisme théorique que dans l'absence de matériel à lire pour le nouvel alphabétisé. La conséquence est la rechute dans l'analphabétisme.

    Il sera peut-être pénible pour les Français d'apprendre qu'ils présentent des signes de sous-développement culturel. Ils ne sont pas les seuls. C'est le cas de la plupart des grandes nations développées, qui, parce que leurs enfants sont scolarisés presque à 100%, s'imaginent en avoir fini avec l'analphabétisme. En fait elles présentent toutes à partir du groupe d'âge de vingt à vingt-cinq ans des rechutes sérieuses qui s'accentuent dramatiquement après cinquante ans. Mais la perte de la France est relativement lourde. Déjà au moment du service militaire on constate un taux de rechutes de l'ordre de 10%. Sur l'ensemble de la population il est probablement de 20% pour l'analphabétisme réel (incapacité pratique de lire) et de 40 à 50% pour l'analphabétisme de fait (non-lecture systématique).

analphabétisme (m): illiteracy

rechute (f): relapse

en fait: in fact (contradicting previous information)

Des livres...pour qui?

Les raisons sont claires. Le livre français est en situation coloniale. Toute la machine de production et de distribution est au service de quelques centaines de milliers d'individus membres de droit ou de fait d'une 'élite intellectuelle' qui d'ailleurs a de moins en moins le temps de lire. En face d'eux, trente-sept millions de lecteurs potentiels au mieux tirent ce qu'ils peuvent d'une production qui ne leur est pas destinée, ou, au pire, ne lisent rien du tout.

    Si la grande masse se satisfait de productions où l'on trouve quelquefois le meilleur et souvent le pire, c'est que personne ne se soucie de lui fournir des livres—au besoin des photo-romans ou des bandes dessinées—qui l'intéressent, la concernent et lui permettent d'entamer avec l'auteur cette collaboration qui crée l'œuvre littéraire. Notre intelligentsia en est encore aux clichés romantiques de la 'vraie' littérature qui 'exprime' l'écrivain, mais ignore trop ce qui est l'essentiel de la littérature: le dialogue et la communication dans les deux sens.

    Pourtant, la lecture, qui perd du terrain chez les cadres, en gagne lentement dans la masse. Le nombre d'exemplaires imprimés et le chiffre d'affaires de l'édition progressent de 7 à 8% par an, un peu moins il est vrai pour les

tirer: to extract

au besoin: if need be
bande (f) *dessinée:* comic strip
entamer: to begin
œuvre (f): work (of art, etc.)
ignorer: to be unaware of
sens (m): direction
exemplaire (m): copy
imprimer: to print
chiffre (m) *d'affaires:* turnover
édition (f): publishing

ouvrages littéraires. On peut estimer que le nombre des personnes de plus de quinze ans ayant peu ou prou l'habitude de la lecture est passé au cours des cinq dernières années de 5 à 7 millions. Même si l'on tient compte de la poussée démographique, le progrès est réel, mais il n'est pas dû au livre. Ses causes les plus vraisemblables sont entre autres l'habitat et la télévision. Le 'grand ensemble' est favorable à la lecture; en éveillant les curiosités, en ouvrant les horizons, en créant une communauté de préoccupations et de langage, la télévision est une de ses plus sûres propagandistes.

Il y a mille façons de lire. Quelle que soit la qualité du matériel de lecture, les femmes participent affectivement au livre et sont donc sensibles à une intrigue romanesque, alors que les hommes se posent en face du livre et en tirent des idées (même simpliste ou démagogique, il y a toujours une idéologie dans la sous-littérature), mais tous exigent que le contenu intelligible d'un livre soit en rapport direct avec la réalité de leur existence telle qu'ils la connaissent.

Au Cercle de la librairie, à la Société des gens de lettres, au Syndicat des écrivains, dans les jeunes facultés de province, parmi les bibliothécaires et les animateurs culturels, voire dans les ministères, des hommes de plus en plus nombreux sentent la nécessité d'une remise en ordre. Le temps est mûr pour un Office national du livre doté de moyens puissants, mais indépendant et des pouvoirs publics et des intérêts privés. Chacun devra y faire des concessions, voire des sacrifices, mais c'est le prix à payer si nous voulons que survive de la littérature et de la pensée françaises autre chose qu'un souvenir.

Robert Escarpit, *Le Monde*

Dis-moi qui tu lis. . .

Une revue new-yorkaise vient de publier les résultats d'un sondage sur les acheteurs de livres.

Les enquêteurs devaient demander à un millier d'acheteurs lequel ou lesquels des cinq premiers best-sellers (catégorie roman) ils avaient acheté dans l'année et combien ils en avaient lu. Sur les quatre-vingts personnes qui avaient acheté le premier best-seller (*Giles Goat Boy* de John Barth) sept l'avaient lu en entier, vingt et un partiellement (c'est-à-dire une moyenne de vingt pages) et la majorité, soit cinquante-trois personnes, ne l'avaient pas ouvert.

Notes

photo-roman: livre d'images qui racontent une histoire.
Société des gens de lettres: société fondée par Balzac pour la défense des intérêts des écrivains.

Glossary (margin)

ouvrage (m): (published) work
peu ou prou: to some extent

poussée (f): growth
démographique (adj.): population
vraisemblable: likely

affectivement: emotionally
sensible: responsive
simpliste: over-simplified
démagogique: pandering to the masses

librairie (f): bookshop
bibliothécaire (m and f): librarian
animateur (m): organiser
mûr: ripe

Verb Constructions

destiner qch. à qqn.: to intend sth. for s.o.
fournir qch. à qqn.: to provide s.o. with sth.
participer à qch.: to take part in sth.
se satisfaire de qch.: to be satisfied with sth.
tenir compte de qch.: to take sth. into account

tirer qch. de qch.: to get sth. out of sth.
inciter qqn. à faire qch.: to encourage s.o. to do sth.
se soucier de faire qch.:
to be concerned to do, worry about doing, sth.

Further Vocabulary

crier haro sur le baudet: to denounce the scapegoat
le nouvel alphabétisé:
someone who has just learned to read
ils présentent des signes de...: they show signs of . . .
c'est le cas de la plupart des...:
most . . . are in the same situation
ils sont scolarisés presque à 100%:
they nearly all go to school

qui s'accentuent dramatiquement:
which become even more marked
incapacité pratique de lire:
(i.e.) people who are unable to read
non-lecture systématique: (i.e.) people who never read
l'habitat: where people live
une intrigue romanesque: a love story
des hommes de plus en plus nombreux:
more and more men

A Questions à préparer

1 Qu'est-ce qu'un livre? Cherchez-en une définition qui permette de le distinguer des autres formes de communication écrite.
2 Quelles sont les causes de l'analphabétisme, ou du sous-développement culturel?
3 Expliquez en quoi consiste la différence entre 'analphabétisme réel' et 'analphabétisme de fait'.
4 A quels moments de la vie les risques de retomber dans l'analphabétisme (de fait) sont-ils le plus grands? Quels sont les facteurs d'ordre personnel et social qui, selon vous, contribuent à ces risques?
5 'Le livre français est en situation coloniale.' Expliquez. Qui, selon l'auteur, est responsable de cette situation: le grand public ou les éditeurs? Pourquoi?
6 Quels sont les facteurs contribuant à l'augmentation du nombre de Français ayant l'habitude de lire?
7 Pourquoi selon l'auteur est-il nécessaire de changer la situation actuelle du livre français?

B Sujets de discussion

(1) Pourquoi lit-on des livres?
(2) Pourquoi encourager les gens à lire des livres?
(3) À l'âge du transistor et de la télévision, quel est le rôle des livres de toutes sortes?
(4) Pourquoi jusqu'à présent les gens cultivés ont-ils lu plus de livres que 'la grande masse', même dans les pays où l'analphabétisme est pratiquement inexistant?

C Sujets de rédaction à discuter

(1) Quel genre de livre préférez-vous lire et pour-quoi?
(2) *L'avenir du livre*
   —l'essor du livre imprimé depuis 1500.
   —les moyens de communication du XXe siècle: journaux, magazines; radio, télévision; disques, bandes magnétiques. Comment chacun de ces moyens de communication concurrence-t-il le livre?
   —le rôle du livre, aujourd'hui et demain: dans l'enseignement, l'instruction, le divertisse-ment, l'information, la transmission de la culture.
   —lira-t-on encore des livres en l'an 2000?
(3) *'Le monde peut fort bien se passer de la littérature'* (*Sartre*).

Grammar

1 Nouns

(a) Formation of nouns **from adjectives** (see 9.3)
Further examples:
   —*l'essentiel de la littérature:*
   the main characteristic of . . .
   —*le contenu:* the contents.
   —*du concentré de tomates.*
   —*le meilleur et le pire:* the best and the worst.

(b) Formation of nouns **from adverbs**
The adverbs *mieux* and *plus* are frequently used as nouns:
   —*au mieux:* at best (at most).
   au plus: at most.
   —*le mieux est qu'ils connaissent les raisons.* (passage 12)
   Le mieux serait de...:
   The best thing to do would be to . . .

2 Indefinites *tout* (see 5.2)

(a) **Adverb:** wholly, all, entirely, quite
It remains invariable, except before feminine adjectives beginning with a consonant:
   —*des recherches toutes récentes.*
   L'opinion était toute horrifiée.

N.B. The adverbial phrase *tout à fait* is commonly found in place of *tout:*
   Il est tout à fait faux de s'imaginer que...:
   It is quite wrong to . . .

2 (*b*) **Adjective:** all, the whole, the entire . . .
—*toutes les personnes interrogées:*
  all the people questioned.
—*toute la machine:* the entire machine.
(*c*) **Pronoun:** all, everything; all of them
—*là tout est relatif:*

everything is relative (passage 4)
—*elles présentent toutes...:* all of them show . . .
—*tous exigent que...:* they all insist that . . .
Leur intérêt à tous est d'inciter les gens à lire:
  It is in the interest **of all of them** to . . .

---

3 Personal Pronouns

Idioms with *en* (see also 20.5)
(*a*) —*(ils) s'imaginent en avoir fini avec l'analphabétisme:*
  they think they have finished with illiteracy once and for all.

(*b*) —*notre intelligentsia en est encore aux clichés romantiques:*
  our intelligentsia has still only got as far as . . .
En être à is used when referring to a stage reached in a process or series.

---

4 Prepositions

à —*au besoin:* if need be.
de —*l'analphabétisme de fait:* virtual illiteracy.
  —*membres de droit ou de fait d'une 'élite intellectuelle':*
  members as of right or in practice . . .
en —*en fait:*
  in fact (correcting or contradicting a previous statement).
  —*en effet:*
  indeed (confirming a previous statement; often omitted in English).

—*la nécessité d'une remise en ordre:*
  the need for changes.
Compound prepositions
  —*au moment du service militaire:*
  at the time of National Service.
  —*toute la machine est au service de quelques centaines:*
  the whole machine exists for (the sake of) . . .
Past participle + preposition
  —*un Office national du livre doté de moyens puissants:*
  . . . with strong financial backing.

Exercises

(1) *tout* Translate:
1 Any dialogue, any communication must be two-way. 2 All literature is an attempt at communication. 3 Almost all women like romantic plots. 4 The entire production has been given over to comic strips. 5 Everything shows that illiteracy is on the increase. 6 All of them were interested in the quality of the reading matter. 7 The concern of all of them was to arouse curiosity. 8 Their habits are quite different. 9 All I know is that the habit of reading is on the decline. 10 That's a wholly optimistic point of view.

(2) **Nouns** Making additions where required, replace the words in italics by nouns formed from adjectives or adverbs:
1 *Ce qui est urgent* c'est d'encourager l'habitude de la lecture. 2 *Les techniques audio-visuelles* concurrencent *les moyens de communication écrits.* 3 *Chose étonnante*, peut-être, le taux d'analphabétisme a augmenté. 4 Après les élections, *ceux qui ont été élus* ont prononcé des discours. 5 *Il est important* de distinguer *la vérité* d'avec *ce qui est faux* dans son discours. 6 Il a parlé *des éléments essentiels* de son projet. 7 Nous avons accompli *toutes les tâches qui étaient nécessaires.* 8 *Il vaudrait mieux* l'inciter à manger du beurre normand. 9 On les a encouragés à faire *des choses nouvelles.* 10 En mettant les choses *sous leur jour le plus favorable* il est possible que la télévision encourage la lecture.

(3) **Idioms with *en*** Translate the following sentences into idiomatic English:
1 On voudrait en finir avec cette question de l'analphabétisme. 2 L'affaire en est là: il faut agir de toute urgence à moins que nous voulions que ne survive de la littérature française qu'un souvenir. 3 Le peuple français en était venu à ne penser qu'au ravitaillement. 4 Pour gagner quelques places dans la queue, des gens qui paraissaient bien élevés en étaient venus aux mains. 5 'Les choses en sont-elles venues là' se demanda-t-il en les voyant se battre. 6 Plus tard les gens en sont venus à considérer les reproches du vieillard comme justifiées. 7 Le peuple français a enfin compris où voulait en venir le gouvernement allemand avec sa politique de collaboration. 8 Depuis 1964 ce peuple en est arrivé à se conduire de plus en plus en politiques. 9 —Où voulez-vous en venir? demanda-t-il avec impatience. —Attendez que je finisse, répondit l'autre. 10 Pour en finir, tout l'avenir de la pensée française se trouve menacé: il faut agir de toute urgence.

25
Les Jeux sont faits,
de Jean-Paul Sartre

Sans épaisseur ni présence, humaine, on côtoie toujours la vie
que l'on a quittée.

(De notre envoyé spécial, par téléphone.) Cannes, 17 septembre 1947.

J'ignore l'accueil que le public, peut-être déconcerté, réservera au film que Jean Delannoy a réalisé d'après un scénario de Jean-Paul Sartre: *Les Jeux sont faits.* Une chose me paraît sûre: nous avons assisté à la première projection d'une œuvre extraordinaire, troublante et belle comme certains vers de Rimbaud, parfaitement adaptée aux moyens comme aux fins du cinéma, dépouillé au point de ne jamais utiliser ces moyens, malgré la tentation du scénario, pour réaliser d'inutiles prouesses techniques; œuvre à la fois dense et très simple, féerique et réelle, dont le côté imaginaire reste toujours l'expression d'une pensée abstraite, où l'angoisse lutte comme un papillon fou aux quatre murs blancs d'une implacable lucidité.

✳ Le thème peut aisément se résumer. Pierre, travailleur révolté contre l'oppression du dictateur Aguerra, est abattu par un mouchard à la solde des miliciens du tyran. Ève, jeune épouse du chef milicien Charlier, est empoisonnée par son mari, qui convoite après la sienne la dot de sa sœur. Ils franchissent les portes de l'au-delà derrière lesquelles, sans épaisseur ni présence humaine, on côtoie toujours la vie que l'on a quittée. Ils se rencontrent, s'éprennent l'un de l'autre et sont autorisés à revivre un jour sur terre, au terme de quoi, s'ils se sont vraiment aimés durant ces vingt-quatre heures, la vie leur sera rendue.

ignorer: not to know
déconcerté: disconcerted
réaliser: to produce

troublant: disturbing
vers (m): line (of poetry)
dépouillé: stark

scénario (m): script
prouesse (f): feat
dense: full (of meaning)
féerique: ethereal
angoisse (f): anxiety
papillon (m): butterfly
abattre (1): to kill, shoot (down)
mouchard (m): informer
solde (f): pay
convoiter: to covet
dot (f): dowry
franchir: to pass through
l'au-delà: the other world
épaisseur (f): substance
côtoyer: to live alongside
terme (m): end

Mais repris presque aussitôt, lui par son activité de militant, elle par le souci de mettre en garde sa sœur, ils mourront de nouveau lorsque expirera ce délai, loin l'un de l'autre pour n'avoir pas su, pas pu fermer les volets sur leur amour.

Jean-Paul Sartre a dit que ce n'était point tant le problème de la mort qui l'intéressait ici que celui de la vie vu du côté de la mort.

Cette excursion dans l'au-delà lui permet d'exposer, sans que l'on y prenne garde — et ce n'est pas son moindre mérite, — sa conception du déterminisme et de la liberté. Vivants, nous croyons être libres d'agir: cela serait exact si notre conscience d'être impliquait aussi l'existence d'autres êtres et du milieu qui nous détermine à agir, de même que notre existence pèse elle aussi sur les décisions des autres, constitue un élément de résistance à leur liberté. Qu'on le veuille ou non, les jeux sont faits; nous croyons pouvoir abattre telle ou telle carte à notre choix: le choix est fait. Nous sommes engagés: des engagés volontaires, en quelque sorte, et si nous devions nous réincarner après je ne sais quelle fuite hors de cette existence, nous reprendrions exactement nos places dans la ronde où notre situation est inéluctablement fixée.

Qu'est-ce que la mort? Peu importe une telle question. La vie nous y mène, voilà tout: quelques gouttes de poison, une balle de revolver seront l'occasion de ce changement d'état, du passage de l'être au non-être, au néant. ✳

Nous étudierons ce film sur le plan proprement cinématographique lorsqu'il passera à Paris. Jean Delannoy l'a réalisé sans grandiloquence ni concession à la facilité. Jacques-Laurent Bost l'a adapté dans le même esprit. Il est plein d'imposantes tendresses, d'amères douceurs, de poings serrés (on est un homme), de bras ballants (on n'est qu'un homme), de résignation et de vie. Il n'est pas révolté — c'est tellement inutile! — mais à l'image même du désespoir de notre temps. Il n'est pas dépourvu d'ironie, mais jamais les mots n'y commandent la pensée. L'intelligence en est le principal moteur; j'ignore si elle nous entraîne trop loin, mais cela passe trop vite.

Charles Dullin et Marguerite Moreno surtout composent d'amusantes silhouettes. A côté de Micheline Presles, délicieuse et sobre, et de Marcel Pagliero, dont la force intérieure bouleverse, les autres, sans jeu de mots, n'existent plus.

Henry Magnan, Le Monde

délai (m): time-limit
volet (m): shutter

conscience (f): awareness

abattre (2): to play, lay down
engagé: committed
engagé volontaire: volunteer
fuite (f): flight
inéluctablement: inescapably
goutte (f): drop
balle (f): bullet
néant (m): nothingness
proprement: strictly
grandiloquence (f): pomposity
poing (m): fist
serrer: to clench
ballant: dangling

moteur (m): guiding spirit

délicieux: delightful

Pierre et Ève sont autorisés à revivre un jour sur terre.

Verb Constructions

assister à qch.: to attend, be present at, sth.
prendre garde à qch.: to notice sth.
réserver qch. à qqn. (à qch.):
to reserve sth., hold sth. in store, for s.o. (for sth.)
s'éprendre de qqn.: to fall in love with s.o.

peser sur une décision: to influence a decision
autoriser qqn. à faire qch.: to authorise s.o. to do sth.
déterminer qqn. à faire qch.:
to induce, impel s.o., to do sth.

Further Vocabulary

l'accueil que le public réservera:
how the public will react

sur le plan proprement cinématographique:
from a strictly cinematographic point of view

A Questions à préparer

1 'Œuvre à la fois dense et très simple, féerique et réelle.' Expliquez, en vous référant dans chaque cas à des scènes du livre, comment ces quatre termes pourraient s'appliquer au scénario de Sartre.

2 'Pierre, travailleur révolté...', 'Ève, épouse du chef milicien...': quelle est l'influence de leur milieu sur les deux personnages principaux?

3 En vous référant à l'amour de Pierre et d'Ève, expliquez le sens de l'expression suivante: '...pour n'avoir pas pu, pas su fermer les volets sur leur amour.'

4 Pourquoi, selon Sartre, ne sommes-nous pas entièrement 'libres d'agir' dans la vie? Comment l'existence (*a*) des autres et (*b*) du milieu pèse-t-elle sur nos décisions, sur notre liberté (et réciproquement)?

5 Que veut dire, à ce propos, l'expression 'les jeux sont faits'? Ce titre vous semble-t-il résumer de façon satisfaisante le sens du livre de Sartre?

6 'Sartre a dit que ce n'était point tant le problème de la *mort* qui l'intéressait ici que celui de la *vie* vu du côté de la mort.' Selon Sartre, comment agirions-nous s'il nous était possible de 'revivre notre vie'?

7 'Qu'est-ce que la mort?' Cherchez dans le texte du livre des références à la mort et dites si, à votre avis, elles vous aident à comprendre l'attitude de Sartre.

B Sujets de rédaction à discuter

(1) Choisissez une scène, un page ou un passage du livre et en imaginant que vous êtes le metteur en scène, écrivez-en une adaptation pour l'écran. (Voir 'Quatre coups brefs à la porte du malheur', sujet de rédaction 2.)

(2) Dans *Les Jeux sont faits*, Sartre exprime-t-il une attitude optimiste ou pessimiste quant à la vie humaine et la liberté? Justifiez votre réponse en vous référant aux décisions que prennent Pierre et Ève pendant leur 'seconde vie', et aux motifs de leurs décisions.

Grammar

1 Conjunctions

Replaced by a preposition or prepositional phrase

(a) —*dépouillé* **au point de** *ne jamais utiliser ces moyens:*

so stripped of unnecessary detail **that** it never used these means.

Au point que (so much so that, to such an extent that) may be replaced by *au point de* + infinitive, if the subject of the following clause is the same as that of the main clause. This applies to all conjunctions having a corresponding preposition or prepositional phrase:

après que—après; pour que—pour; sans que— sans; avant que—avant de; à moins que—à moins de; à condition que—à condition de; de peur que— de peur de; de manière (façon) que—de manière (façon) à; etc.

(b) With conjunctions having no corresponding preposition or prepositional phrase, e.g. *quand, lorsque, aussitôt que, parce que, bien que,* alternative ways of avoiding a clause may be found:

(i) Instead of *quand* and *lorsque,* **lors de** + **noun** may sometimes be used, or when the actions of the clauses are simultaneous, **en** + **present participle:**

lorsqu'on la présenta pour la première fois— lors de sa première présentation.

quand il vit ce film, il comprit...—en voyant ce film, il comprit...

(ii) Instead of *aussitôt que* and *dès que,* **dès** + **noun** may be used, or when the clauses have the same subject, **aussitôt** + **past participle:**

dès qu'il fut arrivé—dès son arrivée.

aussitôt qu'ils furent arrivés, ils...—aussitôt arrivés, ils...

(iii) Instead of *parce que,* **pour** + **infinitive** may be used:

—*ils mourront de nouveau pour n'avoir pas pu, pas su...:*

. . . because they could not . . .

(iv) Instead of *bien que,* **tout en** + **present participle,** or **malgré** + **noun,** may be used:

bien qu'ils s'aiment —tout en s'aimant.

—*malgré leur amour.*

2 Adjectives

Used instead of Clauses

— *Vivants, nous croyons être libres:*

While (we are) alive, we think we are free.

Vivants stands for a clause such as *tant que nous sommes vivants.* This simplification and dislocation of the sentence structure is more common in French than in English.

Compare the writer's use of the adjective in the following examples from passage 3:

—*la définition, large, englobe les résidences achetées louées ou prêtées.*

—*la théorie, séduisante, n'explique pas...*

3 The Passive   (see 1.4)

The passive may be expressed by:

(a) *être* and the past participle:

—*Pierre est abattu par...*

(b) *on* and the active voice:

—*sans que l'on y prenne garde:*

without it being noticed.

(c) a pronominal verb: (see also *se faire,* 23.2a)

—*le thème peut aisément se résumer.*

The indirect object of a verb may not become the subject of this verb in the passive. Such verbs as *demander, dire, reprocher,* which take an indirect object of the person, express the passive by using *on* or by changing the subject:

—*la vie leur sera rendue:*

they will be given back their lives.

4 Reciprocal Action

Each other   (see also 21.4)

(a) Translated by the reflexive pronoun:

—*ils se rencontrent:* they meet each other.

—*s'ils se sont aimés...:*

whether they have loved each other . . .

With verbs which govern the indirect object of the person, there is no agreement of the past participle with the reflexive pronoun:

Ils se sont parlé: They spoke to each other.

(b) To remove ambiguity, *l'un l'autre (les uns les autres), l'un à l'autre (les uns aux autres), l'un de l'autre (les uns des autres),* etc., may be added according to the construction of the verb, preposition or conjunction:

—*ils s'éprennent l'un de l'autre:* they fall in love.

—*ils mourront loin l'un de l'autre.*

Ils ont la même idée, l'un que l'autre:

Each has the same idea.

5 The Article

The article is omitted before nouns introduced by *sans, ni...ni*:
—*sans conteste possible*:
indisputably (without question).

—*sans jeu de mots*: without playing on words.
—*sans grandiloquence ni concession à...*
—*sans épaisseur ni présence humaine.*

6 Prepositions

à —*à notre choix*: as we choose.
Compound prepositions
  —*un mouchard à la solde des miliciens*:
  an informer in the pay of . . .
  —*revivre un jour sur terre, au terme de quoi...*:
  . . . at the end of which . . .

—*à l'image même du désespoir de notre temps*:
  a true image of our age's despair.
Past participle + preposition
  —*il n'est pas dépourvu d'ironie*:
  it is not without irony.

Exercises

(1) **Conjunctions** Rewrite the following sentences so as to replace the conjunction in italics by a preposition or prepositional phrase. Rephrasing and the addition of a verb may be necessary:
e.g. L'auteur n'est pas resté *pour qu'*on le félicite:
  L'auteur n'est pas resté pour être félicité
  (pour recevoir des félicitations).
1 Ils ont souffert *parce qu'*ils n'ont pu renoncer à leurs préoccupations personnelles. 2 Ils étaient engagés *au point qu'*ils ne pouvaient pas abandonner leurs projets. 3 *Lorsque* nous reverrons ce film à Paris, nous l'étudierons sur le plan proprement cinématographique. 4 On a adapté ce film *de manière que* tout le monde s'est trouvé content. 5 *Après que* la vie leur eut été rendue, ils prirent leurs places dans la ronde où leur situation était fixée. 6 *Dès qu'*ils se·furent réincarnés, l'action recommença exactement comme s'ils n'étaient jamais morts. 7 *Bien que* l'intrigue soit simple, la pensée est assez compliquée. 8 Ils acceptent *à condition qu'*on les laisse libres d'agir à leur guise.

(2) **The Passive** Translate:
1 Pierre's idea was approved. 2 It was not known that they would be given back their lives. 3 The public will perhaps be puzzled by this film. 4 And then Pierre got himself killed by an informer. 5 They were permitted to live another day on earth. 6 Things are not done so easily in real life. 7 The film is composed of amusing incidents. 8 The thought was not easily explained. 9 After their death they were still aware of the problems which had been left behind. 10 The author was asked to explain his attitude to death.

(3) **Reciprocal action** Translate:
1 They left each other in order to resume their activities. 2 They asked each other what ought to be done. 3 In this film the living and the dead live alongside each other. 4 In life they lived far from each other. 5 Each actor played as well as the other.

26

Quatre coups brefs à la porte du malheur

✴ Pour tourner le film tiré de *l'Étranger* de Camus, Visconti a recréé dans les moindres détails, avec un souci presque maniaque, l'Alger de 1937, celui de Meursault et de la jeunesse de Camus. Le film est sûrement d'une fidélité absolue à la lettre du roman. Dire s'il en respecte l'esprit est une autre question...

Depuis le jour où Luchino Visconti, Marcello Mastroianni et leurs cinquante techniciens italiens ont envahi l'hôtel ex-Aletti, il n'a cessé de pleuvoir et de faire froid.

Le soleil et, peu à peu, la tiédeur du printemps algérien sont revenus dix jours avant que la production ne plie bagages. Pas de chance, c'était le moment où l'on s'enfermait dans le palais de justice pour tourner l'instant où Meursault est amené, menottes aux poignets, par un étroit corridor plein d'Arabes en burnous et d'Espagnols qui s'éventent ou s'épongent, devant le juge d'instruction. Cette scène servira de prégénérique. Ensuite, on verra Meursault lire le télégramme qui annonce la mort de sa mère à l'hospice de vieillards de Marengo et tout se déroulera comme dans le récit de Camus, que Visconti suit ligne à ligne dans l'édition du *Livre de Poche*. Son souci d'exactitude tient probablement moins du scrupule littéraire que d'un goût d'esthète pour une réalité passée qu'il veut restituer dans les moindres détails.

La femme de Camus, Francine, a délégué auprès de Visconti Emmanuel Roblès, coauteur du scénario et des dialogues dans lesquels pas un mot n'a été ajouté au texte de Camus: il s'est contenté de mettre en style direct ce qui est écrit en style indirect. Des passages manquants, comme la ridicule plaidoirie du défenseur de Meursault, seront à peine audibles: dans ces moments-là,

tourner: to shoot, film

tiédeur (f): warmth

menottes (f pl.): handcuffs
poignet (m): wrist
s'éventer: to fan oneself
s'éponger: to mop one's brow
juge (m) *d'instruction:* examining magistrate
prégénérique (m): opening sequence (preceding credits)
hospice (m): home
goût (m): liking
esthète (m and f): aesthete
plaidoirie (f): speech (by counsel)

Meursault est amené, menottes aux poignets, devant le juge d'instruction.

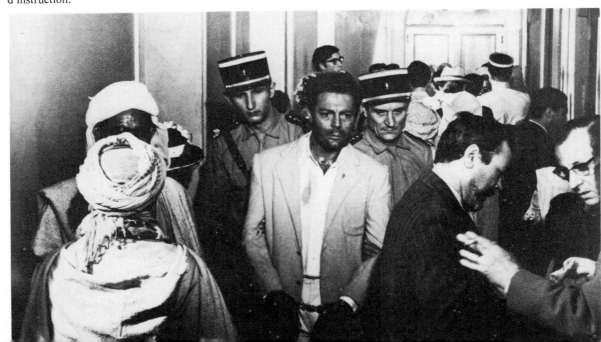

l'esprit de Meursault-Mastroianni sera ailleurs, avec les bruits de la ville, les sirènes des bateaux, les cloches de l'église Saint-Charles à côté du palais de justice et la petite trompette du marchand de glaces que Visconti a, bien entendu, retrouvée. A force d'être aussi scrupuleusement décrite, la réalité finira, comme dans le récit, par sécréter l'absurde, par donner à Meursault sa vraie dimension. ✳

sécréter: to secrete

Fidèle à ce qu'a dit Albert Camus, Visconti pense que Meursault est un jeune homme sain, qui refuse la comédie et pour lequel les gestes et les grimaces des autres hommes ne sont que comédie. 'C'est pour cela,' dit-il 'que j'ai traité les scènes d'assises comme une pièce de théâtre. On sentira très fort, à ces moments-là, que Meursault est le seul qui refuse la comédie. Marcello Mastroianni a merveilleusement compris tout cela...'

sain: sound, normal

assises (f pl.): assizes

Mais *l'Étranger*? Eh bien, si curieux que cela paraisse, Mastroianni ressemble dans la vie au personnage de Camus. Pour lui avoir beaucoup parlé et surtout parce qu'il se livre avec beaucoup de simplicité et de naturel, j'ai découvert que Mastroianni est un Meursault qui aurait réussi. Paresseux en diable, même quand il s'agit de jolies femmes, il n'aime que les plaisirs les plus simples: le sommeil, beaucoup de sommeil, manger, les copains, sa maison. Il m'a dit que lorsqu'il avait lu *l'Étranger* il avait éprouvé un sentiment de libération. Aussi n'a-t-il pas hésité à être coproducteur du film.

Pendant qu'on règle les éclairages, que le chef de la figuration installe tous ses bonshommes, que l'opérateur mesure les distances, on voit Mastroianni rire, s'amuser pendant que le maquilleur fignole son 'coup de soleil'. Visconti appelle de sa voix enrouée: 'Marcello!' Les gendarmes, un peu intimidés, lui passent les menottes. Dans le regard de Mastroianni, s'installe toute la peur du monde. La bouche, les épaules s'affaissent imperceptiblement. Aucun geste, aucune expression même, et c'est Meursault qui est sous nos yeux...les gendarmes le conduisent rapidement à travers le couloir, descendent l'escalier. Ils croisent un groupe d'Arabes, une femme, deux petites filles et deux hommes en burnous. La femme regarde passer Meursault.

les éclairages (m pl.): lights, lighting
figuration (f): extras
maquilleur (m): make-up man
fignoler: to touch up
coup (m) *de soleil:* sunburn
enroué: hoarse
passer: to put on
s'affaisser: to sag, droop

La scène a été refaite dix fois, parce que la femme ne savait jamais qui regarder. Et Visconti tenait à ce regard. L'espace d'un dixième de seconde, c'était l'affrontement de deux races. Tout le drame futur de l'Algérie, tel que *l'Étranger* ne la laissait pas prévoir.

affrontement (m): confrontation

'*L'Étranger* est *aussi* le drame d'un homme étranger au pays où il vit.'

A Alger, parmi les autorités officielles, s'étaient d'abord élevées des voix pour interdire le tournage du film, mais, depuis, les facilités les plus larges, les plus complètes ont été accordées à Visconti et à son équipe. Les Algériens se sont alors aperçus qu'eux-mêmes n'avaient retenu d'Albert Camus que son attitude pendant la guerre d'Algérie. Ils se précipitèrent littéralement dans les librairies pour acheter *l'Étranger*, qui fut largement commenté dans la presse et au cours de conférences d'un ton très modéré.

retenir: to remember

Tous les Algériens auxquels j'ai parlé, tous ceux qui ont répondu à une enquête de la revue *Dialogues* ont d'abord revendiqué Camus comme l'un des leurs et ont bien vu dans *l'Étranger* autre chose que l'histoire du meurtre d'un Arabe par un Européen. Mais Visconti a senti les objections possibles: 'l'*Étranger*, m'a-t-il dit, est *aussi* le drame d'un homme étranger au pays où il vit.'

revendiquer: to claim

Le film de Visconti amènera au livre de nouveaux lecteurs, pour lesquels Meursault aura le visage de Mastroianni. Mais la première fois que l'on voulut faire une édition illustrée de *l'Étranger*, Camus n'accepta qu'à condition que son héros ne soit jamais représenté pour qu'il garde sa valeur de symbole...

Guy Dumur, *Le Nouvel Observateur*

Note

burnous: grand manteau d'homme, en usage chez les Arabes.

Verb Constructions

tenir à qch.: to value sth.
tenir de qch.: to resemble, partake of, sth.
hésiter à faire qch.: to hesitate to do sth.

se contenter de faire qch.: to simply do sth.
finir par faire qch.: to end up by doing, finally do, sth.

Further Vocabulary

il n'a cessé de pleuvoir et de faire froid:
the weather has been continuously wet and cold
avant que la production ne plie bagages:
before the unit packed its bags

il se livre avec beaucoup de simplicité et de naturel:
he talks about himself simply and naturally
paresseux en diable: thoroughly lazy

Albert Camus (1913–60).

A Questions à préparer

1 A quoi sert le 'prégénérique' d'un film ? En donnant comme prégénérique la scène où Meursault est amené devant le juge d'instruction, le film de Visconti respecte-t-il 'l'esprit' du récit de Camus ?

2 Relevez, dans le texte de *l'Étranger*, des passages en style indirect et mettez-les en style direct (par exemple l'entretien entre Meursault et son patron et la conversation avec Marie sur le mariage, au début du chapitre 5). Essayez de dire pourquoi Camus avait décidé d'écrire de tels passages en style indirect.

3 La réalité, dans le récit de Camus, est-elle 'scrupuleusement décrite' ? Donnez des exemples. Que dire de la description du meurtre sur la plage, à la fin de la première partie ? Comment représenter, sur l'écran, les effets du soleil et de la chaleur sur Meursault ?

4 Que veut dire, selon vous, l'expression 'refuser la comédie' ? A quels moments du livre est-ce que cette attitude ressort le plus clairement ? Peut-on dire qu'il refuse la comédie pendant son procès ? Relisez les passages du récit où Meursault décrit ses impressions : le fait de passer du texte à l'image déforme-t-il les intentions de Camus ?

5 Pourquoi Visconti tenait-il à ce que la femme arabe regarde passer Meursault ? Camus aurait-il approuvé des retouches de ce genre ?

6 Comment les Algériens ont-ils réagi au tournage du film de *l'Étranger* dans leur pays ?

7 'L'Étranger est *aussi* le drame d'un homme étranger au pays où il vit.' Ce point de vue vous semble-t-il fondé ? Le fait que l'action du livre tourne autour du meurtre d'un Arabe (et non d'un Européen) vous semble-t-il significatif ?

B Sujet de discussion

Pendant la lecture de *l'Étranger*, vous êtes-vous formé une image de Meursault ? Décrivez-la. Le personnage a-t-il pour vous une valeur de symbole ? Que pensez-vous du refus de Camus de laisser représenter son héros dans une édition illustrée de *l'Étranger* ?

C Sujets de rédaction à discuter

(1) Avez-vous vu représenter, au cinéma ou à la télévision, un roman ou un récit que vous avez lu ? Comment le film a-t-il modifié vos impressions du livre (ou vice versa) ?

(2) Imaginez que vous dirigez le tournage d'un film tiré de *l'Étranger* ou d'un autre livre que vous connaissez. En vous limitant à un chapitre ou à deux ou trois scènes en particulier dites ce que vous feriez pour réaliser le texte sur l'écran :
—le choix des acteurs et du décor ;
—les dialogues : les passages à ajouter, à réécrire ou à supprimer ;
—le jeu des acteurs : le visage, la voix, les gestes ; les sentiments qu'ils doivent exprimer, l'impression qu'ils doivent créer chez le spectateur ;
—le son : utilisation de la musique, de bruits ou du silence ;
—les prises de vues : les gros plans, les panoramiques, etc. ;
—conclusion : les aspects et les qualités du texte original que vous souligneriez et ceux que vous relégueriez à l'arrière-plan.

Grammar

1 Auxiliary Verbs

Use of the Past Historic of *vouloir, pouvoir, savoir*
—*la première fois que l'on voulut faire..., Camus n'accepta qu'à condition que...*:
the first time an attempt was made to . . .
Vouloir can mean 'to make an attempt' to carry out a wish or intention. It is used in this way most frequently in the past historic tense.
Savoir, similarly, has special meanings in the past historic tense: 'to realise' and 'to manage'.
Ils surent enfin leur erreur.

Ils surent enfin s'échapper.
Both *pouvoir* and *savoir* are used in the past historic to express both the capability of performing an action and its completion:
Il sut enfin les convaincre de leur erreur:
At last he was successful in convincing them of their mistake.
Il put enfin sortir de sa prison:
He was at last able to leave his prison.

2 Possessive Pronouns

—*comme l'un des leurs:* as one of their own people.
This idiomatic use is found with the other possessive pronouns:

Il est des nôtres: He is one of us (on our side).
Il a été abandonné par les siens.

3 The Article

Possession

(a) The definite article **or** the possessive adjective may be used to particularise parts and attributes of the body when they are the subject of a verb. The definite article is used when a 'pen-portrait' is being drawn:

—*la bouche, les épaules s'affaissent:*
his mouth and shoulders droop.
Ses mains étaient fiévreuses. (This could also be expressed as: *Il avait les mains fiévreuses.*)

(b) When describing the action or the state of parts or attributes of the body (belonging to the subject of the verb), the definite article is used:

Il a fermé les yeux.

(c) When describing something done **to** parts or attributes of the body, the appropriate indirect object pronoun is added:

—*les gendarmes lui passent les menottes.*
Il se gratte la tête.
Il se passe les menottes:
He puts the handcuffs on himself.

(d) The possessive adjective is not used in adverbial constructions of the following type:

—*Meursault est amené, menottes aux poignets...*
On l'a amené, les mains sur la tête.

4 Conjunctions

(a) Repetition

(i) —*pendant qu'on règle les éclairages, que le chef de figuration...:*
while the lighting is arranged and the person in charge of the extras . . .

When two or more clauses are governed by the same conjunction, *que* is used to introduce each clause after the first.

If the conjunction is *si*, the subjunctive is required after *que*:

S'ils ont le temps et qu'ils puissent venir...

(ii) Note how the writer has avoided such repetition by using a conjunction and a preposition:

—**pour** *lui avoir beaucoup parlé et surtout parce qu'il se livre* . . . (see 25.1)

(b) *où:* when

—*depuis le jour où...; c'était le moment où...*
'When' is never translated by *quand*, if it qualifies a noun. If the noun is preceded by the indefinite article, *que* usually replaces *où:*

Un jour qu'il pleuvait...:
One day when it was raining . . .

N.B. The rules for the sequence of tenses in time clauses still apply in these clauses.

5 The Infinitive *faire, laisser* and verbs of the senses + infinitive

With *faire, laisser* and verbs of the senses, such as *voir* and *entendre*, the French active infinitive may correspond to an active or passive participle or infinitive in English:

—*on verra Meursault lire:*
Meursault will be seen reading.

—*la femme regarde passer Meursault:*
the woman watches Meursault go by.

—*tel que 'l'Étranger' ne le laissait pas prévoir:*
which could not have been foreseen from 'The Outsider'. (see also 18.3 and 27.2)

6 Prepositions

à —*ligne à ligne:* line by line.

de —*le film est d'une fidélité absolue à la lettre du roman:*
the film is absolutely faithful to . . .

—*son souci d'exactitude:*
his regard for accuracy. (see also 30.6)

—*sa valeur de symbole:* its value as a symbol.

de is used with nouns such as *air, œil, ton, voix,* in adverb phrases of manner:

—*Visconti appelle de sa voix enrouée:*
. . . in his husky voice.

—*qui fut largement commenté d'un ton très modéré:*
which aroused widespread but very restrained comment.

auprès de

—*la femme de Camus a délégué auprès de Visconti...:*
Camus' wife chose . . . to work with Visconti.

dans —*dans les moindres détails:*
down to the smallest details.

par —*Meursault est amené par un étroit corridor:*
Meursault is led along (down) a narrow corridor.

pour —*pour lui avoir beaucoup parlé et surtout parce qu'il se livre...,j'ai découvert...:*
through having talked a great deal with him, and above all because he . . . (see 25.1)

Compound preposition

—*à force d'être aussi scrupuleusement décrite:*
through being so faithfully described.

Exercises

(1) **Possession**   Translate:

1 When he took off his hat we noticed his hair was wet.   2 He realised that she was in fact one of his own people.   3 His shoes hurt his feet.   4 The Arab looked at him; he opened his mouth as if to shout.   5 He grabbed him by his throat. 6 He noticed that his shoulders were broad and powerful.   7 Her white lips were parted; she was too frightened to scream.   8 He walked slowly along the beach, with his hands in his pockets.

(2) **Auxiliary verbs**   Translate:

1 Visconti aimed to show them that it was Meursault who was sound and the world that was absurd.   2 In the end the Algerians realised that Camus was on their side.   3 That is why the Algerians at first wanted to stop the film from being made in their country.   4 Visconti was able to convince the authorities that *The Outsider* was something other than the murder of an Arab by a European.   5 In the end he managed to find the ice-cream seller.

(3) **The Infinitive:** *faire, laisser*, etc.   Translate:

1 Mastroianni let it be seen that he was greatly enjoying himself.   2 People were heard eagerly discussing the film.   3 As he saw the Arab he felt his hand tremble on the revolver.   4 He watched the Arab talking to his friends.   5 He did not let it be generally known that he was shooting this film in Algeria.

ALORS   MONSIEUR   SISYPHE, ENCORE VOUS !

BOSC

155

Le cinéma

(1) Le cinéma et la télévision

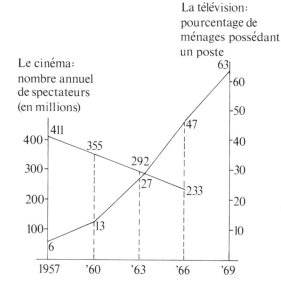

Le cinéma:
nombre annuel
de spectateurs
(en millions)

La télévision:
pourcentage de
ménages possédant
un poste

(2) Salles de cinéma et spectateurs en France et à l'étranger

pays	nombre de salles	nombre annuel de spectateurs (en millions)
France	5 300	250
Italie	10 600	730
Allemagne	6 500	765
Grande-Bretagne	5 000	1 500

(1) 1 La diminution constante du nombre de spectateurs au cinéma est-elle liée uniquement à l'essor de la télévision en France ou bien pensez-vous que d'autres facteurs aient joué? Lesquels?

2 D'après ces chiffres, le cinéma en France semble menacé de disparition. Comment le cinéma pourrait-il assurer sa survie?

(2) 3 A quoi voit-on la faiblesse relative de la situation du cinéma en France? D'après ce que vous en savez, comment qualifieriez-vous la situation actuelle du cinéma en Grande-Bretagne?

Jean-Luc Godard, le 7 mai 1968, Boulevard Saint-Germain.

27
La vie moderne

◆ Jean-Luc Godard, metteur en scène de nombreux films (*Vivre sa vie*, *Pierrot le Fou*, *Masculin Féminin*, *Alphaville*, etc.) parle du cinéma et de la vie.

Laissez-moi vous dire d'abord que je suis particulièrement heureux de vivre en France aujourd'hui, je veux dire à notre époque, parce que les mutations y sont gigantesques, et que pour un 'peintre en lettres', cela seul est passionnant, fascinant. En Europe, mais surtout en France, tout bouge aujourd'hui sous nos yeux et il faut savoir le voir: la province, la jeunesse, l'urbanisme, l'industrialisation. C'est une période extraordinaire. Pour moi, décrire comme certains journaux les gadgets ou la progression des affaires, c'est observer les mutations. *affaires* (f pl.): business

D'ailleurs si j'ai un rêve c'est de devenir un jour directeur des actualités françaises. Tous mes films ont constitué des rapports sur la situation du pays, des documents d'actualité traités d'une façon particulière peut-être, mais en fonction de l'actualité moderne.

Vous connaissez une autre de mes obsessions: la publicité. Dans nos pays le facteur publicitaire règne d'une manière souveraine, déterminante, paralysante. On permet à la publicité, plutôt la publicité se permet ce qui est interdit à tout le monde. De ce point de vue, d'ailleurs, la publicité est tellement représentative de nos sociétés qu'elle fournit des documents plus riches que n'importe quelles archives. Je n'achète certains journaux que pour lire les pages publicitaires. Tout m'intéresse: l'évolution des textes, les illustrations, les nouvelles sollicitations du public. L'importance de la publicité est si grande et on en a si peu conscience que je me suis vu reprocher mon audace en matière de sexualité rien qu'en montrant dans mes films des affiches que l'on voit partout sur les murs. Mais je les avais rassemblées les unes près des autres et cela donnait en effet un spectacle dit 'osé'. *publicitaire* (adj.): advertising

audace (f): boldness

osé: daring

J'en suis aujourd'hui à mon treizième film et pourtant j'ai l'impression que je commence à peine à m'intéresser vraiment au monde. Le plus curieux encore une fois c'est que cette impression me vient parce que je vis en France. Je me dis surtout que rarement un pays n'a offert tant de sujets de films que la France aujourd'hui. Le nombre des sujets excitants est ahurissant. J'ai envie de tout faire, à propos du sport, de la politique. On peut tout mettre dans un film. On doit tout mettre. Quand on me demande pourquoi je parle ou je fais parler du Vietnam, de Jacques Anquetil, d'une dame qui trompe son mari, je renvoie la personne qui me pose cette question à son quotidien habituel. Tout y est. Et tout y est juxtaposé. C'est pourquoi je suis tellement attiré par la télévision. C'est une expression parmi les plus intéressantes de la vie moderne. Un journal télévisé qui serait fait de documents soignés, ce serait extraordinaire. *ahurissant:* bewildering

tromper: to deceive
renvoyer: to refer

document (m): report
soigné: carefully prepared

Autrement dit il me semble que sur tous les problèmes nous avons tout à redécouvrir. Nous avons vécu jusqu'à maintenant dans un univers fermé. Le cinéma se nourrissait du cinéma. Il s'imitait lui-même. Moi, dans mes premiers films, je me suis aperçu que si je faisais des choses c'est parce que je les avais déjà vu faire au cinéma. Si je montrais un inspecteur de police tirant de sa poche un revolver, ce n'est pas parce que l'idée en était imposée par la logique de la situation que je voulais décrire, c'est parce que j'avais déjà vu dans un autre film des inspecteurs de police prendre de la même manière et au même moment leur revolver. Il s'est passé la même chose en peinture. Il y a eu les époques d'organisation et d'imitation et les époques de rupture. Nous sommes à une époque de rupture. Il faut retourner à la vie. Aujourd'hui il faut aller à la vie moderne avec un regard vierge. ▣   *vierge:* fresh, new

---

Further Vocabulary

un peintre en lettres: a creative artist
les nouvelles sollicitations du public:
the latest temptations placed before the public

on en a si peu conscience: people are so unaware of it
autrement dit: in other words
les époques de rupture: periods which break with the past

A Questions à préparer

1 Qu'est-ce qui intéresse Godard dans la vie moderne?

2 'Décrire les gadgets c'est observer les mutations.' Que veulent dire ici les mots 'gadget' et 'mutation'? Voici une liste d'objets ou de phénomènes de notre époque; dites, dans chaque cas, (*a*) s'il s'agit d'un simple 'gadget' ou (*b*) si l'objet en question témoigne d'une 'mutation' de notre société: la mini-jupe; la mode masculine; la musique 'pop'; la télévision en couleurs; l'alcootest; les greffes de cœur; le Concorde; l'exploration spatiale.

3 Quelle conception Godard se fait-il de son métier de metteur en scène?

4 Pourquoi Godard est-il fasciné par la publicité?

5 Comment Godard justifie-t-il les sujets des films qu'il a tournés ou qu'il projette de tourner?

6 'Le cinéma se nourrissait du cinéma.' Expliquez. Connaissez-vous, au cinéma ou à la télévision, d'autres exemples de l'imitation dont parle Godard?

7 'Nous sommes à une époque de rupture' dit Godard: expliquez ce qu'il veut dire par là, et dites quelles sont les conclusions qu'il tire de cette affirmation pour son métier.

B Sujets de discussion

(1) La publicité est, selon Godard, 'représentative de nos sociétés'. Êtes-vous d'accord? Justifiez votre réponse en vous référant à des exemples précis.

(2) 'On peut tout mettre dans un film. On doit tout mettre.' Est-ce vrai?

C Sujet de rédaction à discuter

Le cinéma face à la concurrence de la télévision.
—l'importance de la télévision dans la vie moderne.
—grâce à quels genres d'émissions la télévision a-t-elle conquis son public?
—l'actualité: est-elle mieux traitée à la télévision qu'au cinéma?
—les conditions dans lesquelles on voit un film (à la télévision ou au cinéma) sont-elles importantes quant aux exigences du spectateur? (voir 'Livrés à domicile')
—pourquoi allait-on au cinéma, il y a trente ans? et aujourd'hui: quels sont les films le plus appréciés du public?
—comment la télévision est-elle financée? et le cinéma?
Conclusion: dans quels domaines surtout le cinéma est-il concurrencé par la télévision? Comment accueilleriez-vous la disparition quasi-totale du cinéma?

Grammar

1 Impersonal Verbs   (see also 19.1)

—*Il s'est passé la même chose en peinture:*
   The same thing has happened in painting.
The impersonal construction is used to bring the subject of the verb into a stressed position. In English the construction with 'there' has a similar purpose. Verbs commonly used in this way are:
arriver (to happen):   *il est arrivé la même chose.*

se produire (to happen): *il s'est produit la même chose.*
se trouver (to be):   *il se trouve là de beaux sujets.*
          :   *là se trouvent de beaux sujets.*
venir (to come):   *il est venu beaucoup de gens.*
This construction may be preferred to the colourless *il y avait,* etc.:
   Dans la pièce il se trouvait deux agents de police.

2 Past Participle   (see also 18.3)

Agreement in constructions such as **voir** + infinitive
—*je les avais déjà vu faire au cinéma:*
I had already seen them (being) done in the cinema.
When the second infinitive is translated by an English
passive, the past participle of *voir, laisser, regarder,
entendre, écouter, sentir* does not agree with the
preceding direct object. Compare the following
examples:
—*j'avais vu des inspecteurs de police prendre leur
revolver.*

*Je les avais **vus** prendre leur revolver. (a)*
J'avais déjà vu faire ces choses au cinéma.
—*je les avais déjà **vu** faire. (b)*
(a) There is agreement because *les* is the direct object
of voir.
(b) There is no agreement because *les* is the direct
object of *faire*.
N.B. In the *faire* + infinitive construction the past
participle of *faire* never agrees:
   Il les a fait venir.

3 Auxiliary Verb

Passive and Idiomatic use of *voir*
(a) *Voir* can be used pronominally to express the
passive:
—*je me suis vu reprocher mon audace:*
I have been criticised for my daring.
If no direct object follows, the main verb appears
as a past participle:
   Je me suis vu forcé de partir: I was obliged to go.

(b) *Voir* is also used to avoid clause constructions
(often requiring the subjunctive):
   *Nous voulions **voir** tout le monde **parler** de ses
   films:*
   We wanted **to have** his films **discussed** by everyone.
   *Exemple qu'on ne saurait s'attendre à **voir
   imiter**:*
   An example one cannot expect **to be imitated**.

4 Tenses

The Conditional   (see 4.2b and 19.4b)
—*un journal télévisé qui **serait** fait de documents
soignés, ce serait extraordinaire:*
   a television news programme, composed of carefully chosen items, would be extraordinary.

A relative clause, expressing an imaginary, hypothetical idea, depending on a conditional main clause,
must have its verb in the conditional.

5 Negatives   *rien que*

—*rien qu'en montrant:*
simply (merely) by showing

Rien que may also be followed by *à* + infinitive:
   rien qu'à voir un de ses films...

Exercises

(1) **Impersonal verbs** Translate these sentences
using impersonal verbs:
1 These are wonderful times! So many new,
exciting, fascinating things are happening everywhere!   2 A great number of important changes
have occurred since the war.   3 There suddenly
arrived at the door a policeman holding a gun.
4 There seemed to be a problem.   5 Of course,
accidents happen which cannot be avoided.   6
There followed a dispute which everyone regret-
ted afterwards.   7 There had occurred certain
difficulties.   8 There was a certain lack of grati-
tude among those present.   9 At last there was
found a man who knew the facts.   10 There
could have been an accident.

(2) **Past participle agreement** Make the participles
agree where necessary:
1 Ses enthousiasmes, il les a (fait) passer en moi.
2 Ces metteurs en scène, je les ai (vu) travailler
douze heures de suite.   3 Ces affiches, je les ai
(vu) rassembler ainsi qu'il avait décrit.   4 Les
ouvriers, je les ai (entendu) se plaindre au patron.
5 Les gens se sont (laissé) tromper.   6 Pourquoi
les as-tu (laissé) sortir ?   7 Il nous a cité des faits
que j'ai (entendu) raconter ailleurs.   8 Il avait
rassemblé ces gens et il les avait (fait) parler du
Vietnam, de Jacques Anquetil, etc.
(3) *Voir:* passive and idiomatic use   Translate:
1 He shocked the critics who did not expect such
things to be shown in the cinema.   2 The public
is continually being assailed by advertisers.   3
He wanted to have politics discussed by everybody.   4 He was actually entreated by the
public to make another film.

28
Becket ou l'Honneur de Dieu, de Jean Anouilh

1959: au Théâtre Montparnasse-Gaston Baty

Becket est la troisième création de la saison qui mérite vraiment d'être vue. Non parce qu'elle est signée d'Anouilh, mais parce qu'elle est bonne et, à certains moments, d'une facture toute nouvelle.

    Comment n'avoir pas prévu qu'ayant si longtemps dénoncé l'impossible pureté en amour et en politique notre pessimiste invétéré finirait par appliquer son postulat à la religion, et prendrait ce jour-là pour exemple le martyr de Cantorbéry? 'D'avoir lu son histoire m'a suffi', raconte l'auteur. On s'en serait douté: le drame de ce prélat victime de son intransigeance était de l'Anouilh avant la lettre. Il n'y avait rien à y changer.

création (f): new play

dénoncer: to proclaim
invétéré: confirmed
postulat (m): assumption

prélat (m): prelate

Le sujet de la pièce

La pièce suit d'ailleurs la chronique pas à pas. Vers 1160 Henri II a pris comme conseiller un jeune diacre raffiné du nom de Thomas Becket. Pour le rustre jouisseur qu'est le souverain Plantagenêt la compagnie de cet esthète fidèle qui lui explique la vie sans en condamner les excès est un enchantement et un soutien si irremplaçable qu'à la mort de l'archevêque de Cantorbéry il lui propose la succession.

pièce (f): play

diacre (m): deacon
raffiné: refined
rustre (m): uncouth person
jouisseur: pleasure-seeking
esthète (m and f): aesthete
soutien (m): support

Pour le rustre jouisseur qu'est le souverain Plantagenêt, la compagnie de cet esthète fidèle qui lui explique la vie sans en condamner les excès est un enchantement.

L'ami facile devient subitement un chef d'Église exemplaire.

Mais, soit qu'il ait forcé jusqu'alors sa vraie nature, soit qu'il s'estime lié désormais par ses fonctions nouvelles, l'ami facile devient subitement un chef d'Église exemplaire et gênant à ce point que le roi le chasse. Il le rappellera bien, après sept ans d'exil, parce qu'il s'ennuie de lui et que Louis VII de France est intervenu. Mais aucun compromis ne sera possible entre les deux hommes, et, interprétant comme un ordre la colère d'un soir de leur roi aviné, des chevaliers trop zélés poignarderont le prélat en pleine cathédrale.

gênant: embarrassing

aviné: drunken
zélé: zealous
poignarder: to stab

Les 'mots' d'Anouilh

✳ Des souverains, des évêques, des militaires, des Anglais, des justiciers... Quel régal pour un auteur qui cultive l'ironie et les formules à effet! On imagine qu'Anouilh ne s'en est pas privé, et c'est décidément dommage. 'On peut tuer les rois, ça repousse!'—'L'Église a bien assez de saints!'— 'Dans l'armée on ne pense pas.'—'L'honneur des Anglais a toujours été de réussir.'—'La justice, c'est la loi du plus fort...' Pourquoi Anouilh a-t-il cédé à la tentation de telles redites qui semblent avoir été mises là pour susciter les réactions, en sens divers, des spectateurs?

justicier (m): judge
régal (m): feast
formule (f): turn of phrase

repousser: to grow, shoot up, again

redite (f): useless repetition
susciter: to provoke

Il y a, sur le nombre, des mots plus neufs et plus subtils—'l'homme a l'avantage sur la bête de savoir attendre.'—et l'auteur a eu la franchise désarmante d'avouer dans le programme qu'il ne guérirait jamais de son goût pour les 'plaisanteries de chansonniers'. Mais comment ne pas regretter ces facilités indignes de lui et de la pièce?

franchise (f): frankness
guérir: to be cured
plaisanterie (f): joke

L'originalité de la pièce

Car *Becket* a d'autres vertus plus sûres et plus originales, à commencer par celle d'avoir changé le drame historique en véritable tragédie de l'amitié.

La peinture est touchante. D'un côté: un Henri II chancelant, attaché presque amoureusement à son brillant conseiller, commettant la tendre folie d'en faire son égal, se révoltant puis souhaitant en secret qu'il échappe aux pièges tendus de ses propres mains. De l'autre: un Becket à la fois subtil, apitoyé et pourtant fidèle à ses engagements religieux...

chancelant: wavering

apitoyé: full of pity
avilir: to degrade

Non seulement le roi est de loin le plus humain des êtres avilis tels que les conçoit Anouilh, mais pour la première fois le personnage pur de la pièce n'est ni ridicule, ni antipathique, ni condamné. Au lieu d'accepter sa fonction du bout des lèvres, Thomas prend en charge 'l'honneur de Dieu' avec

antipathique: unlikeable

161

l'élévation d'âme que cela implique. Ce n'est pas le Bitos ou l'Hurluberlu de la religion. C'est un saint tremblant devant sa vocation. 'L'honneur de Dieu est incompréhensible et fragile!', soupire-t-il dans une de ses admirables prières dignes du drame de T. S. Eliot; ou encore, songeant à la chrétienté face à l'histoire: 'Seigneur, que vous rendez tout difficile!'

prière (f): prayer

abîmer: to spoil

Enfin un homme selon le cœur de l'auteur, et que le monde n'abîme pas, si ce n'est pour l'assassiner, presque par erreur! ✳

La mise en scène

A part d'inutiles mascarades et certains intermèdes mal réglés tels que la discussion oiseuse devant le rideau entre le pape et son confident, la mise en scène, dirigée par Anouilh lui-même et Roland Pietri, est habilement insolite. Passant du comique de guignol à la pure tragédie, les tableaux se succèdent comme des enluminures médiévales, dont les lointains changent à vue derrière les branches d'une clairière gothique.

Becket a assurément ses défauts criants. Outre les impardonnables 'mots d'auteur' il y a de brusques ruptures de ton, des astuces de métier trop voyantes, des longueurs aussi. On pourrait sans dommage abréger le spectacle, notamment en renonçant à la construction du 'retour en arrière'. Montrer au début et à la fin le roi flagellé sur la tombe de sa victime n'est ni nécessaire ni très ragoûtant. Laisser entendre de surcroît qu'il simule cette amende honorable par basse politique est une inutile et décevante interprétation des faits.

Mais Anouilh a la vraisemblance pour lui, et sans une pointe de cynisme, sans ses effets faciles, sans ses pirouettes connues, il ne serait pas lui-même.

B. Poirot-Delpech, *Le Monde*

mascarade (f): masquerade
intermède (m): interlude
régler: to organise
oiseux: unnecessary
pape (m): pope
mise (f) *en scène:* production
habilement: cleverly
insolite: unusual
guignol (m): Punch and Judy show
tableau (m): scene
enluminure (f): illuminated manuscript
lointain (m): distance, 'up stage'
clairière (f): glade, clearing
défaut (m): fault
outre: apart from
rupture (f): change
abréger: to shorten
retour (m) *en arrière:* flash-back
ragoûtant: edifying
décevant: disappointing
vraisemblance (f): verisimilitude
pointe (f): touch

Notes

chansonnier: chanteur de cabaret qui traite de façon satirique les questions politiques, sociales, etc.
Bitos, Hurluberlu: personnages d'autres pièces d'Anouilh.
drame de T. S. Eliot: i.e. *Murder in the Cathedral.*

Verb Constructions

échapper à qch. (à qqn.): to escape from sth. (from s.o.)
renoncer à qch.: to give up, forgo sth.
se douter de qch.: to suspect sth.
(douter de qch.: to doubt sth.)

s'ennuyer de qqn.: to miss s.o.
se priver de qch.: to deny oneself, do without, sth.
mériter de + passive infinitive: to be worth doing
(qui mérite d'être vue: which is worth seeing)

Further Vocabulary

d'une facture toute nouvelle: quite original
le drame était de l'Anouilh avant la lettre:
the drama could have been written for him
soit que...soit que: whether because . . . or because
Anouilh ne s'en est pas privé:
Anouilh has not stinted himself
ces facilités indignes de lui:
these easy laughs which are unworthy of him

pièges tendus de ses propres mains:
traps which he himself has set
du bout des lèvres: insincerely
l'élévation d'âme: the nobility of mind
des astuces de métier: tricks of the trade
il simule cette amende honorable par basse politique:
he is putting on this act of penitence for base political motives

A Questions à préparer

1 Pourquoi Anouilh aurait-il choisi pour sujet 'le martyr de Cantorbéry', selon le critique? Que veut dire l'expression 'de l'Anouilh avant la lettre'?

2 Pourquoi Becket devient-il pour Henri 'irremplaçable'?

3 Après qu'il a assumé ses fonctions d'archevêque, l'attitude de Becket envers Henri change complètement; laquelle des deux raisons avancées par le critique vous semble le mieux expliquer ce revirement?

4 Les 'plaisanteries' d'Anouilh sont-elles à votre avis 'regrettables'? Quelles sont, dans le cas de chacune des plaisanteries citées par le critique, les réactions qu'Anouilh cherche à susciter parmi les spectateurs?

5 Quelle est, pour le critique, l'originalité principale du personnage de Becket dans la pièce d'Anouilh?

6 En quoi Becket est-il 'un homme selon le cœur de l'auteur'?

7 Pouvez-vous citer les 'inutiles mascarades et intermèdes mal réglés' dont parle le critique?

8 Quels défauts le critique trouve-t-il à la pièce? Ses remarques vous semblent-elles justifiées?

B Sujet de discussion

Un auteur dramatique est-il obligé de respecter la vérité historique dans ses pièces?

C Sujet de rédaction à discuter

Qui est le personnage principal de la pièce, Becket ou Henri? Justifiez votre réponse.

Jean Anouilh.
'Sans une pointe de cynisme, sans ses effets faciles, sans ses pirouettes connues, il ne serait pas lui-même...'

Grammar

1 The Article

Omission after certain verbs

(a) The article is omitted before nouns dependent on *pour*, *comme*, *de* and *en* with the following verbs: *prendre pour (comme)*, *choisir pour*, *adopter pour (comme)*; *agir en*, *se comporter en*, *se conduire en*; *traiter de*.

—*(il) prendrait pour exemple le martyr de Cantorbéry.*

—*Henri II a pris comme conseiller un jeune diacre.*
Ils l'ont traité de lâche:
They called him a coward.

However with *regarder comme*, *considérer comme*, the indefinite article is generally used:
Les soldats le considéraient comme un père:
The soldiers considered him (to be like) a father.

(b) The article is omitted before noun complements of the following verbs: *appeler*, *nommer*, *élire*, *faire*:
Le roi l'a nommé (élu) archevêque.
—*le pays sera fait juge.* (passage 21)

163

2 The Infinitive

Position of the Negative

(a) —*comment ne pas regretter?*

Pas, point, jamais, plus, rien or any combination of these negatives, are usually placed with *ne* before the present infinitive:

> *Il se décida à ne jamais plus rien supporter de la sorte:*
> He decided never to put up with anything of the kind again.

Personne, aucunement and *nullement* follow the infinitive:

> *Il semblait ne vouloir aucunement y retourner:* He seemed to be by no means anxious to go back there.

(b) —*comment n'avoir pas prévu...?*

With the past infinitive the rule is more flexible.

3 Pronouns

—*soit qu'il s'estime lié désormais par ses fonctions nouvelles:*

> whether because he feels he is from now on bound by his new duties . . .

Verbs such as *estimer, croire, sentir, trouver,* are used pronominally when followed by an adjective, past participle, adverb or adverb phrase:

> *Il se sent gêné:* He feels embarrassed.
> *Il se croit heureux:* He thinks he is happy.
> *Il se trouvait dans une situation difficile.*

The same construction is possible with verbs such as

croire and *dire* when there is a change of subject:

> *Il la croit heureuse:* He thinks she is happy.

—*on le dit mort:* it is said that he is dead. (passage 25) (Note that *on dit qu'il est mort* is more usual in non-literary French.)

If there is a direct object, the indirect object of the person is used:

> *On lui supposait du courage:*
> He was thought to have courage.
> *On leur croyait des talents:*
> It was thought they had talents.

4 Conjunctions

—*si ce n'est pour l'assassiner:*

> unless it is to murder him (except to murder him).

Si ce n'est (si ce n'était) may also be followed by a noun; the phrase remains invariable even if the noun is plural:

Aucun aspect de la pièce, si ce n'est certains intermèdes mal réglés, ne m'a déçu:
No aspect of the play, apart from . . .

5 The Present Participle

For the rule concerning the agreement of the present participle see 2.2 and 13.2.

Note that some participles, used adjectivally, have assumed a special meaning:

—*ses défauts criants:* its obvious faults.

—*des astuces trop voyantes:* tricks which are too obvious.

> *une couleur voyante:* a 'loud' colour.

6 Prepositions

à —*les formules à effet:* striking turns of phrase.

—*les lointains changent à vue:* . . . change visibly.

de —*de* (also *par*) *surcroît:*
> in addition, into the bargain.

en —*en sens divers:* in several directions.

—*Thomas prend en charge l'honneur de Dieu':*
> Thomas takes on, takes upon himself . . .

—*la mise en scène:*
> the production, the stage-setting. (see 1.6)

—*(le) metteur en scène:*
> the producer (of a play); the director (of a film). (passage 27)

par —*par erreur:* by mistake.

—*par basse politique:* from base political motives.

sur —*sur* (also *dans*) *le nombre:* among them.

Compound prepositions

—*un jeune diacre du nom de Thomas Becket:*
> a young deacon named, by the name of, . . .

—*à la mort de l'archevêque:*
> when the archbishop died.

Exercises

(1) **The Article** Translate:

1 Not only did the king adopt Thomas as a son, but he made him archbishop. 2 The king was not proud and treated Thomas as a friend. 3 The knights always looked on Thomas as a servant but he always behaved like a king. 4 Thomas made the king judge of what he had done. 5 They took the man for an idiot and drove him away. 6 As an example of his madness they mentioned the king's appointment of Thomas as archbishop.

(2) **Pronouns** Rewrite these sentences using a pronoun to replace the construction with *que:*

1 Les prêtres ne savaient pas qu'il avait tant de courage. 2 Est-ce qu'il sentait qu'il avait assez de vertu? 3. On ne croyait pas qu'il eût les qualités nécessaires pour accomplir sa tâche. 4 On suppose que j'ai de la fortune. 5 Ils croient que nous sommes heureux, Thomas. 6 On dit qu'il était amoureux de son conseiller.

(3) **The Present Participle** Translate:

1 It was a moving play, although it had obvious faults. 2 The scenes, passing quickly from comedy to tragedy, follow each other without interruption. 3 The production is disappointing, the colours far too garish. 4 The knights, trembling before the king, admit their crime.

29
En attendant Godot,
de Samuel Beckett

1953: création au Théâtre de Babylone

Sur la misère humaine, hélas! qui use la mémoire, épaissit la pensée, allume de courtes violences dans le brouillard des tendresses mutuelles; sur la vanité de l'espérance, qui n'est qu'une attente trompée, de soir en soir, la pièce en deux actes de Samuel Beckett n'enseigne rien qu'on ne sache... Mais elle est d'une tristesse si vraie, d'une si poignante mélancolie, qu'elle nous tient oppressés et anxieux plus de deux heures, qui ne semblent pas longues.

Pourtant le dialogue de Wladimir et d'Estragon, pauvres hères qui se distinguent surtout l'un par son haleine redoutable, l'autre par le fumet des vieux ribouis qui le blessent, de ces déchets humains dont on ne nous éclaircit pas les biographies, chargées peut-être de méfaits, ce dialogue à demi halluciné ne sonne pas très neuf non plus. Il est volontairement plat et sordide; il est halluciné: le fil s'y rompt sans cesse...Que voulez-vous? Wladimir et Estragon attendent Godot. Godot est un bonhomme qui doit leur procurer du travail, les associer à une affaire. Il doit avoir une ferme par là, sur cette terre plate et déserte. Il a donné rendez-vous, au crépuscule du soir, sous l'arbre. Et deux soirs de suite Wladimir et Estragon viendront...La nuit tombe; la lune monte dans les nuages. Un gamin vient annoncer que Godot s'excuse et viendra demain...Demain, demain. C'est la croûte des pauvres gens.

Ce duo ne pouvait durer deux heures. Il est coupé à chaque acte par l'apparition de Pozzo et de son valet-martyr, Lucky—le 'chanceux'!—qu'il guide par un licol. Lucky est chargé d'une valise, d'un panier, d'un pliant. Une vraie bête de somme! Pozzo c'est le mauvais maître; l'exploiteur. Lucky c'est l'esclave...Il fouette, il épuise; il est absurde et cruel, inconscient et vil. Voyez là-dessous tout ce que vous voudrez de politique et d'idéologique. Une banalité assez lourde; mais poignante à la fin. L'abruti Lucky obéit, même quand on lui dit de danser; ou de penser. Est-ce qu'on ne lui donne pas des 'lumières', à Lucky? Et des loisirs organisés? Lucky s'élance, à toute vitesse, dans un couplet énumératif....Lucky y déballe en vrac tout ce qu'il sait du sport, de l'astronomie, de l'art de bâtir, de la physique nucléaire... Le sommaire de cinquante journaux.

Vous devez être renseignés. Voilà une pièce probablement sans génie; mais non sans bonnes volontés. Une pièce à peine équarrie; mais efficace. J'en suis sorti le cœur gros, plein de soupirs. Je n'avais presque pas senti que la salle était mal chauffée; je m'étais gelé sans m'en apercevoir.

Robert Kemp, *Le Monde*

1961: reprise à l'Odéon-Théâtre de France

✱ Il y a déjà plus de huit ans que les clochards maintenant fameux de Samuel Beckett se déchaussèrent pour la première fois dans un hangar du faubourg Saint-Germain.

Voici donc nos chers trimardeurs vautrés sur la scène de l'Odéon pour une nouvelle rencontre chimérique. Ils n'ont pas changé. Ce sont les mêmes pantins fraternels condamnés à espérer pour vivre et à radoter pour espérer. Dieu, si c'est lui, ne se manifestera pas; on le dit mort. Mais sa place reste

166

---

misère (f): wretchedness
user: to wear out
épaissir: to cloud, deaden

pauvre hère (m): poor devil
haleine (f): breath
redoutable: fearsome, formidable
fumet (m): aroma
ribouis (m): boot
déchet (m) *humain:* failure, outcast
méfait (m): misdeed
halluciné: mad, crazy
volontairement: deliberately
fil (m): thread
crépuscule (m): twilight, dusk
croûte (f): crust

licol (m): halter
pliant (m): folding chair
bête (f) *de somme:* beast of burden
fouetter: to whip
épuiser: to exhaust
inconscient: thoughtless
abruti: (m): idiot
lumières (f pl.): understanding
s'élancer: to plunge, launch
couplet (m): tirade
déballer: to unpack
en vrac: pell-mell
sommaire (m): contents
renseigner: to inform
équarrir: to finish off

reprise (f): revival
clochard (m): tramp
se déchausser: to take off one's shoes
hangar (m): shed
trimardeur (m): tramp
se vautrer: to sprawl
chimérique: imaginary
pantin (m): puppet
radoter: to talk nonsense

vide: l'envie demeure d'une quelconque certitude, d'un vague apaisement venu d'ailleurs, et la condition de l'homme est de se tenir prêt inlassablement pour l'hypothétique rendez-vous en agitant contre l'ennui les pauvres grelots de pensée qui le distinguent de la bête. L'important, c'est de faire diversion par tous les moyens et d'attendre à jamais, sous peine de retomber en boue, dans les poubelles de *Fin de partie*.

Des reprises comme celle-ci donnent de vilaines tentations. Parce qu'on a vieilli soi-même, on cherche des rides à ce qu'on a aimé. D'autres œuvres l'ayant reprise et rendue familière, l'image fixée par 'Godot' d'une humanité impuissante à maîtriser ses phantasmes semble moins neuve, moins frappante.

En vérité, il faudra de nouveaux délais pour apprécier justement les mérites de ces obsessions allégoriques et leur donner une place certaine en regard des chefs-d'œuvre dont elles ont fait exploser les vieilles règles. Ce qui apparaît dès maintenant à coup sûr, c'est que des explorateurs comme Beckett ont fait mieux que de contester les grands héritages. Ils ont trouvé à l'éternel désespoir de l'homme-Sisyphe une expression moderne d'ailleurs reconnue et adoptée par les publics du monde entier. Au moment où il devient nécessaire de dépasser pareilles découvertes les jeunes épris de langage dramatique nouveau ont raison d'accomplir cette sorte de pèlerinage aux sources des 'années 50'. ✳

boue (f): mud
poubelle (f): dustbin
vilain: mean, nasty
ride (f); wrinkle

contester: to challenge

épris: eager for

Wladimir et Estragon.

On serait tenté d'estimer que le petit plateau du Théâtre de Babylone convenait mieux à de telles expériences de laboratoire que les vastes espaces de l'Odéon. Ce n'est pas si sûr. Le bout du monde où ergotent les héros de Beckett figure la planète entière et rien n'est assez grand pour les écraser.

La mise en scène a gardé le ton de clownerie désespérante que lui avait inspiré Roger Blin. 'Les pensées de Pascal vues par les Fratellini', a écrit Jean Anouilh. C'est bien cela: l'ambiance bouffonne et intimidante du cirque, avec ses voix forcées, ses absurdités terriblement vraisemblables.

Le rôle de Lucky, le robot épileptique qui ânonne sous le fouet un savoir de disque fêlé, autorisait toutes les bizarreries: celles dont Jean Martin le charge comme à la création sont aussi inquiétantes que possible. Lucien Raimbourg a retrouvé la défroque de Wladimir, le clown blanc du misérable duo, le plus sage—si l'on peut dire. Pour tromper la peur et le doute, il force sa voix et ses gestes exactement comme il convient. Tour à tour goguenard, tendre, décidé et effroyablement démuni, le brave Estragon, frère de Charlot, exprime à merveille cette immense pitié pour l'humanité qui est sans doute le grand secret de l'auteur et de la pièce.

B. Poirot-Delpech, Le Monde

1970: reprise au Théâtre Récamier

✳ Les revoici donc, ces fameux clowns en loques, dans leur désert de Bible, en train de singer nos espoirs et nos désespoirs; revoici leur visiteur au fouet, dont l'esclave bégaie nos doutes! Et cette fois, pas un murmure dans la salle, ni une hésitation sur les clefs de la parabole! *Godot* est bel et bien devenu un classique, incontesté, limpide, connu, commenté, presque repris en chœur, comme du Racine.

Personne n'aurait imaginé cela à la création, et surtout pas les créateurs, qui s'étaient apprêtés à rester totalement incompris; et c'est ce qui se produisit, en dépit d'un succès où le snobisme de l'obscur avait sa large part. Il était d'ailleurs de bon ton de siffler, ou de filer à l'entracte.

Or, en dix-sept ans elle a inspiré un nombre record d'exégèses, de gloses, de traités. L'Université a fait de ses symboles de véritables questions de cours. Aussi vrai qu'en 1953 on proclamait presque fièrement 'n'y rien comprendre', le premier venu vous récite maintenant que Godot veut dire Dieu—ou son absence, c'est selon,—et que l'attente verbeuse des personnages renvoie aux impasses essentielles de la philosophie.

Pozzo et Lucky.

Glossary (right margin):

plateau (m): stage-area
expérience (f): experiment
ergoter: to quibble

bouffon: farcical

ânonner: to mumble
fêler: to crack
bizarrerie (f): extravagance
défroque (f): cast-off clothing
goguenard: mocking
démuni: wretched

loque (f): rag
singer: to ape
bégayer: to stammer (out)
parabole (f): parable

siffler: to whistle
filer: to go away
entracte (m): interval
exégèse (f): interpretation
glose (f): commentary
traité (m): treatise
verbeux: wordy
renvoyer: to refer

Samuel Beckett.

De fait, la pièce ressemble de plus en plus à une célébration de la condition humaine, à une messe de l'Absurde. Jusqu'aux répétitions qui font l'effet des litanies et sont désormais supportées comme telles. Au lieu de passer pour des maladresses lassantes, les redites de la seconde partie sont prises pour ce qu'elles sont: l'image de notre ressassement, la mesure de notre durée.

Car le temps est le vrai sujet de la pièce, bien plus que l'attente d'on ne sait quoi. 'Elles accouchent à cheval sur une tombe,' dit Pozzo; 'le jour brille un instant, et puis c'est la nuit à nouveau.' Voilà l'évidence suprême que nous cache l'habitude et à laquelle Beckett oppose le privilège, oiseux mais capital, du langage. Rien n'est tout à fait perdu pour l'homme, tant que reste un souffle pour parler...

Même ce qu'il dit n'a aucun sens. Le bafouillage de Lucky prend à cet égard toute sa portée tragi-comique. Autant le rôle de son maître reste obscur—sinon comme symbole de toute exploitation,—autant la tirade de l'esclave évoque à la fois l'impuissance du discours le plus savant à rejoindre la réalité et la jubilation, malgré tout, d'aligner des mots.

Seul Lucien Raimbourg reste de la première distribution dans l'emploi capital de Wladimir. Le rôle de sa carrière! Tout ce qui peut irriter parfois chez ce comédien volontiers insistant trouve ici sa justification. Le personnage restera marqué à jamais par sa démarche cassée et sautillante, ses nasillements de vieux clown radoteur, et son œil en point d'interrogation, à l'image de toute la pièce.

Il faut évidemment voir et revoir *Godot*: comme un des piliers du théâtre contemporain. ✴

B. Poirot-Delpech, *Le Monde*

messe (f): mass

maladresse (f): clumsiness
lasser: to weary
redite (f): repetition
ressassement (m): endless repetition
accoucher: to give birth
oiseux: trifling

souffle (m): breath
bafouillage (m): spluttering
portée (f): significance

distribution (f): cast

démarche (f): walk
cassé: jerky
sautiller: to hop
nasillement (m): nasal twang
pilier (m): pillar

Notes

Fin de partie: pièce de Samuel Beckett.
l'homme-Sisyphe: selon la légende, Sisyphe fut condamné à rouler une grosse pierre
   au sommet d'une montagne, d'où elle retombait sans cesse.
les Fratellini: célèbre trio de clowns d'origine italienne, fondateurs du Cirque
   d'Hiver.
Charlot: Charlie Chaplin.

Verb Constructions

associer qqn. à qch.: to involve s.o. in sth.
cacher qch. à qqn: to hide sth. from s.o.
convenir à qqn. (à qch.): to suit s.o. (sth.)
inspirer qch. à qqn.: to inspire s.o. with sth.

procurer qch. à qqn.: to obtain sth. for s.o.
s'apercevoir de qch.: to notice, perceive sth. (mentally)
charger qch. (qqn.) de qch.: to fill, load sth. (s.o.) with sth.

Further Vocabulary

une attente trompée: disappointed expectations
la croûte des pauvres gens:
a crumb (of comfort) thrown to the poor
mais poignante à la fin: but sad nevertheless
le cœur gros: sad, heavy hearted
en agitant les pauvres grelots de pensée:
(by) rattling the few meagre ideas
il faudra de nouveaux délais: more time will be needed
pour tromper la peur et le doute:
to overcome fear and doubt

repris en chœur: which everyone recites
aussi vrai qu'en 1953 on proclamait 'n'y rien comprendre':
just as in 1953 people announced that they 'couldn't
   make head or tail of it'
*autant le rôle de son maître reste obscur, autant la tirade
   de l'esclave évoque...:*
just as his master's rôle remains obscure, so the slave's
   outburst suggests . . .

A Questions à préparer

(1953)

1 'La pièce...n'enseigne rien qu'on ne sache.' Est-ce vrai?

2 Le critique trouve que le dialogue de la pièce est 'triste..., volontairement plat et sordide'. Comment répondriez-vous à ces reproches? Comment les justifier?

3 'Pozzo c'est...l'exploiteur. Lucky c'est l'esclave.' Quelle est, selon vous, la signification politique, idéologique ou autre des scènes où figurent Pozzo et Lucky?

4 'J'en suis sorti le cœur gros; plein de soupirs.' Avez-vous éprouvé un sentiment de tristesse après avoir lu la pièce?

5 Résumez l'attitude du critique de 1953 devant la pièce de Beckett.

(1961)

6 Pour le critique de 1961, Godot c'est Dieu, alors que le critique de 1953 voit en Godot un simple 'bonhomme'. Ces deux interprétations supposent deux conceptions différentes de la pièce. Essayez d'expliquer ces deux conceptions. Laquelle se rapproche le plus de la vôtre?

7 Pourquoi l'effet produit par la pièce en 1961 ne pouvait-il pas être le même qu'en 1953?

8 En quoi consiste l'originalité de la pièce, selon le critique?

9 Le secret de *Godot*, selon le critique, c'est une 'immense pitié pour l'humanité'. Êtes-vous d'accord? Dans quelles scènes, ou dans quels passages en particulier cette pitié est-elle manifestée? Comment se manifeste-t-elle? Pourquoi Beckett l'éprouve-t-il?

(1970)

10 Expliquez le sens de l'expression 'le snobisme de l'obscur'.

11 Pourquoi, selon vous, cette pièce a-t-elle inspiré 'un nombre record d'exégèses...'?

12 Que pensez-vous des nombreuses redites et répétitions qui se trouvent dans la pièce? Est-ce qu'elles ajoutent à son effet (dites comment) ou finissent-elles par ennuyer le lecteur ou le spectateur?

13 'Une pièce probablement sans génie' (1953); 'un des piliers du théâtre contemporain' (1970). Comment expliquer l'écart entre ces deux appréciations? Lequel de ces deux jugements se rapproche le plus de votre opinion sur *Godot*?

B Sujet de discussion

1953: 'Sur la misère humaine, sur la vanité de l'espérance, qui n'est qu'une attente trompée'; 1961: 'La condition de l'homme est de se tenir prêt inlassablement pour l'hypothétique rendez-vous....L'important, c'est de faire diversion par tous les moyens et d'attendre à jamais'; 1970: 'Le temps est le vrai sujet de la pièce, bien plus que l'attente d'on ne sait quoi'. Laquelle ce ces affirmations vous semble le mieux résumer le sujet de la pièce?

C Sujets de rédaction à discuter

(1) Résumez votre interprétation de la pièce et votre opinion quant à sa valeur, en vous référant aux jugements des critiques parisiens.

(2) Vous venez d'assister à une représentation de *En attendant Godot* ou d'en lire le texte; un ami qui a également vu ou lu la pièce exprime l'opinion que c'est une perte de temps de lire ou d'aller voir de telles pièces. Essayez de donner votre réponse, soit (*a*) en forme de dialogue, soit (*b*) en écrivant une 'défense' de la pièce. (Si, au contraire, la pièce ne vous a pas plu, vous exprimerez votre point de vue en le contrastant à celui d'un ami qui l'aurait trouvée bonne.)

Grammar

1 Impersonal Verbs *Il y a* (*voici*, *voilà*)...*que*

(*a*) Used instead of *depuis que*
—*il y a* (*voilà*) *déjà plus de huit ans que les clochards se déchaussèrent:*
it is already more than eight years since . . .
The tense of *il y a* may be changed to suit the sense
Il y aura (*voici*) *bientôt plus de huit ans que les clochards se déchaussèrent.*

(*b*) Used instead of *depuis*
It is used to stress the time element in sentences of the *depuis* type, where *depuis* means 'for': (see also 20.4b)

Le public les attend depuis huit ans.
Il y a (*voici*, *voilà*) *huit ans que le public les attend:*
The public has been waiting for them for eight years.
Il y avait huit ans que le public les attendait.
Note the negative form of this construction:
Le public ne les a pas vus depuis huit ans.
Il y a huit ans que le public ne les a vus.
Pas is generally omitted with compound tenses after *il y a...que.*

2 The Article

(*a*) **Omission**
(i) In apposition
—*le brave Estragon, frère de Charlot...*
The definite article is omitted before nouns standing in apposition to a noun or clause, unless the noun in apposition is particularised:
—*Wladimir, le clown blanc du misérable duo.*
(ii) In adjectival phrases
—*leur désert de Bible.*
—*un savoir de disque fêlé.*

(*b*) **Use of the article**
The definite article is required in the following types of phrases:
(i) adverbial:
—*j'en suis sorti, le cœur gros:*
. . . with a heavy heart. (see 22.4)
(ii) adjectival:
—*leur visiteur au fouet:*
their visitor with a whip. (see 3.3)
Le clown au nez rouge et à la cravate extraordinaire.

3 Indefinites

(a) *quelconque, quiconque*

  (i) *quelconque*

    —*l'envie demeure d'une quelconque certitude:*
    there still remains the wish for some certainty or other.

    Placed before the noun, *quelconque* means 'some . . . or other', or it can have a mildly derogatory sense:

      Il a prononcé un quelconque discours philosophique:
      He gave some sort of a philosophical speech.

    Placed after the noun it means 'any . . . whatever':

    —*il est impossible de parcourir une gazette quelconque...* (Baudelaire)
    In this sense it is the equivalent of *n'importe quel.* (see 7.3)

  (ii) *quiconque*

    Meaning 'anyone who', 'whoever', it can replace *celui qui* or *qui que ce soit:*

      Quiconque (celui qui) veut faire des discours doit s'instruire.

      Il parlait à quiconque (celui qui) s'adressait à lui.

      Il le ferait mieux que quiconque (qui que ce soit).

(b) *je ne sais qui (quoi, quel,* etc.)

  —*après je ne sais quelle fuite hors de l'existence:*
  after some mysterious escape from life.
    (passage 25)

—*bien plus que l'attente d'on ne sait quoi:*
much more than some vague expectation.
Similarly:
je ne sais qui (someone or other); *je ne sais quoi* (something or other); *je ne sais comment; je ne sais où.*

(c) Someone (something); anyone (anything)

Revise *n'importe* and *tout* (7.3) and compare the following ways of expressing 'some' and 'any' in French:

  (i) **'some'**

    —*en quelque sorte:* in some way. (passage 25)

    —*au service de quelques centaines de milliers d'individus:*
    at the service of some hundreds of thousands of individuals. (passage 24)

    —*certains (quelques-uns) de nos partenaires:*
    some of our partners. (passage 12)

    —*quelque chose de dépassé:*
    something out-dated. (passage 4)

    —*(ils) ont vu dans 'l'Étranger' autre chose que...:*
    something else than . . . (passage 26)

  (ii) **'any'**

    si quelqu'un (si l'on) lui disait de...:
    if anyone told him to . . .

    Y a-t-il quelqu'un qui... ?:
    Is there anyone who . . . ?

    —*tout ce qui n'est pas groupé:*
    anything which . . .

    —*(elle) n'enseigne rien qu'on ne sache:*
    it doesn't teach anything which . . .

    Si vous avez besoin de quoi que ce soit:
    If you need anything at all.

4 Prepositions

No preposition is used in French in many adverb phrases referring to past time; the equivalent English phrases begin with 'for':

  —*ayant si longtemps dénoncé...:*
  having for so long denounced . . .
    (passage 28)

  —*elle nous tient oppressés et anxieux plus de deux heures:*
  . . . for more than two hours.

à   —*attendre à jamais:* to wait for ever.

  —*à la création:*
  in the first production, when the play was first put on.

  —*Estragon exprime à merveille:*
  . . . marvellously well, excellently.

  —*c'est la nuit à (de* also*) nouveau:*
  night falls again.

  —*à cet égard:* in this respect.

de   —*il était de bon ton de siffler:*
  it was the 'done thing' to boo.

de introduces adjective phrases forming a point of comparison with the main noun ('as of . . .', 'characteristic of . . .');

  —*qui ânonne un savoir de disque fêlé:*
  who reels off a list of facts like a cracked gramophone record.

  —*dans leur désert de Bible:*
  in their Biblical wilderness.

  —*ses nasillements de vieux clown radoteur:*
  his snufflings like those of a rambling old clown.

en   —*en vrac:* pell-mell, chaotically.

  —*son œil en point d'interrogation:*
  his eye like a question-mark.

jusqu'à —*jusqu'aux répétitions:*
  including the repetitions.

selon   —*c'est selon:*
  who knows, as you wish, it depends.

sous   —*l'important, c'est de faire diversion, sous peine de retomber...:*
  the important thing is to create a diversion, under the threat of . . .

Compound preposition

  —*à cheval sur une tombe:* astride a grave.

Past participle + preposition

  —*un vague apaisement venu d'ailleurs:*
  some vague comfort from elsewhere.

Exercises

(1) **Impersonal verbs**   Translate:

1 For ten years nothing had been changed in this play.   2 Who was Godot? They had been discussing this question for two hours and had still not reached a solution.   3 Godot hadn't been seen for years.   4 It is now ten years since I saw the play for the first time.   5 For years people have been criticising this play.

(2) **The Article**   Translate:

1 Samuel Beckett, the well-known author of *Waiting for Godot*, was to speak to us.   2 Pozzo walked about with a whip in his hand, ordering Lucky to dance, and even to think.   3 The old lady sitting in front of me watched the play with tears in her eyes.   4 Lucky gave a clown-like smile and started to recite.   5 All one could see was a wooden seat, a stone wall, a tree, Wladimir and Estragon.

(3) **Indefinites**   Translate:

1 Lucky was carrying some bag or other.   2 He obeyed whoever whipped him.   3 He will tell you the plot better than anyone.   4 He described the play as 'A picture of humanity trying to drive away vague undefined fears'.   5 The later critics saw in *Godot* something other than the picture of a cruel society.   6 Some of the repetitions are a bit boring.   7 Pozzo forbade anything which did not please him.   8 He was talking to someone or other.   9 Read any paper you like, talk to anyone you like, *Godot* has become a classic.   10 There was something sad in Wladimir's talk.   11 The other clown was some sort of a philosopher.   12 If anyone told him to dance or think, he obeyed.

30
Le théâtre dramatique
et son renouveau

D'Antoine à Vilar, un mouvement de libération continu

La libération du sujet

Le théâtre du XIXᵉ siècle finissant exploitait une formule admirablement mise au point au bénéfice d'un public aisé qui recherchait avant tout le divertissement, l'action vigoureuse et bien conduite et les somptueux décors. Des interprètes de grande classe, à la réputation parfois mondiale, donnaient vie à des personnages mus par des passions fortes et conventionnelles, et qui présentaient à une bourgeoisie conquérante l'image de conquérants à sa mesure.

aisé: well-to-do

interprète (m and f): performer, actor
personnage (m): character

Sortir du cercle étroit de ce théâtre de métier, aux règles précises et efficaces paraissait impossible: toute tentative pour y évoquer les problèmes actuels s'y trouvait vouée à l'échec.

tentative (f): attempt

Il fallait briser le cercle, et du dehors, si l'on voulait reconquérir la liberté de parler. Ce fut un amateur, Antoine, qui s'en chargea. Sans se préoccuper de savoir si les œuvres qu'on lui offrirait seraient écrites selon les règles consacrées, ou si elles s'en tiendraient à la convention des sujets à la mode, il s'adressa à tous les écrivains de talent, leur demandant de lui envoyer des manuscrits, pourvu qu'ils eussent quelque chose à dire. 'Je veux, disait-il, du théâtre qui ne soit pas du théâtre', c'est-à-dire qui soit libéré de toutes les contraintes du prétendu 'métier'.

prétendu: so-called

Ainsi commença la grande révolution théâtrale du XXᵉ siècle: par un violent défi à tout ce que l'expérience traditionnelle séculaire semblait avoir enseigné.

défi (m): challenge
séculaire: centuries-old

Antoine avait libéré le *sujet*: tout pouvait être dit sur la nouvelle scène: l'entrain et la foi des interprètes devaient être suffisants pour faire passer le texte.

scène (f): stage
entrain (m): liveliness
foi (f): faith

Le théâtre est libéré de la littérature

Mais peu à peu une réaction se fit contre l'excès d'anarchie de cette formule. Ce fut, en 1913, l'expérience du Vieux-Colombier, où Copeau, tout en conservant le bénéfice des victoires d'Antoine, rappela que le théâtre, étant un art, devait avoir ses lois. Il s'efforça de rendre au théâtre sa théâtralité, c'est-à-dire de dégager les lois spécifiques qui en font un art autonome. Il imposa à l'auteur le respect de ces lois et au comédien le respect de l'œuvre.

loi (f): law
dégager: to define
autonome: independent

La libération du public

✳ La création des centres dramatiques et la nomination de Jean Vilar au T.N.P. allaient brusquement orienter la révolution d'Antoine et de Copeau vers des objectifs nouveaux. Usant de la liberté et des techniques acquises par leurs grands prédécesseurs, Jean Vilar et Jean Dasté entamaient ainsi la troisième phase de la lutte commencée en 1887: la conquête d'un public plus large que le traditionnel public bourgeois auquel le théâtre était réservé depuis plusieurs siècles...Si l'on fait la part des excès d'ambition dont s'entourent fatalement les premières heures d'une lutte difficile, on peut dire que la partie fut remarquablement jouée et gagnée. Certes, on ne réussit pas à

nomination (f): appointment

entamer: to initiate

174

Jean Vilar, directeur du Théâtre national populaire de 1951 à 1963.

entraîner le public ouvrier, mais sa conquête supposait une évolution de la condition ouvrière qui n'est pas achevée; par contre, on intégra, par dizaines de milliers, des fonctionnaires et des employés avides de se cultiver et qui considéraient jusqu'alors la fréquentation régulière des salles de théâtre comme un domaine interdit.

entraîner: to attract
achever: to complete
par contre: on the other hand

La bombe atomique et le théâtre de l'absurde

A la fin de la Seconde guerre mondiale, un événement considérable avait changé la face du monde. L'explosion de la bombe atomique avait placé brutalement l'univers entier en face d'un destin angoissant. A l'optimisme qui avait coloré le XIXe et la première moitié du XXe siècle, optimisme parfois nuancé de désenchantement, mais ne cédant jamais au désespoir, succédait brusquement la vision d'un univers absurde et tragique où la raison humaine elle-même découvrait sa propre absurdité. Et pour la première fois sans doute chaque individu dans chacun des peuples du monde prenait conscience à la même minute de la communauté de son destin avec tous les autres hommes. Il eût pu en naître un sentiment de fraternité mais le coup de massue était si imprévisible et si violent qu'au contraire, chacun se sentait plus isolé dans sa panique et sa souffrance et saisi par l'effroi de l'incommunicabilité d'un être à l'autre. ✳

angoissant: agonizing

coup (m) *de massue:* crushing blow
saisir: to grip
effroi (m): terror

Des auteurs nouveaux

Des auteurs nouveaux apparaissaient qui disaient le désemparement de l'homme déraciné. Et, chose étrange et significative, en ce pays où les auteurs dramatiques s'appelaient jusqu'alors Giraudoux, Achard, Salacrou, Passeur, Anouilh, Claudel, tous nés sur la terre française, ce furent trois étrangers, trois déracinés, un Irlandais, un Roumain, un Géorgien, tous établis en France depuis peu d'années quoique de culture française, Beckett, Ionesco, Adamov, qui firent triompher le nouveau théâtre français.

désemparement (m): distress
déraciné: uprooted

Plus question de classicisme ou d'art pour l'art. La révolution de l'anti-théâtre, comme disait Ionesco, refusait les disciplines où s'étaient enfermés leurs prédécesseurs avec la même violence qu'Antoine avait refusé les cadres du théâtre du XIXᵉ siècle.

cadre (m): limit

De nouvelles condition techniques

Le Théâtre Libre renaissait, avec la même volonté d'anarchie, en ce qui concerne les formes, de sincérité brûlante en ce qui concerne les idées. Pourtant les conditions techniques des représentations étaient bien différentes. Si *En attendant Godot*, *La Cantatrice Chauve* et *La Parodie* furent créées dans des salles dont les dimensions et l'inconfort rappelaient ceux de la salle d'Élysée des Beaux-Arts où débuta Antoine, la science des éclairages mettait à la disposition des animateurs une technique d'une souplesse et d'une rapidité prodigieuses, autorisant les auteurs et les metteurs en scène à jouer avec l'espace et le temps plus librement qu'on n'aurait jamais osé l'imaginer. La plus petite scène et la plus pauvre, pourvu qu'elle fût équipée d'un nombre de projecteurs suffisant, pouvait jouir d'une liberté qui n'était réservée jusque-là qu'aux féeries à grand spectacle.

Ajoutons que les jeunes metteurs en scène avaient reçu leur formation plus souvent du cinéma que du théâtre et que les créations d'atmosphère et les mouvements de foule comptaient plus à leurs yeux que les perfections de la diction, du style ou de la composition littéraire, et nous aurons ainsi les éléments essentiels du jeune théâtre actuel.

représentation (f): performance
inconfort (m): lack of comfort
débuter: to begin
éclairage (m): lighting
animateur (m): director
souplesse (f): flexibility
metteur (m) *en scène:* producer
féerie (f): pantomime
formation (f): training

Un théâtre engagé

Jamais un jeune auteur n'eut tant de chances d'être joué. La multiplication des petites salles, des théâtres de province aux mains des directeurs de centres dramatiques, des théâtres de banlieue aux mains des jeunes compagnies, tous ouverts à l'idée que leur mission principale est de créer des œuvres nouvelles font que l'on accepte souvent des pièces fort imparfaites que la génération précédente eût déclarées injouables. Les éditeurs, se mettant de la partie, vont même jusqu'à les publier, pour les mettre en vente avec les programmes. Mais cette apparente liberté ne va pas sans une grave contrepartie: jamais le théâtre n'a été tant 'engagé' et réservé à ceux qui abordent les problèmes voulus dans l'esprit voulu. Le jeune théâtre jouit d'une grande liberté, mais il n'est lui-même nullement libéral. Les aînés, Ionesco et Beckett, ont certes leur vision personnelle de l'homme et de son destin, mais ce sont avant tout des écrivains, pour qui le théâtre est un art certes différent de la littérature, mais qui l'utilisent et le respectent, et qui sont sans cesse préoccupés de rechercher la forme qui s'accorde le mieux à une pensée hantée par des problèmes métaphysiques.

salle (f): theatre
éditeur (m): publisher
contrepartie (f): drawback
engagé: committed
aborder: to tackle, approach
voulu: right, required
hanter: to haunt

Or, le jeune théâtre actuel est avant tout un théâtre politique. Il a été profondément influencé par la conviction de Brecht que, dans des époques de grand vertige, de grand déséquilibre social, le poète doit abandonner ses chansons et passer à la littérature d'action. C'est pourquoi nous assistons à un théâtre de dénonciation, dont les héros sont les opprimés, les pauvres, les noirs, les Vietnamiens, les révoltés de l'Histoire.

vertige (m): bewilderment

On a l'impression que le tout nouveau théâtre fait avant tout un effort un peu crispé, un peu douloureux pour exprimer l'angoisse persistante des jeunes par des images oniriques, souvent cauchemardesques et coupées de cris d'appel. Il plonge dans le passé pour retrouver une violence et une brutalité d'expression qui n'avaient été que très exceptionnellement celles du théâtre français. S'ajoutent à cela les influences du jeune théâtre américain,

crispé: intolerant
onirique: dream-like
cauchemardesque: nightmarish

176

son érotisme, ses recherches d'action sur un public qu'on veut contraindre à participer à tout prix en le choquant, en l'arrachant à ses habitudes de penser. Tout est remis en cause d'une façon trop totale pour que la période de transition actuelle puisse se prolonger bien longtemps, mais de toute façon il est certain que, de ce tumultueux brassage, le théâtre français sortira enrichi : et peut-être saurons-nous alors que nous venons de vivre la dernière phase de la révolution commencée par Antoine il y a quatre-vingts ans.

brassage (m) : mixture

La Documentation Française, *Les Cahiers Français*

Verb Constructions

s'accorder à qch.:
to correspond to sth., be in keeping with sth.
arracher qqn. à qch.: to tear, wrest, s.o. from sth.
imposer qch. à qqn.: to impose sth. on s.o.
succéder à qch. (qqn.): to succeed, follow after, sth. (s.o.)
s'en tenir à qch.: to stick to, abide by sth.
se charger de qch.:
to undertake sth., be responsible for sth.
s'entourer de qch.: to be surrounded with, by, sth.

faire la part de qch.: to make allowances for sth.
jouir de qch.: to enjoy sth. (e.g. trust, freedom)
prendre conscience de qch.:
to realise, become aware of, sth.
(cf. *avoir conscience de qch.:*
to be aware of sth. (passage 27)
user de qch.: to make use of, avail oneself of, sth.
autoriser qqn. à faire qch.: to autorise s.o. to do sth.
contraindre qqn. à faire qch.: to compel s.o. to do sth.

Further Vocabulary

le XIXe siècle finissant:
the last years of the 19th century
vouée à l'échec: doomed to failure
sans se préoccuper de savoir si...:
without worrying whether . . .
la fréquentation régulière des salles de théâtre:
regular theatre-going

optimisme nuancé de désenchantement:
an optimism tinged with disillusion
se mettant de la partie: joining in
elle ne va pas sans une grave contrepartie:
it has a serious drawback.
s'ajoutent à cela les influences...:
in addition there are . . .

A Questions à préparer

1 Comment se caractérisait le théâtre du XIXe siècle ? Quelles étaient les limitations de ce théâtre ?
2 En quoi consistait 'la révolution d'Antoine' ? Résumez les trois étapes de la libération du théâtre (Antoine, Copeau, Vilar).
3 Expliquez les conséquences de l'explosion de la bombe atomique telles qu'elles sont décrites par l'auteur. Pourquoi cet événement n'a-t-il pas fait naître dans les hommes un sentiment de fraternité ?
4 Pourquoi l'auteur trouve-t-il 'significatif' le fait que les trois principaux auteurs dramatiques de cette période aient été des étrangers ?
5 Comment les progrès techniques, notamment dans le domaine des éclairages, ont-ils favorisé la liberté, voire l'anarchie, de la conception et de l'expression théâtrales ?
6 Quelle était l'influence du cinéma sur le 'jeune théâtre' ?
7 Pourquoi la situation actuelle du théâtre est-elle favorable aux jeunes auteurs ?
8 En quoi des auteurs tels que Beckett et Ionesco se différencient-ils des auteurs dramatiques plus jeunes ?
9 'Le jeune théâtre actuel est avant tout un théâtre politique'; que signifie cette affirmation et sur quoi se fonde-t-elle ?
10 Comment le théâtre 'nouveau' cherche-t-il à exprimer l'angoisse des jeunes ?
11 A quoi voit-on que le jeune théâtre français connaît actuellement une période de transition ?

B Sujet de discussion

L'influence de la société, de la politique, de l'actualité sur le théâtre.

C Sujets de rédaction à discuter

(1) A l'ère du cinéma et, surtout, de la télévision, pourquoi va-t-on encore voir des pièces de théâtre ?
(2) En choisissant une pièce de théâtre moderne, par exemple de Beckett ou d'Ionesco, discutez-en les rapports avec l'époque où nous vivons.

Grammar

1 Word Order

Inversion after Adverbs

When adverbs are placed for emphasis in front of the verb, inversion often occurs:

—*peut-être saurons-nous alors que nous venons de vivre...*

—*sans doute les conséquences en seraient-elles les mêmes.* (passage 32)

Note the meanings of *aussi* and *encore* in this position:

—*aussi n'a-t-il pas hésité à...:*
   and so he did not hesitate to . . . (passage 26)

—*et encore certaines méritent-elles à peine ce titre:*

and **even so** some hardly deserve this title. (passage 31)

Inversion after *ainsi* (thus) is not obligatory:

—*Ainsi la ville devient-elle un monstre concentrique.* (passage 1)

—*Ainsi le ministère avait déjà envisagé de...* (passage 1)

Contrary to English usage, inversion does not usually occur after *non seulement* and *jamais*:

—*non seulement le roi est de loin le plus humain* (passage 28)

—*jamais un auteur n'eut tant de chances d'être joué*

2 The Subjunctive

(a) Avoidance of the Subjunctive

(i) 'although' (see 25.1)

—*trois déracinés, tous établis en France quoique de culture française:*
   . . . **although they were** of French culture.

—*si 'En attendant Godot', 'la Cantatrice chauve' et 'la Parodie' furent créés:*
   although . . . were produced.

Note that when *si* introduces a concessive clause, it can be followed by the perfect or past historic tenses. (see 8.2 and 12.2)

(ii) 'to wait for': *attendre* + **noun** (replacing *que* + subjunctive)

—*les jeunes qui attendaient confusément la venue d'un Godot:*
   . . . who were confusedly waiting for a Godot to arrive . . . (passage 29)

Similarly with nouns such as *l'arrivée, le retour, le départ, le commencement.*

(b) The subjunctive is used:

(i) **In relative clauses** referring to something which does not yet exist:

—*je veux du théâtre qui ne soit pas du théâtre, ...qui soit libéré:*

But if the main verb is in the conditional the subjunctive is not required. (for examples, see 4.2, 19.4, 27.4)

(ii) after *trop...pour que* (see 12.1b)

—*d'une façon trop totale pour que la période de transition actuelle puisse se prolonger bien longtemps:*
   too radically for the present transitional period to be likely to last very long

(iii) **to replace the conditional perfect.** This use is restricted to literary style:

—*il eût pu en naître:*
   there might have sprung from this.

—*des pièces que la génération précédente eût déclarées injouables.*

3 Nouns

Preference for Abstract Nouns in French (see also 1.3)

—*La multiplication des petites salles...* (etc.) *font que l'on accepte des pièces fort imparfaites:*
   With more and more small theatres being opened... (etc.), (the result is that) inferior plays are accepted.

A verbal construction in English may often be translated in French by an abstract noun and a change in the word order. Compare French and English usage in the following examples:

—*Certes on ne réussit pas à entraîner le public ouvrier mais sa conquête supposait une évolution de la condition ouvrière qui n'est pas encore achevée:*
   Admittedly they were not successful in attracting working-class audiences but for this to be achieved implied a change in working-class life which has not yet been completed.

—*des employés avides de se cultiver et qui considéraient jusqu'alors la fréquentation régulière des salles de théâtre comme un domaine interdit:*
   . . . who until then considered it quite out of the question to go regularly to the theatre.

—*saisi par l'effroi de l'incommunicabilité d'un être à l'autre:*
   terrified at the thought that communication between human beings was impossible.

—*ses recherches d'action sur un public:*
   its attempts to influence an audience.

4 Auxiliary Verb *aller*: idiomatic use

—*les éditeurs vont même jusqu'à les publier:*
   the publishers go even so far as to publish them.

—*cette liberté ne va pas sans une grave contrepartie:*
   this freedom is accompanied by a serious drawback

5 The Infinitive *de savoir*

—*sans se préoccuper de savoir si les œuvres qu'on lui offrirait...:*
without worrying whether . . .

le problème (*la question*) *est de savoir si...:*
the problem (question) is whether . . .

6 Prepositions

à —*l'image de conquérants à sa mesure:*
. . . of similar stature.

de corresponds to 'for' in adjective phrases such as 'care for', 'regard for' (26.6) and 'reasons for' (8.5):
—*le respect de ces lois:* respect for these rules.
—*ses recherches d'action:* its search for impact.

de in adjective phrases forming a distinguishing mark (3.3):
—*ce théâtre de métier:* this professional theatre.
—*tous les écrivains de talent:* all talented writers.

en + noun after *mettre* and *la mise* (see 1.6 and 19.5):
—*pour les mettre en vente:* to put them on sale.
—*tout est remis en cause:*
everything is challenged, called into question.
—*une formule admirablement mise au point:*
a beautifully worked-out formula.

par is used in adverb phrases expressing amount, quantity:
—*par dizaines de milliers:* in tens of thousands.

Compound preposition
—*au bénéfice d'un public aisé:*
for (the benefit of) a well-to-do audience.

Past participle + preposition
—*des personnages* **mus** *par des passions fortes et conventionnelles:*
characters with strong but conventional feelings.

Exercises

(1) **Nouns**   Using abstract nouns such as *la création, la multiplication, la transformation, la mise au point, l'évolution, l'amélioration, la possibilité,* translate the following sentences. Replace the part in italics by a suitable noun and change the word order where necessary, in imitation of the reading passage:
1 After arts centres *had been established* and Jean Vilar *had been appointed* to the T.N.P., the revolution of Antoine was to be directed to new goals.   2 The new theatre *had been transformed* by the new techniques and *as a result* any play was acceptable.   3 *Techniques were perfected and as a result* the playwrights found they had greater freedom.   4 *There has been an increase in the number of* jobs, which had a beneficial effect on the economy.   5 It is true that working conditions have not altered much, but *for this to be achieved* the social services *would have to improve* considerably.

(2) **Inversion**   Translate:
1 And so the theatre of today is above all a political theatre.   2 Without any doubt this event, more than any other, changed the face of the world.   3 Not only did one feel more isolated but terrified at one's loneliness.   4 Never before has man been so conscious of the absurdity of life.   5 The theatre is increasingly popular, but even so most of the plays are hardly worth seeing.

(3) **The Subjunctive**   Rewrite the following sentences to avoid using the subjunctive. (see exercises in 8 and 25) Addition of a verb may be necessary:
Il n'est pas revenu pour qu'on le félicite.
= *Il n'est pas revenu pour recevoir des félicitations* (*pour être félicité*).
1 Ils attendirent que la pièce fût terminée.   2

Bien que ces problèmes soient d'ordre économique, il ne faut pas pour autant négliger la part de responsabilité du public.   3 Il s'attendait à ce qu'on lui reprochât son audace.   4 Les metteurs en scène profitèrent des nouvelles techniques de manière que le jeune théâtre pût jouir d'une liberté presque totale.   5 Quoiqu'ils se fussent aimés à la folie, ils se décidèrent à ne jamais plus se revoir.   6 Il décida de se réfugier en France de peur qu'on le tuât.   7 Il attendit que son ami fût revenu pour le faire assassiner.   8 Bien qu'ils se fussent déjà rencontrés, ils ne se parlèrent pas.

(4) **Use of tenses:** Imperfect, Past Historic, Perfect. Translate the following sentences and explain the use of the tense in italics:
1 *Il fallait* briser le cercle, et du dehors, si l'on voulait reconquérir la liberté de parler. *Ce fut* un amateur qui s'en chargea.   2 'Je veux', *disait-il*, 'du théâtre qui ne soit pas du théâtre.'   3 Tout *pouvait* être dit sur la nouvelle scène et l'entrain et la foi des interprètes *devaient* être suffisants.   4 *Ce fut*, en 1913, l'expérience du Vieux Colombier où Copeau rappela que le théâtre *devait* avoir des lois.   5 Jean Vilar et Jean Dasté *entamaient* aussi la troisième phase de la lutte commencé en 1887: la conquête d'un public plus large que le traditionnel public bourgeois, auquel le théâtre *était réservé* depuis plusieurs siècles.   6 On peut dire que la partie *fut* remarquablement jouée et gagnée.   7 A l'optimisme *succédait* brusquement la vision d'un univers absurde et tragique.   8 Des auteurs nouveaux *apparaissaient*. Et *ce furent* trois étrangers qui firent triompher le nouveau théâtre français.   9 Jamais un auteur n'*eut* tant de chances d'être joué; jamais le théâtre n'*a été* tant 'engagé'.   10 La plus petite scène pouvait jouir d'une liberté qui n'*était réservée* jusque là qu'aux féeries à grand spectacle.

Les Maisons de la culture et la décentralisation théâtrale

□ Maisons de la culture
△ Centres dramatiques
▽ Troupes permanentes

Les Maisons de la culture

Les Maisons de la culture répondent à deux caractéristiques qui font leur originalité:

—diffuser la culture à son niveau le plus élevé,

—multiplier les apports et les points de vue afin d'offrir l'image même de notre temps; en un mot: être polyvalentes.

apport (m): contribution

Elles ont pour mission d'animer la promotion culturelle locale, de susciter la vie de club et les échanges, d'offrir les moyens d'une expression parfaite dans le domaine du théâtre, de la musique, du cinéma, des arts plastiques,

susciter: to stimulate, encourage

180

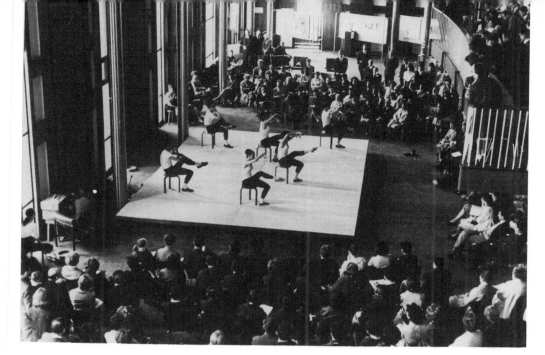

Démonstration de danse au foyer de la Maison de la culture d'Amiens.

de la connaissance littéraire, scientifique ou humaine. 'Elles sont le lieu de rencontre où l'image inachevée de la culture vivante sera montrée à ceux-là mêmes qui la façonnent'. (M. Gaëtan Picon)

inachevé: incomplete

Leur financement est paritaire, faisant intervenir l'État et les municipalités, aussi bien en ce qui concerne leur construction et leur équipement que la couverture de leur déficit d'exploitation.

paritaire: shared equally

exploitation (f): working, running

Par principe l'implantation des Maisons de la culture doit avoir lieu avant tout là où une municipalité en manifeste le désir, où une action culturelle ancienne, un public déjà quelque peu préparé, en garantissent le succès et en exigent la création.

implantation (f): setting-up
municipalité (f): local council

La Maison de la culture de Grenoble

Heures d'ouverture: De 11 heures à 22 heures les jours sans spectacle; jusqu'à 0h 30 les autres jours. Fermeture le lundi.
Bibliothèque-discothèque: Ouvertes aux adhérents de 11 heures à 19 heures les jours pairs et de 15 heures à 21 heures les jours impairs. Consultation sur place d'ouvrages et écoute de disques; prêt de disques. Galerie de prêt: Prêt de peintures, sculptures, tapisseries, gravures, aux adhérents. Tarif: entre 3 et 25 francs par mois selon l'importance de l'œuvre.

pair: even
impair: odd

gravure (f): print

Snack-bar: Mêmes horaires que pour l'ensemble de la Maison.
Garderie: Pour enfants de deux à six ans, de 14 heures à 18h 15.
Adhésions: 6 francs (adultes isolés); 4 francs (autres catégories)
Transports: Distante de quelque 4 kilomètres du centre de Grenoble, la Maison de la culture est desservie jusqu'à 20h 45 par une ligne régulière d'autobus; le service est prolongé au-delà de 20h 45 pour les spectacles en soirée.

En 1970, la Maison de la culture de Grenoble comptait 30 000 adhérents, dont 55% étaient des étudiants ou des professeurs et 30% des élèves de l'enseignement secondaire; 4% étaient des ouvriers.

31

La crise des Maisons de la culture

Le nombre total des adhérents aux sept maisons de la culture dignes de ce nom ne dépasse pas les cent mille. Conçues en principe comme les instruments de culture populaire, les maisons de la culture n'ont pratiquement pas touché les milieux ouvriers: 1,30% à Amiens; 6,48% à Bourges.

adhérent (m): member
digne: worthy

Lors d'un débat sur le budget des Affaires culturelles—0,427% des dépenses de l'État—Giscard d'Estaing, que l'on ne croyait pas si soucieux des besoins intellectuels et artistiques du prolétariat, affirmait: 'Conçus pour être ouverts à tous, ces établissements ont tendance à se couper de la masse, à devenir un lieu de rencontre pour un public restreint d'intellectuels et d'étudiants. L'osmose entre la population et les maisons de la culture n'est pas réalisée.'

osmose (f): osmosis
réaliser: to achieve

A qui la faute? A Malraux? Aux municipalités? Aux dirigeants des maisons de la culture eux-mêmes? A la faiblesse des budgets gouvernementaux et municipaux (2,5% à Lyon)? Comme nous allons le voir, il y a de tout cela à la fois.

Les centres dramatiques de province

La décentralisation artistique a commencé en 1946, grâce à une fonctionnaire du secrétariat d'État aux Beaux-Arts, Jeanne Laurent. Elle n'avait ni le prestige littéraire ni le passé politique d'un Malraux, mais elle réussit pourtant à créer les centres dramatiques de province: Strasbourg, Rennes, Aix, Saint-Étienne, Lille, Toulouse, et à placer Jean Vilar à la tête du T.N.P.

Son action a profondément bouleversé les habitudes du public et réellement amené au théâtre des gens qui n'y allaient jamais, tout simplement parce que leur ville n'en possédait point. De proche en proche, l'enthousiasme a gagné le ministère de l'Éducation nationale qui encouragea, grâce à des organismes comme 'Peuple et Culture', des vocations d'animateurs et de moniteurs de théâtre, principalement parmi les instituteurs.

L'action de Malraux à partir de 1958

Ainsi, lorsque Malraux, imitant la politique du Front populaire, décida de créer ses maisons de la culture, cette création ne fit que marquer davantage la décentralisation théâtrale qu'on pratiquait déjà depuis dix ans. En effet, à l'exception de la maison de la culture du Havre, qui a pour base un musée de peinture, toutes les autres ont été confiées à des animateurs de théâtre. La plus somptueuse de toutes, celle de Grenoble, comporte même trois salles de théâtre—inutilisées, faute de crédits.

pratiquer: to carry out
musée (m): museum

comporter: to include, possess

Culture et théâtre

La première erreur a donc consisté à confondre culture et théâtre. Même si l'on n'oublie pas que la culture s'est développée en Europe grâce au théâtre, entre les XVe et XVIIIe siècles, il est évident que la culture contemporaine, en dehors des établissements d'enseignement, écoles, lycées ou facultés, passe d'abord par le livre, le cinéma, la danse, la musique, les arts plastiques, les libres discussions et les contacts fréquents avec toutes sortes de gens. Bien sûr, on a fait un peu de tout cela: le Théâtre de l'Est Parisien offre à ses adhérents un heureux mélange de théâtre, de cinéma, et de musique.

Ailleurs, on a accueilli des expositions itinérantes et différents orchestres de la capitale. Les discothèques sont, en général, bien fournies. Mais les maisons de la culture ne comportent pas de bibliothèques, sinon embryonnaires et, surtout, en dehors de leur activité principale (qui est exclusivement théâtrale), aucune n'a à son service un animateur qui puisse répondre, tout seul, à ces besoins divers. Jaloux de leurs prérogatives, les directeurs-hommes-de-théâtre ne se sont point entourés d'autres conseillers: les crédits qui leur sont alloués ne le leur auraient d'ailleurs pas permis.

mélange (m): mixture
accueillir: to welcome
exposition (f): exhibition
fourni: stocked
embryonnaire: rudimentary

L'avenir des Maisons de la culture

En novembre 1968, présentant son maigre budget devant l'Assemblée nationale, Malraux reconnaît qu'existent, après neuf ans, 'moins de dix maisons et encore certaines méritent-elles à peine ce titre'. Presque dans les mêmes termes que ceux de son discours de 1967, il s'écrie: 'Qu'on se souvienne des difficultés, des résistances auxquelles s'est heurtée la mise en place de l'enseignement primaire dans toutes les communes de France!

se heurter à: to come up against

'Il nous faut mieux adapter nos équipements aux possibilités ainsi qu'à leur objet. Il n'y aura pas que des maisons de la culture pour ainsi dire monolithiques: il y en aura une par région, en principe, mais à côté, nous aurons ce que j'appellerai des maisons "éclatées", dont les divers éléments trouveront place en divers lieux dans divers équipements, et aussi des relais culturels constitués à partir d'équipements anciens ou nouveaux.'

éclaté: dispersed
relais (m): staging post, centre

Guy Dumur, *Le Nouvel Observateur*

Further Vocabulary

dignes de ce nom: worthy of the name
il y a de tout cela à la fois: all this comes into it

de proche en proche: step by step, by degrees
pour ainsi dire: so to speak

A Questions à préparer

1 Quel a été jusqu'ici le principal échec des Maisons de la culture?
2 Qu'est-ce qui caractérise la décentralisation artistique qui s'est faite de 1946 à 1958?
3 L'importance accordée au théâtre, avant et après 1958, est-elle en effet, comme l'affirme l'auteur, une erreur? Pourquoi?
4 Pour quelles raisons les directeurs des Maisons de la culture existantes n'ont-ils pas élargi la sphère d'activité de leur établissement?
5 Quels seraient les avantages de Maisons de la culture 'éclatées', dispersées en divers lieux d'une région?

B Sujets de discussion

(1) Expliquez l'échec que connaissent actuellement la création et le fonctionnement des Maisons de la culture en France.
(2) Que pensez-vous de la comparaison que fait Malraux entre sa mission et la mise en place de l'enseignement primaire en France?

C Sujet de rédaction à discuter

La Maison de la culture de...
Imaginez qu'on vous a chargé de la conception, de la construction et de l'administration d'une Maison de la culture destinée à desservir votre région.
—donnez votre définition de la 'culture' et expliquez ce que serait la mission de cette Maison: quels seraient les besoins, les attentes en matière de culture que vous chercheriez à satisfaire, voire à susciter parmi la population?
—quels bâtiments construiriez-vous, et où? comment les aménageriez-vous?
—que feriez-vous pour attirer un public nombreux dans votre Maison? envisageriez-vous d'aller chercher votre public là où il se trouve, c'est-à-dire dans les usines, les bureaux, les centres commerciaux, les grands ensembles, etc.? Comment?
—tous les spectacles, expositions, manifestations, facilités, seraient-ils gratuits?

32
Culture et civilisations

🞂 Extraits du discours prononcé par M. André Malraux à la cérémonie inaugurale de la Maison de la culture de Grenoble (le 3 février 1968):

Vers 1835, Marie Dorval, l'une des plus grandes actrices de France, venue à Bourges, dut renoncer à jouer, faute de public.

En 1968, la Maison de la culture de Bourges, ville de soixante-cinq mille habitants, a onze mille cinq cents abonnés.

abonné: subscriber

La Comédie-Française en a environ huit mille.

La Maison de la culture de Grenoble, avant son ouverture, a reçu dix-huit mille adhésions.

adhésion (f): enrolment

Ces chiffres appellent votre réflexion sur plusieurs points.

D'abord, les maisons de la culture sont un phénomène historique. Quels que soient le talent et l'activité d'un animateur, il obtient des résultats saisissants parce qu'il répond à un appel. Des maisons de la culture sont en train de naître dans le monde entier. A Assouan, la somptueuse Maison n'abrite encore qu'un cinéma et des expositions de produits de la région: elle est pleine d'attente, mais elle est pleine.

saisissant: striking

abriter: to contain

Ensuite, la maison de la culture ne répond nullement à un besoin de distraction. Que l'on m'entende bien: certes, on ne vient pas ici pour s'ennuyer. Mais finissons-en avec un malentendu né il y a trente ans, lorsque la culture était tenue pour une occupation privilégiée des loisirs. Il n'y a pas de culture sans loisirs. J'insiste sur ceci: ne voir dans la culture qu'un emploi des loisirs c'est assimiler le public des maisons de la culture à la bourgeoisie de naguère. La distraction de cette bourgeoisie, c'étaient les tournées. La collectivité qui s'inscrit aux maisons de la culture attend de nous tout autre chose que les tournées pour tous.

malentendu (m): misunderstanding

assimiler: to liken
naguère: not so long ago
tournée (f): (company on) tour

Mesdames et messieurs, la première raison d'être de cette Maison de la culture, c'est que tout ce qui se passe d'essentiel à Paris, doive se passer aussi à Grenoble.

raison (f) *d'être:* justification

La télévision et les usines de rêves

On connaît la réponse: la télévision y pourvoira. Je n'en crois rien. Pour diverses raisons, dont les unes sont de simple bon sens. Une exposition passe à la télévision, même en couleurs, avec rapidité; alors que la nouvelle technique va permettre de projeter les reproductions à la dimension des originaux, pendant des semaines. Il y a aussi que la télévision n'appelle pas la discussion publique, qui a joué un si grand rôle à Bourges. Or tout ce qui appelle la participation du public est bon. Il y a encore que, pour des raisons qu'il faudra bien découvrir un jour, rien ne remplace tout à fait la présence humaine.

pourvoir à: to provide for

Il y a enfin une raison décisive: de même que, malgré les affirmations véhémentes d'autrefois, le disque n'a pas tué le chanteur, loin de là! de même que la reproduction n'a pas tué le musée—à Bourges comme à Amiens, et même à Belleville, la télévision ne vide pas la Maison de culture, elle l'emplit.

emplir: to fill

On a beaucoup dit que la machine excluait les rêves, et jamais l'homme ne fut à ce point assiégé par ses songes, admirables ou défigurés. Pour la première fois les rêves ont leurs usines, et pour la première fois l'humanité oscille

assiéger: to besiege
songe (m): dream
osciller: to waver

184

entre l'assouvissement de son pire infantilisme et *la Tempête* de Shakespeare.

Tôt ou tard, l'usine de rêves vit de ses moyens les plus efficaces qui sont le sexe et le sang. Et une seule voix est aussi puissante que celle du sexe et du sang: celle de la survivance, que l'on appelait jadis l'immortalité.

Pourquoi? Nous l'ignorons, mais nous le constatons. Devant *le Cid*, devant *Macbeth*, devant *Antigone* nous découvrons que ce qui s'oppose au plus agissant du langage des instincts, ce sont les paroles qui ont triomphé de l'épreuve des siècles.

La transmission des valeurs

✱ Nous voici au point capital de notre entreprise. Supposons que la culture n'existe pas. Il y aurait les yé-yé mais pas Beethoven; la publicité mais ni Piero della Francesca ni Michel-Ange; les journaux mais pas Shakespeare; James Bond mais pas *le Cuirassé Potemkine* ni *la Ruée vers l'or*. Pourtant, il y aurait une création, il y aurait un art, il y aurait des maîtres vivants. Mais si nous pensons aux nôtres, aussitôt nous découvrons comment ils se rattachent à ceux du passé. Hemingway est parent de Shakespeare plus que du *New-York Times*. Parce que tout ce qui unit tous les maîtres, c'est leur référence à autre chose que la vie. Le domaine de la culture, c'est le domaine de ce qui s'est référé à cette autre chose d'ailleurs variable. Et à une image de l'homme acceptée par lui, et qui est simplement l'image la plus haute qu'il se fait de lui-même. C'est cette référence qui permet à l'œuvre de survivre à son auteur.

Dans une civilisation religieuse, ce qui assure la vie des valeurs, c'est la religion elle-même. Dans une civilisation non religieuse, c'est ce domaine de référence qui délivre l'œuvre de sa soumission à la mort. Le Moyen Age était stupéfait que la civilisation grecque n'eût pas été fondée sur sa propre Bible, mais toute la jeunesse grecque connaissait Homère. Si bien que nous commençons à comprendre pourquoi la culture joue aujourd'hui un si grand rôle; elle est le domaine de transmission des valeurs. Une civilisation sans valeurs ne serait pas une civilisation, ce serait une société d'infusoires. Cherchez en vous-mêmes; vous n'y trouverez pas une seule valeur non chrétienne qui ne vous soit apportée par la culture.

La métamorphose des valeurs

Ce qui pourrait nous mener à voir dans la culture un musée des valeurs. Et nous savons qu'il n'en est rien, parce que nous sentons que si le présent ressuscite le passé, il ne cesse de le métamorphoser. Ce fait capital, qui peut sembler assez complexe, deviendra clair si nous en étudions l'expression la plus profonde: la Renaissance.

Elle redécouvre les dieux antiques. Mais prenons garde qu'elle ne les ressuscite pas en tant que dieux. Praxitèle, à sa manière, croyait à Aphrodite. Ni Botticelli ni Raphaël n'y croient. Aphrodite, qui avait été déesse, était devenue démon; elle ne redevenait pas déesse, elle devenait œuvre d'art. Or, une métamorphose parente est imposée à la totalité des œuvres par la seule coulée du temps. Cézanne ne peut pas être pour nous ce qu'il était pour ses contemporains parce que, depuis, il y a eu Picasso. Chaque siècle refait son anthologie. Dans sa lutte contre les puissances de l'instinct, la culture n'est pas l'accumulation des valeurs du passé, elle en est l'héritage conquis. ✱

La culture change de nature

Nous sentons que la culture occidentale est en pleine mutation. Parce que

---

assouvissement (m): satisfaction

jadis: formerly
ignorer: not to know
constater: to state

agissant: active
épreuve (f): test
siècle (m): century

parent (m): relation

infusoires (m pl.): protozoa, amoeba

ressusciter: to restore to life
métamorphoser: to transform

déesse (f): goddess
parent: related
coulée (f): flow

Praxitèle: l'Aphrodite de Knidos.
Praxitèle, à sa manière, croyait à Aphrodite...

Botticelli: Vénus (détail de 'Vénus et Mars').
...ni Botticelli ni Raphaël n'y croient.

Cézanne: la Vieille au chapelet.
Cézanne ne peut pas être pour nous ce qu'il était pour ses contemporains...

Picasso: Portrait d'une jeune femme.
...parce que, depuis, il y a eu Picasso.

notre siècle a pour la première fois découvert tous les arts de la terre. Mais aussi parce qu'à maints égards la culture qui nous est léguée fut celle de la bourgeoisie. Les nations communistes ont fait de leur culture une culture révolutionnaire, mais nous sommes en train de transformer la nôtre beaucoup plus que nous ne le croyons. Pour chacun de nous le musée imaginaire existe en face du musée tout court; la Grèce nous parvient en face des civilisations de l'Orient ancien, de l'Asie et quelques autres. La métamorphose qu'apporteront, en une génération, les maisons de la culture comme celle-ci, celle qu'apporteront les Maisons de la culture africaines, pour être moins manifestes que celle qu'apporte l'Union soviétique, ne sont peut-être pas moins décisives. Jean Vilar a fortement agi sur le public du Théâtre national populaire, mais ce public a fortement agi sur l'œuvre de Jean Vilar. Ici, les spectateurs, qu'ils le sachent ou non, sont aussi des acteurs. Avec la nation entière à la place d'une classe privilégiée, avec les nouveaux moyens de diffusion des œuvres, la culture change de nature.

A la 'table ronde' de l'Unesco, le représentant de l'Académie des sciences de Moscou, M. Zvofikine, a dit: 'Aujourd'hui, on sait qu'on peut produire beaucoup, maisons et autos, mais le problème pour l'avenir, est de trouver un sens à cette richesse...'

Nous dirions de notre côté, et sans doute les conséquences en seraient-elles les mêmes: 'Maisons et autos construites, le problème est de savoir comment sera l'homme qu'on mettra dedans.' Il est question d'échanger l'année prochaine, pour quelques semaines, une de nos maisons de la culture avec son équivalent soviétique. Alors commencera l'une des plus profondes confrontations qu'ait connues l'histoire de l'esprit: celle de la culture pour tous avec la culture pour chacun.

Car dans toutes les civilisations modernes, c'est-à-dire dans toutes les civilisations nées de la machine, l'homme se trouve en face du plus grave conflit de son histoire. D'une part, les grands moyens de communication des masses, au service des instincts, avec leurs puissantes techniques d'assouvissement. De l'autre, des moyens d'expression aussi étendus, pour chacun de ceux qui les appellent, au service des images de l'homme que nous ont transmises les siècles, et de celle que nous devons léguer à nos successeurs. C'est pourquoi la culture doit être tôt ou tard gratuite comme l'est l'instruction, c'est pourquoi cette Maison, si vaste qu'elle vous paraisse aujourd'hui, appellera sans doute, dans vingt ans, de nombreux relais. Le grand combat intellectuel de notre siècle a commencé. Mesdames et messieurs, cette Maison y convie chacun de vous, parce que la culture est devenue l'autodéfense de la collectivité, la base de la création, et l'héritage de la noblesse du monde. ◉

léguer: to bequeath

agir sur: to influence

étendu: extensive

convier: to invite
collectivité (f): community

Le Monde

Notes

Belleville: quartier ouvrier de Paris.
les yé-yé: les jeunes fervents de la musique 'pop'.
Le Cuirassé Potemkine: film d'Eisenstein, cinéaste russe.
La Ruée vers l'or: film de Charles Chaplin.

Further Vocabulary

je n'en crois rien: I don't believe it
il n'en est rien: this is not the case
nous l'ignorons, mais nous le constatons:
we don't know why, but it's a fact

à maints égards: in many respects
le musée imaginaire existe en face du musée tout court:
our own images of the past exist alongside museums as
such

A Questions à préparer

1 Pourquoi M. Malraux commence-t-il son discours par une référence à 1835?

2 'Il n'y a pas de culture sans loisirs.' Expliquez. Cette affirmation est-elle suffisante, aux yeux de M. Malraux?

3 Expliquez en détail pour quelles raisons M. Malraux refuse de reconnaître à la télévision un rôle dans la décentralisation culturelle. Ses arguments vous semblent-ils fondés? Comment peut-il affirmer, après ce qu'il vient de dire, que 'la télévision ne vide pas la Maison de la culture, elle l'emplit'?

4 A quoi pense M. Malraux lorsqu'il affirme qu' aujourd'hui 'les rêves ont leurs usines'? Quelle est l'influence de ces 'usines' sur les goûts et les préoccupations du public? Dans quels domaines en particulier cette influence se fait-elle sentir le plus?

5 Quelle est la référence qui, selon M. Malraux, unit tous les maîtres de l'art de notre siècle et des siècles passés? Pourquoi est-ce cette référence qui 'permet à l'œuvre de survivre'? Et pourquoi cette référence est-elle surtout nécessaire dans notre siècle, selon M. Malraux?

6 Quel est donc pour lui le 'point capital' de l'activité culturelle?

7 Qu'est-ce qui a fait de la culture de la Renaissance autre chose qu'un 'musée des valeurs'?

8 Expliquez ce que veut dire M. Malraux dans ses allusions (a) à Aphrodite, (b) à Cézanne et à Picasso.

9 'Chaque siècle refait son anthologie': quels styles du passé sont ou ont été récemment à la mode— en musique, dans l'architecture, dans la mode vestimentaire, etc.? S'agit-il, dans les exemples que vous avez trouvés, d'une reproduction, ou d'une adaptation du passé?

10 Qu'est-ce qui fait dire à M. Malraux que la culture occidentale change de nature?

11 'La culture pour tous' et 'la culture pour chacun': que veut dire M. Malraux par cette comparaison?

12 Expliquez d'après l'ensemble de son discours, le conflit que voit M. Malraux entre les grands moyens de communication des masses, d'une part, et la transmission de la culture, de l'autre.

B Sujets de discussion

(1) 'La culture doit être gratuite': êtes-vous d'accord?

(2) 'Le disque n'a pas tué le chanteur...la reproduction n'a pas tué le musée.' Comment les moyens de reproduction et de diffusion peuvent-ils contribuer au développement de la vie culturelle du XXᵉ siècle?

(3) 'La civilisation des machines est aussi celle des machines de rêves.' Discutez.

C Sujets de rédaction à discuter

(1) Qu'est-ce que la culture?

(2) Le rôle de la culture dans la société moderne.

(3) 'Le grand combat intellectuel de notre siècle a commencé': résumez, d'après le discours de M. Malraux, la nature de ce combat et les raisons pour lesquelles, selon lui, il faut s'y engager. Qu'en pensez-vous?

VIII
Les problèmes du progrès

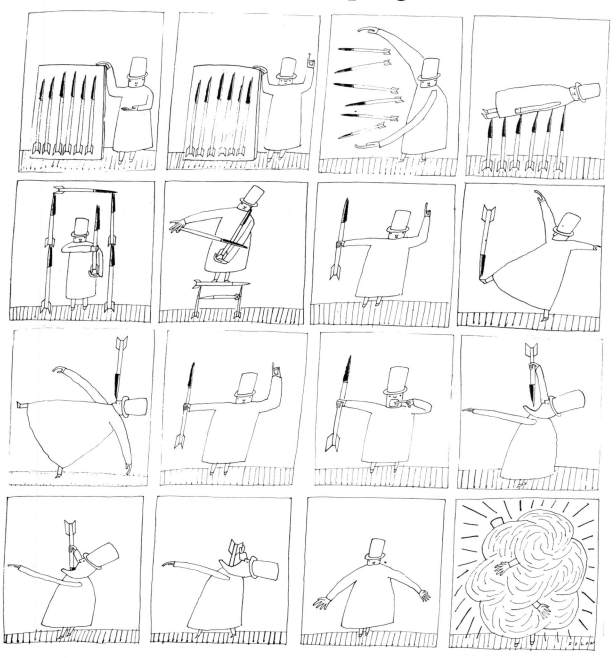

« LE JONGLEUR », DE FOLON

33
L'angoisse du progrès

Le XIXᵉ siècle s'était achevé sur la vision idyllique d'une humanité transfigurée par le progrès matériel. L'Exposition universelle de 1900, à Paris, était tout entière un hymne à la science. La fin du XXᵉ siècle, qui a réalisé et même dépassé les rêves les plus fous de la Belle Époque, sera-t-elle marquée par la condamnation de ce même progrès matériel? Un progrès dont n'ont pas encore pris conscience les trois quarts de l'humanité et qui ne frappe de plein fouet que les privilégiés des grandes villes d'Amérique du Nord, de l'Europe et du Japon. Car la toile de fond qu'il est en train de tisser n'est pas celle qu'imaginaient nos grands-parents.

s'achever: to end

réaliser: to make real

toile (f) *de fond:* back-cloth
tisser: to weave

Les instruments du progrès

L'électricité, en 1900, signifiait la lumière à domicile. Aujourd'hui, elle évoque l'atmosphère irrémédiablement polluée par la fumée des centrales géantes, qui font de New York une des villes les plus sales du monde; elle entraîne dans son sillage les algues et les poissons des rivières rendus radioactifs par les déchets des piles atomiques. La voiture, c'était la griserie de rouler à 80 km à l'heure. Ce sont maintenant les accidents de la route, les encombrements inextricables au cœur des capitales tentaculaires. L'homme des pays développés a accru ses possibilités de bonheur, mais il le paye—et dans une monnaie qu'il n'avait pas imaginée. Le premier téléphone, le premier poste de radio étaient de merveilleux instruments. On pouvait croire que le rôle de la science et la technique était seulement de faciliter la vie, de l'embellir. Et qui nierait qu'elles l'ont embellie? Mais au fur et à mesure qu'elles étendent leur empire, on découvre qu'il y avait malentendu, qu'en réalité elles changent la vie. Radicalement.

polluer: to pollute
centrale (f): power station
entraîner: to carry along
sillage (m): wake
algue (f): sea-weed
déchets (m pl.): waste-products
griserie (f): exhilaration
encombrement (m): congestion, jam

embellir: to embellish
malentendu (m): misunderstanding

La santé

Depuis 1900, l'espérance de vie, dans les pays industriels, est passée de 47 à 71 ans. C'est un progrès capital, indiscutable. Mais la notion même de santé s'est compliquée. Jadis, elle était simplement l'absence de maladie. Aujourd'hui, l'homme des sociétés d'abondance qui veut demeurer bien portant doit se faire vacciner contre une dizaine de maladies, et bientôt contre de simples indispositions tele que la grippe ou le rhume. Il doit surveiller son poids, l'équilibre de son alimentation, lutter contre les atteintes de l'âge, subir la bureaucratie inquisitoriale de la Sécurité sociale.

Il a des somnifères contre l'insomnie, des tranquillisants contre la fébrilité, des euphorisants contre le cafard. Bientôt, grâce au conditionnement d'air, il considérera la moindre variation de température comme une agression contre son intégrité physique.

✳ Tout vient de ce que la science et la technique ne résolvent pas les problèmes tels que les hommes les posent. Suivant leur propre route, elles les rencontrent en chemin, les abordent de leur propre point de vue et, du coup, déplacent les questions. Quand Concorde sera en service, il faudra approximativement le même temps pour traverser l'Atlantique et pour aller de son domicile à l'aérodrome, à Paris et à New York.

indiscutable: unquestionable
jadis: in the past
abondance (f): affluence

atteinte (f): onslaught

somnifère (m): sleeping-pill
fébrilité (f): feverishness
euphorisant (m): stimulant, pep pill
cafard (m): depression

aborder: to tackle
du coup: thereby

La mesure de l'homme: instinct et intelligence

L'homme et son intelligence ne parlent plus le même langage. Pour la bonne

L'Exposition universelle de 1900 à Paris.
'La vision idyllique d'une humanité transfigurée par le progrès matériel.'

raison qu'ils ne partent plus de la même réalité. Si le progrès était seulement démesuré, écrasant, inquiétant, il n'éveillerait pas la même angoisse. Ni le même enthousiasme s'il n'était qu'avantages matériels. Son défi touche l'homme au plus profond, dans la conscience qu'il peut avoir de son individualité.

démesuré: enormous
écraser: to crush
toucher: to affect

Que signifient, de nos jours, les vieilles recettes de l'humanisme? Qu'il s'agisse de vérité, de morale, de bonheur, on avait édicté une règle d'or: ajuster le monde à la mesure de l'homme. L'idée n'est pas devenue fausse. C'est pis, la mesure a changé. Ou plutôt, elle s'est dédoublée. A l'homme traditionnel, celui du sens commun, se superpose maintenant un homme nouveau, celui de la science.

recette (f): formula
morale (f): morals
édicter: to set up
dédoubler: to split into two
superposer: to superimpose

Qu'on traite du bruit, de la pollution, des concentrations urbaines, du problème des transports, de la pilule contraceptive, partout on retrouve ce divorce, cette énigme supplémentaire, qui déborde les calculs de rentabilité et de profit.

déborder: to go beyond
rentabilité (f): viability

Les buts de la science sont clairs, même s'ils paraissent inaccessibles. On peut les définir avec précision, faire le compte exact des moyens à mettre en œuvre pour les atteindre. Mais comment reconcilier l'homme avec lui-même, mettre son instinct d'accord avec son intelligence? Il est plus facile d'aller dans la Lune que de rendre un homme heureux.

faire le compte de: to calculate

Faut-il attendre les drogues modifiant le psychisme que les prévisionnistes de la Rand nous annoncent avant la fin du siècle? Devra-t-on modifier son patrimoine héréditaire comme l'espèrent les généticiens? Allons-nous vers un monde transformé en fourmilière où des hommes robots se consacreraient entièrement au Moloch technologique? Ou vers une société qui s'aliénerait entièrement dans l'intelligence, ayant définitivement rompu avec ses lointaines origines animales? ✳

psychisme (m): mental make-up
prévisionniste (m): forecaster
patrimoine (m): heritage
fourmilière (f): ant-heap
s'aliéner: to withdraw

Liberté et science-fiction

Arthur C. Clarke, l'ingénieur qui a inventé dès 1945 les satellites de télé-communications, scénariste du film de fiction '2001', décrivait récemment une utopie inspirée de l'âge d'or. Les ordinateurs, devenus capables de s'entretenir, puis de se reproduire eux-mêmes se chargeraient automatiquement de toutes les nécessités de la production. Pendant ce temps, l'homme, rendu à la nature, se consacrerait à l'art, aux jeux, à la recherche désintéressée. Condition préalable: limiter, par décret, la population du globe à quelque 100 000 habitants.

Science-fiction, sans doute. Elle a le mérite d'éclairer les phantasmes qui hantent l'humanité contemporaine. Mais elle ne la dispensera pas de choisir son avenir. Librement. Parce que la liberté, c'est précisément cela: mettre d'accord sa raison et son instinct, l'intelligence et la nature. Le progrès a pu jeter bas tous les modèles anciens, il est incapable de décharger l'homme de sa responsabilité. Il la rend seulement plus difficile à assumer.

Gerard Bonnot, *L'Express*

scénariste (m): script writer
ordinateur (m): computer
s'entretenir: to maintain oneself
se charger de: to be responsible for
préalable: prior
décret (m): decree

dispenser de: to excuse from

décharger de: to relieve from
assumer: to accept, take on

Notes

la Belle Époque: les dernières années du XIXe siècle.
la Rand: Société américaine de recherche et de développement.
Moloch: dieu des Ammonites, à qui on sacrifiait des enfants par le feu.

Further Vocabulary

qui ne frappe de plein fouet que...: which affects directly only . . .
l'espérance de vie: life expectancy

sociétés d'abondance: affluent societies
bien portant: in good health

A Questions à préparer

1 En quoi notre idée du progrès diffère-t-elle de celle que nourrissaient nos arrière-grands-parents?
2 Quelles ont été les conséquences du progrès matériel quant à la qualité de la vie humaine?
3 Faites voir comment nos connaissances accrues ont rendu la vie non seulement plus facile mais surtout plus compliquée.
4 En construisant des appareils supersoniques tels que le Concorde l'homme a résolu d'importants problèmes techniques. Quels problèmes, dont on n'a pas encore trouvé la solution, illustrent, selon l'auteur, le divorce entre les progrès de la science et de la technique et les besoins de l'homme?
5 Quelle est la différence entre les points de vue de l'homme traditionnel et de l'homme de la science? Que signifie pour l'un et l'autre l'idée de progrès?
6 Est-ce que les prévisionnistes tels que ceux de la Rand nous promettent un meilleur monde où l'homme sera plus heureux? Pouquoi ne peuvent-ils pas promettre le bonheur?

7 Quelles conclusions peut-on tirer de l'utopie décrite par Arthur C. Clarke?
8 Pourquoi le progrès matériel tend-il à éveiller chez les hommes le sentiment de l'angoisse?

B Sujet de discussion

'L'homme des pays développés a accru ses possibilités de bonheur. Mais il le paye.' Discutez.

C Sujets de rédaction à discuter

(1) Un arrière-grand-père (95 ans) parle à son arrière-petit-fils (15 ans). Les rêves de 1900 contrastés avec les réalités d'aujourd'hui: a-t-on fait des progrès?
(2) Croyez-vous que le progrès matériel ait rendu la vie plus facile?
(3) *'Le mieux est l'ennemi du bien'* (*Voltaire*)

La population mondiale

(1) La croissance de la population depuis 1800

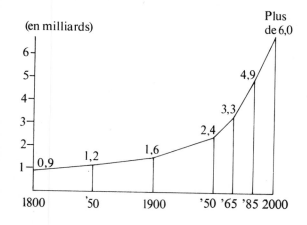

(en milliards)

(1) 1 Jusqu'en 1950, la population mondiale dou-
blait en combien d'années, en moyenne? Et
après 1950?

(2) La répartition de la population mondiale

	1850 mil-lions	%	1920 mil-lions	%	1950 mil-lions	%	1960 mil-lions	%
Europe	266	24,5	328	18,1	393	15,9	427	14,3
U.R.S.S.			158	8,7	181	7,3	214	7,2
Asie	644	61,0	967	53,5	1360	55,0	1679	56,0
Afrique	100	9,0	140	7,7	199	8,0	254	8,5
Amérique du Nord	39	3,5	117	6,5	168	6,8	199	6,6
Amérique du Sud	20	1,8	91	5,0	162	6,5	206	6,9
Australasie, Océanie	2	0,2	9	0,5	13	0,5	16	0,5
TOTAL	1091	100	1810	100	2476	100	2995	100

(2) 2 La population de toutes les régions du monde,
sans exception, ne cesse de s'accroître: mais
dans quelles régions cet accroissement est-il
le plus sensible?

3 Quelles seront les conséquences pour l'Europe
de la diminution de sa population par rapport
à celle du reste du monde?

Le contrôleur

Allons allons
Pressons
Allons allons
Voyons pressons
Il y a trop de voyageurs
Trop de voyageurs
Pressons pressons
Il y en a qui font la queue
Il y en a partout
Beaucoup
Le long du débarcadère
Ou bien dans les couloirs du ventre de leur mère
Allons allons pressons
Pressons sur la gâchette
Il faut bien que tout le monde vive
Alors tuez-vous un peu
Allons allons
Voyons
Soyons sérieux
Laissez la place
Vous savez bien que vous ne pouvez pas rester là
Trop longtemps
Il faut qu'il y en ait pour tout le monde
Un petit tour on vous l'a dit
Un petit tour du monde
Un petit tour dans le monde
Un petit tour et on s'en va
Allons allons
Pressons pressons
Soyez polis
Ne poussez pas.

Jacques Prévert: 'Paroles'

1) Why do we have a new idea of where we are going?
2) What effect does this have on
3) What does man tend to do about the situation
4) What isn't our aim?
5)
6) Why is man like a hippo?

34
L'humanité travaille à sa propre destruction

⬣ ✳ Grâce à la nouvelle vision du monde que nous a donné l'explosion de connaissance qui s'est produite parallèlement à l'explosion démographique, nous avons aujourd'hui une conception nouvelle de notre destinée. L'évolution désormais prend conscience d'elle-même dans la personne même de l'homme.

démographique (adj.): population

Et maintenant l'homme, que cela lui plaise ou non, qu'il le sache ou l'ignore (mais il serait bon qu'il commence à s'en apercevoir), porte seul la responsabilité de tout le processus évolutif à venir sur cette planète. Or celle-ci est en pleine crise.

ignorer: not to know
processus (m): process
or: and yet, whereas

Je dirai que c'est une crise où la quantité est une menace pour la qualité et le présent une menace pour l'avenir. Mais avant de nous déterminer sur ce que nous devons faire devant cette situation—et il est parfaitement inutile de se contenter de faire de grands gestes en proclamant qu'on devrait faire quelque chose—il faut essayer de définir notre but final en tant qu'élément directeur de l'évolution terrestre.

Assurément, notre objectif n'est pas simplement la puissance. Ce n'est certainement pas de pouvoir manger, boire, être heureux et tranquilles en nous disant: 'Qu'avons-nous à faire de la postérité? Au diable, la postérité!' Ce n'est pas davantage d'accumuler des richesses ou de multiplier les individus, non plus que de nous préparer simplement à quelque vague vie future. A mon sens, notre dessein doit être, en entretenant et en cultivant les ressources de la terre et celles de notre propre nature, d'accroître les ressources de la vie et d'en rehausser la qualité.

rehausser: to enhance

Si nous considérons la situation présente à la lumière d'une telle vision, que voyons-nous? Qu'on me permette, pour commencer, de dire un peu de ce que j'ai vu, l'année dernière, en Afrique. J'y avais été envoyé par l'Unesco pour enquêter sur la préservation de la vie sauvage et des habitats naturels. Or dans le merveilleux parc national Queen Elizabeth, en Ouganda, les animaux avaient été si bien protégés que les hippopotames s'étaient multipliés de façon incroyable et avaient dévasté les berges des lacs et des canaux; ils avaient dévoré tout ce qui pouvait se manger; en fait, ils étaient en train de détruire leur propre habitat. Ce que je veux dire, c'est que l'homme est lui-même en train de détruire son propre habitat: l'homme a surexploité les ressources naturelles de cette planète, il en a dévasté le sol et lui a fait subir toutes sortes de fâcheux traitements. Il a abattu les forêts et provoqué inondations et érosion. Il a mis notre planète à sac. ✳

habitat (m): environment

berge (f): bank, shore

faire subir à: to inflict upon
fâcheux: unfortunate
abattre: to cut down
mettre à sac: to plunder

Non contents de détruire ou de dissiper nos ressources matérielles, nous commençons à détruire les sources de vraie joie—spirituelle, esthétique, intellectuelle, affective. Nous répandons sur la face de la terre de vastes masses d'habitations humaines: ni villes, ni banlieues, ni bourgs, ni villages, rien que de vastes dégoulinades de cauchemar urbain et banlieusard. Pour échapper à cela, les gens se répandent de plus en plus loin dans les endroits encore préservés et ainsi les détruisent à leur tour.

affectif: emotional
répandre: to spread
bourg (m): market town
dégoulinade (f): trickling
cauchemar (m): nightmare
banlieusard: suburban

Si l'on examine de plus près cette crise, on voit avant tout qu'il y a sur la terre près de trois milliards d'habitants. On en comptera environ six milliards *billion* à la fin de ce siècle—c'est-à-dire du vivant de la plupart des enfants que nous avons déjà mis au monde. Or, déjà aujourd'hui, plus de la moitié de la

du vivant de: within the lifetime of

194

'L'homme est lui-même en train de détruire son propre habitat.'

population du monde est sous-alimentée, vit dans des conditions insuffisantes de revenus, d'alimentation, d'hygiène, d'habitation, d'éducation. Il y a un gouffre immense entre les 'nantis' et les autres. Et ce gouffre, au lieu de se rétrécir, tend à s'élargir.

Reste l'autre grand mythe des temps présents, à savoir que la crise peut être résolue par la Science—la Science avec un grand S—comme par une sorte de magicien tout-puissant. 'Bah! la science trouvera quelque chose.' Pour le moment, elle n'a pas l'air de trouver grand-chose.

En outre, il ressort des études économiques les plus minutieuses que la Science n'est pas non plus capable d'industrialiser les pays sous-développés si les taux de naissance y sont trop élevés. Pour industrialiser un pays sous-développé, une masse importante de capital est nécessaire, ainsi qu'une masse importante de main-d'œuvre experte et qualifiée. S'il y a trop de personnes à nourrir, à loger, à enseigner et à qui fournir les services indispensables, tout le capital et la main-d'œuvre seront utilisés au seul développement d'une génération après l'autre, au détriment de l'industrialisation elle-même.

Il y a une chose, en revanche, que la Science pourrait faire, c'est de découvrir de meilleures méthodes de limitation des naissances. En fait, c'est la clé de tout cet énorme problème. La médecine et la physiologie ont déjà réalisé ce qu'on peut appeler la limitation de la mort, amenant ainsi une explosion de la population, parce qu'elle n'a pas su, en même temps, y apporter le correctif nécessaire, à savoir: découvrir quoi faire pour limiter les naissances.

Le moment est venu de penser sérieusement à une politique de la population. Il est indispensable que chaque pays ait sa politique démographique, tout comme il a une politique économique ou une politique étrangère.

Quand je parle de politique de la population, je n'entends pas qu'on aille

gouffre (m): gulf
nanti: well-off
se rétrécir: to narrow

3) what is the author's attitude → Science?

ressortir de: to emerge from
minutieux: thorough, detailed

4) Why isn't science alone enough to improve the situation?

main power.

5) what useful thing has science achieved? & what additional problem has this created?

réaliser: to achieve

6) what would the author like to see happen?

Dans une rue de Bombay.
'Il est indispensable que chaque pays ait sa politique démo-graphique.'

dire à chaque femme combien d'enfants elle peut avoir, pas plus qu'un pays qui a une politique économique ne va décider combien chaque homme d'affaires doit gagner d'argent ni ce qu'il doit exactement en faire. Mais cela implique qu'on reconnaisse que la population est un des problèmes majeurs de la vie nationale, qu'on a à cet égard un objectif général et qu'on s'efforce de mettre en application les méthodes voulues pour l'atteindre.

En ce qui concerne les agences spécialisées de l'O.N.U., un des grands scandales du temps présent réside en ce que, sous la pression particulièrement des pays de religion catholique, l'Organisation mondiale de la santé n'a pas été autorisée à prendre en considération les effets de la densité de la population sur l'hygiène de celle-ci.

Cette situation est profondément ressentie à travers le monde entier par les membres du corps médical, particulièrement par ceux qui, préoccupés par les aspects internationaux de leur art, ont réussi, au prix d'un immense travail, à enseigner aux gens le moyen d'éviter ou de combattre la maladie. L'exemple de la malaria, à Ceylan, est particulièrement frappant: le résultat du prodigieux et généreux effort accompli a été une véritable explosion de population, entraînant de nouvelles maladies, de nouvelles privations, de nouvelles misères. Or on ne permet pas au corps médical d'essayer de faire front à de telles situations, sur une échelle internationale ni même parfois à l'échelle nationale.

Il est essentiel que toute cette question soit soulevée par les Nations unies elles-mêmes. L'assemblée de l'O.N.U. devrait être le forum où délibérer ouvertement de ce problème majeur. N'est-elle pas déjà le forum où sont discutées d'autres questions fondamentales: désarmement, énergie atomique, etc? Nous ne devons pas, en raison de préjugés religieux, nationaux ou politiques, nous enfoncer la tête dans le sable ou prétendre que le problème n'existe pas. ⬡

Julian Huxley, *Le Figaro littéraire*

ressentir: to resent
corps (m) *médical:* medical profession

faire front à: to tackle

enfoncer: to bury
prétendre: to maintain

196

A Questions à préparer

1 Pour quelle raison peut-on considérer l'homme seul responsable 'de tout le processus évolutif à venir sur cette planète'?

2 Quelles sont les causes de la crise actuelle?

3 Comment devrait-on s'y prendre pour mettre fin à cette crise?

4 Qu'est-ce que l'auteur entend par 'la qualité' de la vie?

5 Comment la qualité se trouve-t-elle menacée?

6 Pour quelles sortes de problèmes les progrès de la Science ne sont-ils pas capables de trouver une solution?

7 Qu'est-ce qui explique l'explosion démographique actuelle?

8 Quelle action les gouvernements doivent-ils prendre?

9 Pourquoi l'auteur croit-il nécessaire d'examiner les effets de la densité de la population sur l'hygiène de celle-ci? Quelle situation s'est produite à Ceylan?

10 Quel rôle l'O.N.U. devrait-il jouer dans tout ceci?

B Résumé

Résumez en 250 mots environ l'essentiel de cet article.

C Sujet de discussion

'Qu'avons-nous à faire de la postérité? Au diable, la postérité!' Discutez ce point de vue en considérant en particulier l'utilisation des ressources naturelles de la planète et la conservation de l'habitat.

D Sujets de rédaction à discuter

(1) Le gouvernement britannique, acceptant l'idée d'une politique de la population, explique les avantages pour la nation qui en découleraient...

♔ (2) 'L'homme est en train de détruire son propre habitat.' Résumez le problème et proposez des solutions pour y remédier.

(3) 'Il n'est pire dérèglement de l'esprit que de vouloir le superflu alors qu'on n'a point le nécessaire.' (Montesquieu)

(4) 'Entre le fort et le faible, c'est la liberté qui opprime et la loi qui affranchit.' (Lacordaire)

35
La société en procès

✳ 'Le temps des grandes choses morales est passé', disait Thiers, l'un des fondateurs de l'ordre bourgeois, il y a déjà plus de cent ans. La révolte des étudiants prouve qu'il avait tort. Mais comment satisfaire leurs aspirations, mettre à profit leur dynamisme?

Montaigne, à moins que ce ne soit Montesquieu, avisait le souverain d'avoir toujours sous la main quelque guerre lointaine pour y absorber le trop-plein d'ardeur de sa jeunesse. Il n'y a plus de guerre lointaine, sinon celle du Vietnam, où l'on accepte pas les volontaires étrangers. La conquête de l'espace a cessé d'exalter les imaginations: non seulement elle est réservée aux Russes et aux Américains, mais elle est l'expression même du triomphe de cette société technocratique qui est mise aujourd'hui en accusation. La compétition sportive, que les pouvoirs publics encouragent partout, est bien loin de drainer les énergies qui brûlent de s'affirmer et ne trouvent parfois à s'exprimer que dans la protestation violente, voire, comme aux États-Unis, dans l'assassinat.

Même pour ceux qui acceptent de courir leur chance dans le système les possibilités d'avancement sont limitées par l'arrêt de l'holocauste guerrier et par les progrès de la médecine, que n'arrivent pas à compenser les sanglants week-ends des routes de la prospérité. Les postes de commande restent aux mains de gens qui, se sentant en forme excellente, ne voient pas pourquoi ils céderaient la place à des jeunes bien loin d'avoir leur expérience. Il s'y ajoute que beaucoup d'entre eux ont connu des années de vaches maigres, qu'ils ont durement travaillé pour arriver là où ils sont présentement. Ils ont de la peine à se faire à l'idée que ceux de leurs cadets qui ne bénéficient pas des avantages de la société d'abondance se considèrent comme les victimes d'un injuste destin. Tel qui a réalisé un rêve en s'achetant à trente ans sa première voiture n'arrive pas à trouver normal que son fils attende de lui à dix-huit ans qu'il lui en paye une. Et puis ils sont trop occupés avec la vie folle qu'ils mènent pour prêter attention à tout ce qui ne concerne pas directement leur travail, leur 'hobby' ou leur famille.

Ce blocage des possibilités d'ascension, et surtout des possibilités d'ascension rapide, intervient au moment où le déclin de la cellule familiale, la liberté des mœurs, le progrès des moyens d'information, abaissent considérablement l'âge sinon toujours de la maturité, du moins de la majorité mentale. Le développement considérable de l'enseignement supérieur multiplie le nombre de ceux qui jugent naturel que leurs talents trouvent à s'employer et parfaitement scandaleux qu'un diplôme qu'ils auront mis des années à acquérir ne leur donne droit, dans la meilleure hypothèse, qu'à prendre bien sagement leur place au bas d'un escalier dont ils ne graviront que très lentement les échelons. La patience et la résignation n'étant pas, heureusement, les vertus principales de la jeunesse, non plus que, malheureusement, la générosité et l'esprit d'entreprise celles de l'âge mûr, il est fatal que beaucoup d'ardeurs cherchent à s'employer de manière plus rapide et plus efficace. ✳

Deux voies sont ouvertes:

La première est la plus facile: c'est celle de la destruction. C'est la solution la plus exaltante, puisqu'elle suppose un combat total et qu'elle permet d'écarter toutes les compromissions. Elle se nourrit du plus beau des rêves: la société égalitaire, sans Dieu ni maître, où l'homme serait enfin totalement libre.

198

trop-plein (m): excess

voire: and indeed

arrêt (m): stopping
sanglant: bloody
postes (m pl.) *de commande:* controls

se faire à: to get used to
cadet: junior

mœurs (f pl.): morals

exaltant: exciting
compromission (f): compromise

Depuis Rousseau un certain nombre de penseurs et de révolutionnaires ont essayé de donner un corps à cette chimère. Marx lui-même s'est beaucoup moins occupé de décrire la société communiste à laquelle il aspirait qu'à faire la critique du système capitaliste qu'il voulait abattre. Ses disciples étaient persuadés qu'une fois détruit le capitalisme, tout s'arrangerait vite et facilement. Mais si l'homme était bon par nature, pourquoi aurait-il si souvent donné naissance à des sociétés mauvaises ?

Plus donc que la fin de toute hiérarchie sociale, qui est pour longtemps encore utopique, et qui risquerait de ne provoquer qu'un déchaînement de passions adverses, ce que devraient rechercher les étudiants, et avec eux tous ceux que ne satisfait pas la perpétuation d'un système politique et social sclérosé, coupé de ce qui devrait être ses sources vives, ce sont les moyens d'assurer en permanence le renouvellement, ne disons pas de la classe, mais du personnel dirigeant et la représentation auprès de lui des dirigés.

En tout cas, on voudrait croire qu'il y a entre le pouvoir sous toutes ses formes et la jeunesse, avant-garde du peuple, d'autres formes de dialogue que l'épreuve de force. La tentation est grande pour la classe dirigeante, en tout pays, de s'occuper d'abord de consolider son pouvoir et des privilèges dont elle met rarement en doute la légitimité. Mais c'est son intérêt même que de laisser des éléments plus jeunes ou venant d'autres horizons sociaux apporter jusque dans son sein, par l'association aux responsabilités, la discussion franche, y compris sur les structures, et l'acceptation d'un certain contrôle, un sang frais, des idées nouvelles et l'aiguillon de la critique.

Sinon, elle sera emportée, et l'aura mérité.

André Fontaine, *Le Monde*

chimère (f): illusion

déchaînement (m): unleashing

sclérosé: rigid

diriger: to manage, govern

épreuve (f): trial

sein (m): bosom, heart
contrôle (m): supervision
aiguillon (m): spur
emporter: to sweep away

Notes

Thiers (1797–1877)*:* homme d'État et historien français. Après avoir signé la paix avec les Prusses et réprimé la Commune de Paris il fut élu, en 1871, président de la République.

La révolte des étudiants: il s'agit de celle de mai 1968.

Further Vocabulary

qui est mise en accusation: which is accused
courir leur chance: to take their chance
il s'y ajoute que...: there is also the fact that . . .

des années de vaches maigres: lean years
la liberté des mœurs: permissiveness

A Questions à préparer

1 Qu'est-ce que la révolte des étudiants français en mai 1968 a démontré, selon l'auteur?

2 Pourquoi et contre quoi ces étudiants se sont-ils révoltés?

3 Aux yeux de ces jeunes qu'est-ce qui manque à la société, au monde, à l'heure actuelle?

4 Comment se fait-il que l'absence de guerres et les progrès de la médecine limitent les possibilités d'avancement des jeunes?

5 Quelle est l'attitude des jeunes que leurs aînés trouvent particulièrement à critiquer?

6 Quels sont les facteurs sociaux contribuant au mécontentement croissant des jeunes?

7 Quelles sont les principales qualités de la jeunesse?

8 Qu'est-ce qui manqua à l'œuvre de Marx, selon l'auteur?

9 Pourquoi est-ce qu'on préfère souvent la révolution à la réforme?

10 Quelle expérience suggère que la société 'libre' est une chimère?

11 Qu'est-ce qu'un système social et politique sclérosé?

12 Quelle est l'autre voie, l'autre solution qu'il faudrait apporter à ce problème?

13 Qu'est-ce que la classe dirigeante devrait tâcher d'éviter?

14 Comment assurer le renouvellement du personnel dirigeant?

B Sujets de discussion

(1) 'Il y a, pour ce qui est de la France, ce qui se passe dans une maison: la maîtresse de maison, la ménagère veut avoir un aspirateur, elle veut avoir un frigidaire, elle veut avoir une machine à laver et même, si c'est possible, une auto: cela c'est le mouvement. Et, en même temps, elle ne veut pas que son mari s'en aille bambocher de toutes parts, que les garçons mettent les pieds sur la table et que les filles ne rentrent pas la nuit: ça c'est l'ordre. La ménagère veut le progrès mais elle ne veut pas la pagaille: eh bien! c'est vrai aussi pour la France.' (le général de Gaulle en juin 1968)

(2) Il est souvent question aujourd'hui d'accorder aux jeunes plus de responsabilités, un rôle plus actif dans la société. Faut-il selon vous aborder ce problème en distinguant 'les jeunes' en tant que classe sociale, ou s'agit-il plutôt de faire participer chaque individu, qu'il soit jeune ou adulte, à la vie sociale, économique et politique de la collectivité?

C Sujet de rédaction à discuter

'Si jeunesse savait, si vieillesse pouvait...' (**Estienne**)

Vocabulary and Questions for Listening Tests

1 Une ville nouvelle anglaise: Crawley

voie (f): road, way
accéder à: to reach
immeubles locatifs: blocks of rented flats
hectare (m): approx 2·5 acres
épargner: to spare
étape (f): stage
desservir: to serve
achèvement (m): completion
daller: to pave
poutre (f): beam
fléchir: to sag
relais (m) *de poste:* coaching inn
succursale (f): branch
pierres taillées: ornamental stonework
béton (m): concrete
cloison (f): (inside) wall
annuaire (m): telephone directory
tir (m): shooting
avoir droit de cité: to have one's place
travailliste: Labour
taille (f): measure
H.L.M.: (public organisation providing) low-cost housing
couler: to cast

1 Où se trouve Crawley?
2 Par quoi les quartiers sont-ils séparés?
3 Comment sont-ils reliés entre eux?
4 Qu'est-ce qu'on trouve dans les zones résidentielles?
5 Expliquez pourquoi la ville a une grande superficie.
6 A combien de distance les habitants se trouvent-ils de la campagne?
7 Quelle est la densité de la population de Crawley?
8 Comment cette densité se compare-t-elle à celles des vieilles villes anglaises?
9 Où se trouve la zone industrielle, et pourquoi?
10 Quelles ont été les étapes successives de la réalisation de Crawley?
11 Qu'est-ce que les promoteurs ont tenu à faire en aménageant le centre de la ville?
12 Pourquoi le visiteur s'étonne-t-il de voir l'auberge Saint George?
13 Quelle a été la dernière étape de construction de la ville?
14 Où seront logés les services municipaux?
15 À côté de quels bâtiments l'hôtel de ville se trouve-t-il?
16 Où est-ce que le théâtre et le cinéma trouveront place?
17 Combien de clubs ou d'associations la ville compte-t-elle?
18 Où tiennent-ils leurs réunions?
19 À quoi servent ces clubs?
20 Pour quelle raison peut-on considérer que ces villes nouvelles anglaises sont une réussite et un exemple?

Rédaction

(1.C2): Dressez un 'schéma' de l'expansion future d'une ville que vous connaissez.

2 Toulouse s'offre une ville

d'envergure: sizeable
se mirer: to be reflected
chantier (m): construction site
grue (f): crane
s'en donner à cœur joie: to set to with a will
boue (f): mud
ferraille (f): iron
béton (m): concrete
goguenard: mocking
pari (m): bet, challenge
atelier (m): working-party, study group
disponible: available
Le Corbusier: Swiss architect
figé: rigid, fixed
accidents (m) *de terrain:* features of landscape
dalle (f): apron
faire du lèche-vitrines: to window-shop
rue (f) *coursive:* passage
caisse (f) *d'épargne:* savings bank
hypermarché (m): large supermarket
studio (m): 2-room flat
six-pièces (m): 6-room flat
fierté (f): pride
agacement (m): irritation

1 Quels pays en particulier ont de l'avance sur la France dans le domaine des villes nouvelles?
2 Pourquoi a-t-on nommé cette ville nouvelle 'le Mirail'?
3 Quelle sera la population du Mirail dans quelques années?
4 Qu'est-ce qui a rendu nécessaire la construction de cette ville?
5 Comment la population de Toulouse a-t-elle progressé en trente ans?
6 Quelle prévision fait-on pour 1980?
7 A quoi sert l'atelier d'urbanisme de Toulouse?
8 Quelles sont les principales conclusions du schéma?
9 Quelles sont les zones à l'ouest et au sud de Toulouse?
10 Comment a-t-on choisi l'architecte responsable de la création du Mirail?
11 Comment M. Candilis envisage-t-il le plan du développement de la ville?
12 Quelles sont ses idées sur l'habitat?
13 Quelles sont les deux principales innovations du plan de M. Candilis?
14 Qu'appelle-t-on rues coursives? À quelle hauteur sont-elles situées? Comment sont-elles animées?
15 Par quelles étapes a-t-on procédé à la construction de la ville?
En quoi cette idée est-elle originale?
16 Quels bâtiments ont déjà été construits?
17 Par quels sentiments les habitants pionniers d'aujourd'hui sont-ils animés?

Rédaction

(2.C1): 'Projet d'urbanisme pour l'aménagement du quartier de...'

201

3 La télévision de demain

émerveillement (m): wonder
se consacrer à: to devote oneself to
comportment (m): behaviour
épopée (f): epic
reculé: remote
enveloppe nerveuse: network
ramifié: ramified, complex
quitte à...: even if (we) then . . .
pénurie (f): shortage
relais (m): relay (station)
tribu (f): tribe
relais hertzien: Hertzian waves
gérer: to control, run
à brève échéance: in the short term

1 Combien de satellites ont été lancés depuis 1962?
2 D'où vient l'émerveillement du spectateur de télévision par satellite?
3 A quoi, selon l'auteur, n'a-t-on pas suffisamment réfléchi?
4 Quel poste M. Jean d'Arcy occupe-t-il maintenant, et quels postes importants a-t-il occupés jusqu'ici?
5 Comment réagissons-nous, selon lui, face aux progrès réalisés dans le domaine de la communication à distance?
6 En quoi la seconde génération de satellites différera-t-elle de la première?
7 Quelle sera l'importance pour des pays comme l'Inde de ces nouveaux satellites?
8 En quoi la troisième génération de satellites différera-t-elle de la seconde?
9 Comment la télévision sera-t-elle transformée par les satellites d'émission directe?
10 Quelle importance le satellite de demain aura-t-elle pour la société du futur, selon M. d'Arcy?
11 Quels arrangements techniques prévoit-on pour le contrôle des satellites?
12 Comment les gouvernements nationaux ont-ils pu jusqu'ici préserver leur souveraineté?
13 Qu'est-ce qui mettra fin aux monopoles gouvernementaux?
14 Quelles sortes d'émissions verrons-nous grâce à la télévision mondiale?

Rédaction

(5.C): La Mondovision, instrument de liberté ou instrument d'esclavage?

4 La télévision et la culture

s'amorcer: to begin
se relier à: to be connected with
se relayer: to link up
l'éther (m): 'the air'
faire les 'grilles': to choose the pictures to be transmitted
cinémathèque: film library
ruée (f): rush
se laisser prendre par: to be taken in by
dichotomie (f): dichotomy, opposition
'Jacquou': T.V. serial, set in nineteenth-century rural France

202

pâture (f): food, diet
aigu: harsh, sharp, acute
malentendu (m): misunderstanding
d'emblée: from the start
sonder: to 'poll'
anesthésie (f): numbness, paralysis
réalisateur (m): producer
chiffres d'écoute: audience ratings
faire contrepoids à: to counterbalance
mercantile: commercial
démagogique: aimed at the masses
mépriser: to scorn
vulgarisation (f): popularisation
recette (f): recipe
pleurnicher: whine
forfanterie (f): boasting

1 Qu'est-ce que représente, aux yeux des Français, le progrès technique en matière de télévision?
2 Quel sera l'avantage de l'emploi des minicassettes?
3 À quoi serviront les câbles?
4 Comment la télévision va-t-elle évoluer?
5 Quelle sera l'importance des satellites de l'avenir?
6 Quel devra donc être le rôle de l'O.R.T.F.?
7 Pour Schaeffer, quelle a été la signification de 'Jacquou'?
8 Quelle conclusion tire-t-il du succès de ce feuilleton (a) quant aux émissions et (b) quant au téléspectateur?
9 Comment est-ce que le monde traite le téléspectateur, selon lui?
10 Comment la télévision peut-elle changer cette opinion?
11 Qu'est-ce qui frappe M. Schaeffer en ce qui concerne le progrès des moyens techniques d'une part, et le contenu des programmes de l'autre?
12 Comment la télévision en tant que service public pourra-t-elle exercer une influence sur la société de l'avenir?
13 Quelle est l'opinion de M. Schaeffer sur la vulgarisation à la télévision?
14 Pourquoi estime-t-il que les téléspectateurs français ont de la chance?

5 L'influence de la presse à l'ère audio-visuelle

baisse (f): fall, decrease
agir sur: to affect
concurrent (m): competitor
se cantonner dans: to confine oneself to
pronostic (m): forecasting
entrer dans les mœurs: to become accepted
commerçant (m): businessman
donner à regret: to (be)grudge
disponible: available
impression (f): printing
souhait (m): wish
compte tenu de: taking into account
rayon (m) *d'action:* sphere of influence
jadis: formerly
piste (f): path, track
tissu (m): fabric, framework
hebdomadaire: weekly

trier: to select
synthèse (f): synthesis
service (m): department
qu'il s'agisse de: whether it be
faits divers: news stories
vedette (f): star
bergère (f): shepherdess
sort (m): lot, fate
primer: to be most important
distractif (adj.): entertainment
évasion (f): escape
milliardaire (m): (multi-) millionaire
gamme (f): range
évoquer: to mention
essor (m): rise, expansion
détenir: to possess
presse (f) *du cœur:* love-story magazines
tailleur (m): suit
courrier (m) *du cœur:* readers' problem letters

1 Quels sont les principaux facteurs qui ont contribué à la diminution du tirage des quotidiens parisiens?
2 Tenant compte de ce changement, quel doit être désormais le rôle de la presse dans notre société?
3 Selon M. Attache, quelle est la différence entre la France et l'Angleterre en matière de publicité?
4 En quoi la publicité sert-elle les intérêts des journaux?
5 Quelle est la différence la plus marquante entre les journaux parisiens et les journaux de province?
6 Comment M. Fauvet explique-t-il l'augmentation du tirage du *Monde*?
7 Et quelles sont, selon lui, les deux pistes que les journaux français suivent actuellement pour attirer de nouveaux lecteurs face à la concurrence offerte par la télévision et la radio?
8 Comment M. Dupont explique-t-il le succès de l'hebdomadaire-magazine?
9 A quoi M. de Saint-Jean attribue-t-il l'intérêt porté à *Paris-Match*?
10 Comment *Paris-Match*, mieux que d'autres publications, répond-il aux besoins des lecteurs?
11 A quoi s'intéresse surtout le lecteur français?
12 Pourquoi la lecture des journaux est-elle moins fréquente en France qu'en Grande-Bretagne?
13 A quel aspect de la presse le lecteur s'attache-t-il bien souvent?
14 Que représentent pour le lecteur moyen les histoires de princesses et de vedettes?
15 Comment peut-on expliquer l'essor de la presse féminine après la dernière guerre?
16 Quel est l'aspect qui intéresse surtout les lectrices des magazines féminins?
17 Qu'est-ce qui pousse une femme à écrire à un magazine?
18 Quel est l'intérêt de ces lettres pour les autres lectrices?

6 La France et l'Europe

extérieur (m): foreign countries
au sein de: within

confondu: united, as one
sage (m): wise man
étroit: close
détente (f): easing of tension
rude: difficult
échec (m): failure

1 A quoi tiennent les problèmes par lesquels la France est confrontée?
2 Qu'est-ce qui rend inévitables les transformations que doit subir la France?
3 Quelle est cette vision de l'Europe que M. Pompidou trouve dépassée?
4 De quelles 'réalités' témoignent les deux exemples cités par M. Pompidou?
5 Dans ces conditions, quelle Europe peut-on envisager de construire?
6 Quand, selon M. Pompidou, pourra-t-on parler de politique et d'indépendance européennes?
7 Selon M. Pompidou, qu'est-ce qu'il importe de respecter?
8 Quel devra être alors le rôle de l'Europe?
9 Dans cette entreprise quelles sont les perspectives qui s'offrent à nous?
10 Ce grand effort national, est-il justifié?
11 Quelle est, selon lui, la meilleure garantie d'une Europe puissante et indépendante?

Rédaction

(12.C): Les États-Unis de l'Europe

7 Les travailleurs étrangers en Europe

à titre définitif: permanently
formation (f): training
appartenance (f): group
main-d'œuvre (f): labour force
vendange (m): grape harvest
manuel (m): manual worker
mœurs (f pl.): customs
illettré: illiterate
épargner: to save
autochtone: native
abréger: to shorten
tenu de: obliged to
célibataire: unmarried
méconnaissance (f) *de...:* ignorance concerning . . .
le Fonds social européen: Social Welfare Office of the E.E.C.
pays tiers: countries outside the Community

1 Combien d'immigrants se trouvent à présent dans les pays de la Communauté européenne?
2 Combien de temps comptent-ils y rester?
3 Pourquoi ont-ils quitté leur pays natal?
4 Qu'est-ce qu'ils espèrent trouver dans les pays de la Communauté européenne?
5 Pourquoi est-ce qu'on accueille ces immigrants dans les pays de la C.E.E.?
6 A quoi tient l'importance économique des travailleurs étrangers?
7 Dans quels secteurs de l'économie rencontre-t-on le maximum d'étrangers?

8 Que se passerait-il si ces travailleurs quittaient les régions où ils travaillent? Pourquoi?

9 Quelles difficultés s'opposent à l'adaptation et à l'intégration de ces travailleurs?

10 Pourquoi la plupart des travailleurs immigrés restent-ils à l'écart de la population autochtone?

11 Dans quels domaines se trouvent-ils désavantagés par rapport aux travailleurs autochtones?

12 Quel est le problème le plus aigu qui se pose aux travailleurs immigrés? Pourquoi?

13 Quels facteurs expliquent la prolifération des bidonvilles?

14 Pourquoi les pouvoirs publics ne sont-ils pas toujours en mesure de trouver des solutions à ce problème?

15 Quelles mesures les Six pourraient-ils prendre pour améliorer cet état de faits?

16 Comment de telles mesures profiteraient-elles à la Communauté?

Rédaction

(14.C1): Le travail sans frontières

8 Pour une politique démographique mondiale

(ils) sont éloquents: they speak for themselves
milliard (m): a thousand million
Malthus: eighteenth-century writer on population problems
constatation (f): fact, point
(elles) s'imposent: they are to be noted
manger à sa faim: to have enough to eat
frein (m): brake
affamé: hungry
miséreux: poverty-stricken
rythme (m): rate
survie (f): survival
adhésion (f): support

1 Quels sont les facteurs qui ont contribué à l'augmentation de la population du globe?

2 Dans quelles proportions prévoit-on que la population mondiale s'accroîtra entre 1960 et l'an 2000?

3 Cet accroissement correspond-il aux prévisions de Malthus?

4 Qu'est-ce qui caractérise surtout la population des pays du tiers monde?

5 Quelle sera la proportion des Européens dans la population mondiale de l'an 2000? Et celle des Chinois et des Indiens?

6 Quelle proportion de la population sera sous-alimentée à la fin du siècle?

7 A quoi tient avant tout la misère du tiers monde?

8 De quoi l'expansion démographique d'un pays doit-elle tenir compte, selon l'auteur du livre?

9 Comment les pays du tiers monde peuvent-ils lutter utilement contre la misère?

10 Quel sentiment l'existence de ces millions d'hommes affamés et miséreux a-t-elle fait naître?

11 La limitation des naissances est-elle, pour l'auteur du livre, une fin en soi?

12 Selon l'auteur, de quoi dépend la survie de tous les hommes?

Rédaction

(16.B1): Le rôle du planning familial dans la lutte pour élever le niveau de vie dans les pays sous-développés.

9 L'aide au tiers monde

apporter des éclaircissements sur: to clarify
susceptible: likely
désabusement (m): disillusionment
de bon ton: fashionable
intéressé: selfish
compromettre: to jeopardize
alimentaire (adj.): food
montant (m): total amount
produit national brut: gross national product
mobile (m): motive
répartition (f): distribution
fardeau (m): burden
terme (m): end
hypothèse (f): assumption
faire preuve de: to show
depuis peu: lately
semence (f): seed
vulgarisation (f): popularisation (of knowledge)
de pair avec: in step with
débouché (m): market
concurrencer: to compete with
matières premières: raw materials

1 Quels ont été les objectifs que s'est proposés la Commission Pearson?

2 Comment caractériseriez-vous l'attitude actuelle des pays développés?

3 Quelles en sont les conséquences pour les pays sous-développés?

4 Comparez le taux de développement annuel du tiers monde à celui d'autres pays dans les dix dernières années.

5 Qu'est-ce qui, dans certains pays, rend difficile les efforts d'expansion?

6 Quelle part l'aide extérieure joue-t-elle dans les progrès réalisés jusqu'ici par les pays sous-développés?

7 Quelles ont été trop souvent les principales préoccupations des pays donateurs?

8 Quelles ont été les conséquences de cette aide mal orientée?

9 Quels autres facteurs expliquent le désenchantement des pays sous-développés?

10 Qu'est-ce qui menace le développement dans ces pays?

11 Quelle recommandation la Commission fait-elle quant au montant et à l'origine de l'aide?

12 Si ces recommandations étaient acceptées, quelle pourrait être la perspective d'avenir pour ces pays?

13 Que signifierait pour les pays développés une telle perspective?

14 Comment pourrait-on concevoir la modernisation de l'industrie?

15 Quelle devrait être l'attitude des pays riches?

16 Quelle autre mesure la Commission trouve-t-elle souhaitable?

Rédaction

(18.C and 18.D1): 'Pourquoi les aider?'

10 De Gaulle et l'Assemblée nationale

allocution (f): speech
trancher: to decide (the outcome of)
enjeu (m): stake
s'en prendre à: to attack
joute (f) *oratoire:* debating contest
suffrage (m): vote
revêtir: to bear
aller à vau-l'eau: to go downhill
valoir: to be of value
faire ses preuves: to prove itself
législature (f): life of a parliament
crise (f): crisis
digne: worthy
détente (f): easing of tension
lacune (f): gap
combler: to fill
d'antan: of yesteryear
naguère: not long ago
viser un but: to have an object in view
agir: to act
fallacieux: fallacious
combinaison (f): scheme
scrutin (m): poll, election
malveillance (f): spite, resentment
brandir: to brandish
grief (m): grievance
faire table rase: to make a clean sweep
s'entendre: to be agreed
hégémonie (f): domination
semées de drame en drame: marked by successive crises
attiser: to stir up
aller en s'atténuant: to be diminishing
sous l'égide (f) *de:* under (the protection of)
resserrer: to tighten

1 Quelles sont, selon le général, les fonctions du Chef de l'État?
2 Comment définit-il son devoir à l'occasion des élections législatives?
3 Quelle distinction fait-il entre le rôle du Chef de l'État et celui du Parlement?
4 Que faut-il au Parlement pour que le Chef de l'État et le gouvernement puissent remplir leurs fonctions?
5 Selon de Gaulle quels sont les progrès réalisés (*a*) à l'intérieur du pays (*b*) à l'extérieur: dans le monde, dans les anciennes colonies et en Europe?
6 Comment compare-t-il la situation d'avant son accession au pouvoir à la réalisation actuelle?
7 Pourquoi faut-il, selon de Gaulle, que le peuple élise une majorité de candidats 'Ve République'?
8 Quels sont pour de Gaulle les dangers représentés par les trois partis ou coalitions de l'opposition?
9 Pourquoi ces trois partis, s'ils étaient élus, auraient-ils du mal à gouverner, selon lui?
10 Comment de Gaulle résume-t-il les buts des 'trois formations politiques' de l'opposition, en ce qui concerne (*a*) le régime, (*b*) l'action politique, (*c*) la liberté, (*d*) le progrès et (*e*) l'indépendance? Quelles seraient, selon lui, les conséquences pour la France si ces formations accédaient au pouvoir?
11 Pourquoi, selon de Gaulle, la Ve République est-elle 'le régime qu'il faut à la France'? Quels sont les changements que ce régime est en train d'opérer dans la vie politique française?

Rédaction

(20.C3): 'Nos parlementaristes veulent que la République soit gouvernée par une aristocratie élective; nos gaullistes qu'elle le soit par un monarque élu.' Commentez.

11 La démocratie et le citoyen

cadre (m): framework
de toutes pièces: from nothing
propre (m): essence
borné: restricted
esprit (m): (1) mind, (2) spirit
entendre: to intend
replié: withdrawn
adhérer à: to join
ingrat: thankless
dégager: to free
collectivité (f): community
déception (f): disappointment
réalisation (f): practical achievements
syndicat (m): trade union
section (f): branch
donnée (f): fact, factor
s'épanouir: to flourish
ennui (m): weariness
s'abattre sur: to descend on
blousons noirs: young toughs
déboucher sur: to lead to
faire des démarches: to be engaged in activity
inertie (f): inertia
en dernier ressort: ultimately
sort (m): fate

1 Quelle est l'importance dans une démocratie des institutions politiques et économiques?
2 Quel devrait être selon Pierre Mendès France le rôle du pouvoir vis-à-vis des organismes représentatifs?
3 Qu'est-ce que la démocratie selon Pierre Mendès France?
4 Résumez la définition que donne Pierre Mendès France de l'état d'esprit d'un démocrate.
5 Pourquoi faut-il lutter?
6 À quelles activités le démocrate doit-il se consacrer?
7 En quoi la vie actuelle est-elle plus favorable à la démocratie que la vie au siècle dernier?
8 Quelle est la responsabilité des citoyens devant l'avenir?
9 Quelles satisfactions l'activité du démocrate peut-elle lui apporter?

10 En quoi l'esprit civique des jeunes diffère-t-il de celui de leurs aînés?
11 Comment cet esprit se manifeste-t-il?
12 Pour quels problèmes les jeunes se passionnent-ils?
13 Quels changements ces nouvelles données humaines entraînent-elles?
14 Comment l'exercice de cette nouvelle forme de démocratie pourrait-il transformer la vie des gens?
15 Comment Pierre Mendès France explique-t-il l'ennui qui caractérise certaines sociétés contemporaines?
16 Qu'est-ce qui permet au militant d'échapper à l'ennui?
17 Quelle définition Pierre Mendès France donne-t-il du citoyen?
18 Que veut dire Pierre Mendès France par ces mots: 'La démocratie n'est jamais acquise'?
19 Par quels dangers la démocratie est-elle menacée?

Rédaction

(21.C2): 'Les problèmes, les options fondamentales doivent être délibérés par les citoyens et non pas délégués et réservés purement et simplement à un seul homme.' Discutez.
(22.B2): 'Je veux que nous redevenions tous des politiques.' (Vailland) Est-ce possible ou même souhaitable? Comment, et pourquoi?

12 Les jeunes sont-ils dépolitisés?

bien-être (m): (material) well-being
s'insurger: to protest
se relâcher: to diminish, slacken
Indochine (f): Vietnam, Laos and Cambodia
prise (f) *de conscience:* awareness
mettre en jeu: to threaten
agir: to take action
manifeste: evident
foyer (m) *d'incendie:* trouble spot
impuissance (f): powerlessness
le tiers monde: Asia, Africa and Latin America
piège (m): trap
poids (m): weight
être sans prise sur: to be powerless to influence
dirigeant (m): leader
succédané (m): substitute
crever (sl.): to die
politisé: politically aware
ôter à: to take away from
yé-yé (sl.): pop music
trahir: to betray
vociférer: to yell, shout
duper: to deceive, take in
déception (f): disillusionment
renversement (m): reversal
embêter: to annoy
cynisme (m): cynicism
foyer (m): home
châtré de: deprived of
en puissance: potential
démission (f): abdication
arène (f): arena

1 Qu'est-ce que la dépolitisation?
2 Quels sont les facteurs qui ont contribué au maintien de la tension politique en France pendant les années qui ont suivi la Libération?
3 Depuis quel moment constate-t-on une dépolitisation de la jeunesse française?
4 En quoi l'attitude politique des jeunes gens d'aujourd'hui est-elle différente de l'attitude de la génération de Sartre?
5 Qu'est-ce qui a contribué à cette prise de conscience?
6 À quoi voit-on que la jeunesse actuelle n'est pas totalement désintéressée de la politique?
7 Qu'est-ce qui fait que beaucoup de jeunes aujourd'hui, à la différence de ceux de la génération de Sartre, se sentent concernés par les problèmes de tous les pays du monde?
8 Comment les journaux s'y prennent-ils, selon Sartre, pour réduire les jeunes à un sentiment d'impuissance?
9 Qu'est-ce qui en résulte?
10 Que veut dire Sartre par ces mots: 'Dans nos sociétés, on naît politisé.'?
11 Comment a-t-on détourné la jeunesse d'une action politique efficace tout en lui laissant le sentiment de son importance?
12 Sartre est-il d'accord que la jeunesse d'aujourd'hui est vraiment dépolitisée?
13 Comment explique-t-il alors les réactions des jeunes devant la société actuelle?
14 Comment Sartre critique-t-il l'attitude politique des jeunes d'aujourd'hui?
15 Que leur conseille-t-il au contraire?

Rédaction

(22.C2): Les jeunes sont-ils dépolitisés?

13 Camus et *l'Étranger*

les 'Cahiers du Sud': literary review
'Situations': collection of essays and articles by Sartre
se défendre de: to refuse to acknowledge
épave (f): outcast
tenace: persistent
genèse (f): origin(s)
trait (m): feature
Mauresque: Moor, Arab
détenu (m): prisoner
Kabylie (f): region of Algeria
Gouvernement général: French administration
huer: to boo, insult
ultra: extremist
échafaud (m): scaffold
remou (m): controversy
au double titre de: both by reason of . . . and of
facture (f): treatment

1 Quand est-ce que *l'Étranger* a paru?
2 Quel intérêt *le Mythe de Sisyphe* avait-il pour les lecteurs de *l'Étranger*?
3 Comment expliquer le manque d'enthousiasme avec lequel le roman fut accueilli en 1942?

4 Quel fut l'auteur qui fit comprendre Camus au public ?
5 Pourquoi Camus décida-t-il de s'expliquer sur l'Étranger ?
6 Expliquez pourquoi certains lecteurs ont pu considérer Meursault comme une épave.
7 Qu'y avait-il dans l'attitude et le comportement de Meursault qui pourrait constituer une menace pour la société ?
8 Quelle explication Camus donne-t-il de la vie et la mort de Meursault ?
9 Le personnage de Meursault fut-il inventé par Camus ? De quels 'modèles' s'est-il inspiré ?
10 Pourquoi Camus n'a-t-il pas voulu que Meursault soit représenté au cinéma ?
11 Quelle importance Camus donne-t-il aux Arabes dans le roman ?
12 Comment Camus s'est-il montré l'ami des Arabes ?
13 Pourquoi Camus finit-il par se taire pendant la guerre d'indépendance d'Algérie ?
14 À quels titres l'Étranger soulève-t-il tant d'intérêt ?

Rédaction

(26.B): Pendant la lecture de l'Étranger, vous êtes-vous formé une image de Meursault ? Décrivez-la.

14 Samuel Beckett: l'écrivain du silence

engagement (m): commitment
mou: feeble
malin: shrewd
thèse (f): theory
ledit, ladite: the afore-mentioned
métreur-vérificateur: quantity surveyor
pensionnaire: boarder
périple (m): tour
chargé de cours: lecturer
inédit: unpublished
recul (m): hindsight
d'emblée: straight away
insolite: unusual
loqueteux (m): person in rags
bavard: garrulous
chapeau melon: bowler hat
Don Quichotte: Don Quixote
comble (m): heap
échec (m): failure
désemparé: in distress
épave (f): wreck
engrenage (m): complication
à l'agonie: dying
rétrograder: to regress
viser: to aim at
éditeur (m): publisher
jet (m): burst
créateur (adj.): creative
innombrable: unnameable
de quatre sous: worthless
louer: to praise
éblouissant: dazzling

cocasse: comical
déchiré: heart-rending
génial: inspired
borne (f): limit
aux prises avec: at grips with

1 Qu'est-ce qui distingue Beckett des autres écrivains de son temps ?
2 Comment justifier cette attitude ?
3 Qu'est-ce qui rend son œuvre comparable à la poésie ?
4 Qu'est-ce qui nous fait penser que Beckett ne sera pas influencé par son prix Nobel ?
5 Quelles difficultés ont précédé la publication de *Molloy* ?
6 Qu'est-ce qui explique peut-être l'enthousiasme de Jérôme Lindon pour ce livre ?
7 Pourquoi pouvait-on dire que Molloy 'c'est chacun d'entre nous' ?
8 Quel est le thème principal des pièces de Beckett après 1951 ?
9 Comment comprenez-vous : 'Molloy s'est multiplié et envahit la scène' ?
10 Que représente la parole pour les personnages de Beckett ?
11 Quelle aspiration humaine les personnages de Beckett expriment-ils par leurs paroles ?
12 Quel pourrait être le seul drame que connaît l'homme pour Beckett ?

15 La Maison de la culture d'Orléans

se doter de: to acquire
foi (f): faith
assurer la gestion de: to manage
propre (m): characteristic
amateur (*de théâtre*): theatre-lover
un Beauceron: inhabitant of the region around Orléans (la Beauce)
adhésion (f): membership
cellule mère: nucleus
épopée (f): epic
viser à: to aim at
chaîne (f) *de montage:* assembly line
audace (f): innovation
du 'déjà vu': the same old things
manifestation (f): demonstration, production
ennui (m): boredom
syndicat (m): trade union
relever de: to be relevant to
contestation (f): challenge
se répandre: to (be) spread
panneau (m): hoarding
siège (m): headquarters
répartir: to distribute
décevoir: to disappoint

1 Dans quelle ville est-on en train de construire une nouvelle Maison de la culture ?
2 Qui en a eu l'idée ?
3 A quoi voit-on que la Maison de la culture fonctionne bien ?

4 De quoi se composait la Maison de Jeanne d'Arc à ses débuts?

5 Quel public les animateurs veulent-ils attirer en particulier? Ont-ils réussi?

6 Comment conçoivent-ils la culture?

7 Quels moyens emploient-ils pour atteindre un public nombreux?

8 Qu'est-ce qui caractérise l'élite à laquelle s'adressent les réalisations de la Maison de la culture?

9 Quel but se proposent-ils dans leurs programmes?

10 Comment la culture peut-elle s'insérer dans la vie quotidienne?

11 Quelle est l'attitude de la municipalité d'Orléans envers la Maison de la culture?

12 Comment prévoit-on l'extension de la Maison de la culture?

Rédaction

(31.C): La Maison de la culture de … Imaginez qu'on vous a chargé de la conception, de la construction et de l'administration d'une Maison de la culture destinée à desservir votre région.

16 L'homme, meurtrier de la nature

dans le pire des cas: at the worst
porter remède à: to put right, remedy
de notre ère: A.D.
combustible (m): fuel
biosphère (f): natural environment
freiner: to check, slow down
rehausser: to enhance
biens (m pl.): goods
attrayant: attractive
exode (m): exodus, emigration
taudis (m): slum, hovel
encombrement (m): congestion
carburant (m): fuel oil
déchet (m): waste product
mise (f) *en œuvre:* application
récolte (f): crop
engrais (m): fertilizer
néfaste: harmful
nocif: harmful
faune (f) *et flore* (f): animal and plant life
nuire à: to harm
afflux (m): influx
fréquentation (f): attendance
toxicomanie (f): drug addiction
comportement (m): behaviour
mauvaises herbes: weeds
mettre au point: to perfect
comme il convient: properly

1 Pourquoi n'y a-t-il pas eu de crise de l'environnement avant l'époque actuelle?

2 Comment l'évolution de la population mondiale dans les cinquante années à venir risque-t-elle d'aggraver la crise?

3 Comment se répartit la population mondiale, de nos jours?

4 Quelles seraient les conditions dans lesquelles l'urbanisation pourrait réussir?

5 Pourquoi l'urbanisation s'est-elle faite dans de si mauvaises conditions?

6 Quels autres problèmes ont été entraînés par l'urbanisation et l'accroissement de la population?

7 Comment l'utilisation du charbon et des carburants dérivés du pétrole a-t-elle modifié l'atmosphère terrestre?

8 Quelles pourraient en être les conséquences dans l'avenir?

9 Quelle est la conséquence de l'utilisation des techniques industrielles modernes?

10 Pourquoi ne sont-elles pas appliquées à éliminer cette pollution?

11 Quel est le double rôle joué par l'utilisation d'engrais et de pesticides, (a) dans l'agriculture et (b) dans l'environnement naturel?

12 Quels sont les désavantages d'une urbanisation rapide?

13 Pourquoi est-il important de protéger les paysages naturels aux environs des villes?

14 Quelles sont les mesures à prendre pour faire face aux problèmes posés par la croissance urbaine?

15 Comment les conséquences de la croissance urbaine se font-elles sentir dans les villages?

16 Quel intérêt y aurait-il à rendre plus attrayante la vie rurale?

17 Pourquoi tous les pays du monde sont-ils menacés de graves dangers?

Rédaction

(34.D2): 'L'homme est en train de détruire son propre habitat.' Résumez le problème et proposez des solutions pour y remédier.

English Text of Retranslation Passages

1 Paper!

In the crowded street a van races up, brushing against the curb. Braking violently it comes to a halt level with a huge window closed by a piece of corrugated iron. Two men have meanwhile leapt from the seat at the same time, one to the right, the other to the left. Their action is co-ordinated like that of the Joinville athletes. They have wrestlers' shoulders. One of them lifts the rear tarpaulin and uncovers piles of newspapers which he starts to take out. The other, before helping him, bangs with his fist against the iron curtain so violently that the crash of the metal rouses the whole district.

Inside, this is the signal. Two other big fellows who have been waiting, open the hatch with a single heave, as if they were pulling out a tooth. Through the gaping hole the bundles of newspapers and the light of day burst in simultaneously.

The two men in their shirt-sleeves catch the bundles, cut the strings around them and throw on to a long table the paper which gives off its smell of ink. Two women, as sturdy as the men, count the papers at top speed like conjurors shuffling cards. All four of them are separated from the rest of the shop by a grille against which the paper-boys crowd.

André Gillois: '125, rue Montmartre'

2 An Unwanted Prisoner

Father Tadeusz sighed:

'Let's go then!'

He offered Captain Kolankowski a rope which he had unrolled from round his waist and seized Richard Stanley by the shoulders:

'Tie him up! We will leave him on this path, beside the two dead guards. And may God's will be done on earth as it is in heaven!'

'Just a moment, Father,' said Zofia Wielowieyska in a far-away voice. 'Tied up or not, that won't stop him showing the U.B. men which way we have gone. Let's take him with us. We can decide later what to do with him.'

Captain Kolankowski shrugged his shoulders:

'All right.' Then, speaking to Richard Stanley:

'Get in front of me! And at the slightest attempt to escape . . .' He did not finish his sentence.

'But you know what to expect.'

Richard Stanley took a step forward.

Zofia Wielowieyska stopped him:

'Wait a moment.'

She went up to him, searched him carefully and took the two passports out of his jacket pocket.

Father Tadeusz bent over the guards' bodies. In a melancholy manner he recited a few words of prayer and blessed them with his silver cross. And the three partisans of General Anders, pushing Richard Stanley in front of them, hurriedly began to follow the paths which led to the quarry. This quarry was about ten kilometres from Zamosc.

Georges Govy: 'Le Moissonneur d'épines'

3 A Struggle

Vignac, who had arrived there silently, retreated to the darkest patch of shadow and remained motionless, hidden by the rusty base of the crane. He took out of his pocket the little blue packet with the brand name of his favourite chewing-gum tablets. He watched and slowly chewed his gum.

It seemed to be an ordinary conversation, interspersed with animated gestures. He had already had enough and was getting ready to go back up again. He called himself every name under the sun. How many times, during endless solitary walks through Paris, had he wandered, always on the look-out, though without admitting it, for adventures which never came.

He had just spat out a white tablet which had lost its taste, when a cry rang out shrilly.

Transfixed, with his mouth wide open, Vignac looked over to the group again.

One of the two men was grappling with the young woman whilst the other was setting about the child, who had fallen to the ground and was also beginning to scream. The car moved off and drove up slowly until it was level with the struggle. The young woman was weakening. A hand was clapped over her lips: she was now incapable of making more than a groaning sound. The little girl was now quiet. The man who had grabbed her held her in his arms. He was nearly at the car's rear door. He was about to open it.

At last Vignac had found the strength to leap . . . he would scarcely be able to think without embarrassment of those few moments when he had been so strangely paralysed.

Serge Groussard: 'Une espionne doit mourir'

4 A Film Show (1)

The first public cinema performance at which a charge was made took place on the 28th of December 1895.

The price of the seats had been fixed at one franc for a show lasting twenty minutes—each of the ten reels shown was between sixteen and seventeen metres long.

The previous evening there had been a dress rehearsal to which the Lumière brothers had invited members of the Press and some well known figures in Parisian society, including the conjuror Georges Méliès, director of the Robert-Houdin theatre, and several other theatre directors.

When they reached the staircase leading up to the Indian Room, the guests found themselves in a long room, fitted with seats and lit by two rows of gaslights. At the far end there hung a small screen, like those used for magic lantern shows.

When the lights were extinguished, a view of the Place Bellecour appeared on the screen. Some of the guests pulled a face.

'Have they brought us here just to show us slides?' Méliès whispered to his neighbour. 'But I've been showing them for more than ten years!'

But suddenly a horse moved forward, pulling a heavy cart and followed by other carriages. Then came passersby walking, moving their arms and heads, talking and laughing.

All the bustle of the street was suddenly brought to life and appeared on the little screen with unimaginable vividness. The others were speechless with astonishment.

Henri Kubnick: 'Les Frères Lumière'

5 A Film Show (2)

When, from the far end of the Place Bellecour, a cart appeared, coming at full tilt towards the audience, some of them instinctively ducked to one side. Several ladies leapt to their feet and would not sit down again until the carriage had turned and disappeared off the screen.

There were smiles when 'The baby eating its soup' appeared, but immediately everyone whispered:

'Oh! Look at the trees in the background! Their leaves are moving in the wind.'

It seemed so wonderful, so extraordinary! None of these people had ever seen leaves move in that way, never had trees seemed so real. They felt as if they were suddenly discovering a world they had no idea existed.

When 'The Blacksmith' was shown, there were cries of amazement when a broad column of white steam rose up from the water into which a workman had just plunged a red hot horseshoe that he had beaten on the anvil.

Next came the thrilling 'Arrival of a train at a station', then 'The Sea', at which enthusiasm turned into delirium.

'That sea', wrote a journalist, 'is so real, so colourful and animated; its bathers and divers climbing back up, running along the diving board, and diving in, are wonderfully true to life!'

When the performance ended and the lights came on again, everybody was overwhelmed. They applauded, there was amazement on everyone's face, they shouted out, they called to each other:

'It's as real as life itself! . . . It's like a dream! What a splendid illusion!'

And everyone wondered how 'the Lumière brothers, those great magicians', had managed to achieve such a marvel.

Henri Kubnick: 'Les Frères Lumière'

6 Madeleine Alone

She didn't go out again until it was already pitch dark. Without lighting the lamp at the entrance to the house, she went down to the gate which she had had installed recently: it was the only place where one could gain easy access to the house; the rest of the property was not very vulnerable, with its steep slopes all around. Nevertheless the tramp *had* got into the house! How? Probably by the gate which couldn't have been locked. That was just like her! She never could manage to be suspicious and careful. Madeleine checked the lock: that evening the key had been turned . . . By whom? She couldn't remember having done it. With both hands on the bars of the gate, she listened intently: the wind was blowing up from the direction of the road, and Madeleine could hear the cars distinctly. People were returning to Paris, there must be lines of cars, accidents, jams . . . Hotels to drain you of your money, unheated houses with damp beds, weather not fit to go out in. And on the road there was a continual hum . . . Instead of staying, nice and warm, in Paris . . . Poor people! Madeleine walked slowly up the wide road towards the house, the noise of the traffic faded and disappeared into the fog, along with everything else. Madeleine was alone, above the fog and the road, in a sort of grey light, with silence everywhere.

Elsa Triolet: 'Le Grand Jamais'

7 A Wet Night (1)

The rain streamed down the roofs and roads of Strasbourg. In this infernal fairyland of water, the reality of things receded. The tops of the old houses belonged to the romantic past of the Rhine; the roadway, where the municipal street-lamps were reflected, gleamed beneath the floods of icy water which poured into the drainholes. A last tram disappeared, grating into the night with a spark attached to its pole like a blue flower.

The town seemed empty of all human presence. The night was disturbed only by the squalls of rain and the cold noise of the water flowing in gutters alongside the pavements.

Coming from the rue de la Grande-Boucherie, doubled up, with one hand on his hat, a man started to cross the Pont-du-Corbeau. When he reached the square, he turned left without pausing and went along the quai des Bateliers as far as the little rue des Couples. He stopped at the door of an old house, shook out his soaking hat and turned down his coat collar.

Pierre Mac Orlan: 'Le Camp Domineau'

8 A Wet Night (2)

He turned the door handle, crossed a small dark courtyard and went quickly up a dark staircase which led him to the first floor before a closed door. The man ran his hand over the wood, picked out the brass plate and knocked softly.

He was panting from having walked quickly in the storm. He listened. He knocked again: three short taps and then, after a pause, another like a Morse signal and by his knocking, though it had been soft, the door which was not closed opened gently. Georges Bause, rather surprised, opened it wide, and stood still for a moment in the darkness. Being familiar with the place, he stretched out his hand to the wall and found the switch. The light shone out around him. At his feet, a wide pool of water was spreading still wider.

Pierre Mac Orlan: 'Le Camp Domineau'

9 The Doctor Leaves

He opened the door and went out, vigorously ramming down with both hands his bowler hat on to his baby-pink quite hairless skull. He took three steps across the courtyard and was immediately assailed by a gust of wind which made his overcoat billow out ridiculously and almost swept his hat from his head.

'Good Heavens!' he said, steadying his bowler with a vigorous rap.

'Get in, quickly!'

'See you on Monday.'

They had to shout in order to make themselves heard in the gale.

Leaning forward, bracing himself against the force of the wind, Fauchot ran to the car, shot into it, closed the door hurriedly. He was then seen manipulating levers, leaning forward, holding in his large belly. The engine gave a roar. Siméon Bramberger stood, a wisp of his grey hair dancing like a flame on top of his head, and watched the car move off. It crossed the large courtyard, went out by the open gates, slowly drove along the deserted canal, and disappeared.

For a minute, Siméon stood on the doorstep, a tall distorted figure in the gale.

Maxence van der Meersch: 'L'Élu'

10 On the Empty Square

Adrienne went down the street without meeting anyone. When she reached the market square she stopped, struck by the sight of the change brought by the time of day in this place which had at first seemed so dreary and so ugly. All the haberdashers' and greengrocers' stalls had been removed; the cars had gone. The square was empty, covered with great pools of water across which the moon's reflection slowly moved. A modern building stood on the north side while some small houses and some trees formed a kind of a belt around it as far as the building which Adrienne had taken for a church, because of the sculptures with which it was decorated, but which in fact was only the remains of a former town hall; it looked like the tower of a castle-keep with a watch turret on top, and, in the moonlight, gave this square a romantic look which surprised her.

The beauty of the place held her and gave her a moment's peace during which she forgot her worries. For a minute she stood still so as not to break the enchanting silence of the night with the noise of her footsteps. And a sudden moment of recollection brought back to her certain days of her childhood. There had been hours when she was happy but she had not realised it and she had had to wait until this moment of her life to know it; until her memory had brought back to her a hundred forgotten things, as she stood looking at this ruined tower in the moonlight: walking in the fields or talking with friends, in the garden of St Cecilia's school.

Julien Green: 'Adrienne Mesurat'

11 Seven o'clock

The chiming of the hour roused Mme Londe from her contemplation. She straightened up and, before getting up, waited, until the clock had chimed seven times in the silence of the little room. Then a smile lit up her features and brought a sudden sparkle into her eyes. It was as if this woman was coming out of a spell and, after waking up from a magic sleep, was starting to live again. She quickly smoothed down her chignon and with a last look in the mirror, went to the door of the dining room.

Before going in, however, she bent down in front of a screen, which had been placed near the door and looked through it at a place where its red velvet was torn. In this way she could see who was in the restaurant, in the same way as the stage manager in a theatre peers through the hole in the curtain to see the kind of audience he has in the front stalls. She stayed like this for some time, her back arched, her knees slightly bent, motionless like an animal about to spring. Occasionally, suppressing a sigh, she turned her head sideways, then, not satisfied with what the left eye had seen, entrusted her right eye with an additional investigation, and placed it level with the tear, making the hole larger with her fingertip.

Finally, she left her post and entered the room.

Julien Green: 'Léviathan'

12 Encounter in a Café

Sitting in the warmth of a café, I was drawing initials in the air with the smoke of my cigarette when a shabbily dressed individual came and sat down unceremoniously at my table. His short squat build, his untidy hair, his heavy features, his sickly complexion, his shifting eyes hidden by spectacles had a disagreeable effect on me which was further accentuated by the reedy sound of his voice: 'You feel very comfortable here', he said to me abruptly. 'You are out of the cold and the smoky din of this room sends you into a pleasant torpor. You are surprised to see me drop down beside you like a meteorite and you are angry with me for slashing away the protective net of your reverie. For I am going to dispel the fog of your thoughts,' and his voice grated.

I looked at him. He seemed even more unpleasant. His curled-up lips revealed yellow pointed teeth. His short thick nose sniffed greedily, his back quivered. 'I don't yet know exactly what I shall tell you,' he went on; 'and anyway, it doesn't much matter. The main thing is that I am here, isn't it?' And he gave a faint smile which was intended to be friendly and which made me want to hit him. 'You look like an educated man, which doesn't make my task any easier.' This time he winked. 'Nevertheless I will go straight to the point . . .'

Jacques de Bourbon-Busset: 'L'Autre'

13 Jaurès Speaks

When, in his turn, Jaurès stepped forward to speak, the cheers increased.

He walked more heavily than ever. He was weary
212

after a full day. He hunched his neck into his shoulders; on his low forehead his hair, matted with sweat, looked dishevelled. When he had slowly climbed the steps and stopped, facing the audience, with his body hunched up and steady on his legs, he looked like a short and stocky colossus, standing with his back rigid, braced, rooted to the earth, to block the avalanche of disasters.

He cried: 'Citizens!'

His voice, by a natural feat which was repeated whenever he took the platform, instantly silenced all the cheering and shouting. There was a deep hush: the hush of the forest before the storm.

He appeared to recollect for a moment, clenched his fists and then suddenly raised his short arms to his chest. ('He looks like a seal preaching,' said Paterson irreverently.) Deliberately, calmly at first, with no apparent strain, he began his speech; but, with the very first words his droning voice, like the tolling of a bronze bell, had filled the air, and the hall suddenly took on the resonance of a belfry.

Jacques, leaning forward, with his chin on his fist, and his eyes fixed on Jaurès' upraised face—which always seemed to be looking elsewhere, far away—did not miss a word.

Roger Martin du Gard: 'Les Thibault, VII: L'Eté 1914'

14 An Uncomfortable Walk

I arrived well before lunch time, but found Alissa chatting with a friend she hadn't the strength to send away and who hadn't the tact to leave. When she at last left us alone I pretended to be surprised that Alissa had not made her stay to lunch. We were both on edge, tired from a sleepless night. My uncle appeared. Alissa sensed that I found him older. He had become hard of hearing and could hardly hear what I was saying. Having to shout in order to make myself understood made my remarks sound stupid.

After lunch, as had been arranged, Aunt Plantier called for us in her car; she was going to take us to Orcher, intending to let Alissa and myself walk back along the nicest part of the road.

It was hot for the time of year. The part of the hill where we were walking was in the sun and unattractive; the bare trees gave us no shade. I had a splitting headache and not a single thought in my head; for appearance's sake, or because this gesture might take the place of words, I had, as we walked, taken Alissa's hand which she left in mine. Our feelings, the exertion of walking and our uneasy silence made our faces flushed; I could hear my temples throbbing, Alissa was unpleasantly flushed; and soon the embarrassment of feeling our moist hands clinging together made us let go of them, and they fell sadly apart.

We had hurried on too fast and reached the crossroads long before the car, which Aunt Plantier was driving very slowly along a different road, in order to give us time to talk.

André Gide: 'La Porte étroite'

15 Writing to Grandmother

I shall never be able to tell how old grandma was. As far back as I can remember her, there remained nothing about her which would enable one to recognise or imagine what she could once have been like. It seemed that she had never been young. Possessing an iron constitution she survived not only her husband, but her eldest son, my father; and every year, in the Easter holidays, for a long time afterwards, my mother and I used to go back to Uzès, where we found her always the same, only a little more deaf.

The old dear certainly used to put herself out to entertain us but that is precisely why I am not sure that she really wanted us in the house. In any case, the question did not arise in that form; for my mother it was not so much a case of giving someone pleasure as of carrying out a duty, a rite, like the solemn letter which she forced me to write to my grandmother for the New Year and which ruined that holiday for me. At first I used to try and get out of it, I would argue:

'But what difference will it make to grandmother, getting a letter from me?'

'That's not the question', my mother would say. 'You haven't so many obligations in life; you must do as I say.'

André Gide: 'Si le grain ne meurt'

16 The Missing Priest

The canon-designate caught up with his two companions at the church door. Above them the tall church stood out against the night sky, unbelievably sharp and vivid. One could hear from within the hobnailed shoes of the sexton clattering on the flagstones.

'Let's go in then', was all Sabiroux said (but with such a grateful look!).

As soon as he saw them, Ladislas hurried towards them. The canon-designate greeted him cheerily:

'Well, Ladislas,' he said, 'what's the news?'

(The old fellow's face wore an expression of deep amazement.)

'Our priest is missing', he said.

'No!' exclaimed Sabiroux, in a voice which echoed and re-echoed beneath the vaulted roof.

He stood, shocked, with his arms folded.

'Seriously!' he went on . . . 'Are you sure that . . . ?'

'I've looked everywhere,' replied Ladislas, 'in every corner. I had an idea I might find him in the Angel chapel; he goes there everyday, after supper, to a little place that's hard to find . . . But he wasn't there or anywhere else . . . I've searched as far as the gallery, and . . .'

'But what do you think?' cut in Gambillet. 'A man doesn't just get lost, for Heaven's sake!'

The canon-designate nodded in agreement.

'If you ask me,' said Ladislas, 'our priest may have gone out through the vestry, made for the Verneuil road and gone as far as the Roû cross. It's a walk he liked to take, at dusk, while saying his rosary.'

'Aha!' gasped Dr de Chavranches.

'Let me finish,' continued the sexton; it's now just twenty minutes before evening service; he would be back by now, back long ago . . . I've been thinking about it . . . He was so weak and pale this evening. Fasting since last night. I think he may have collapsed . . .'

'I'm beginning to fear so', said Sabiroux.

Georges Bernanos: 'Sous le soleil de Satan'

17 Léon (1)

He went ceremoniously from one to another. His enormous body, with an ease that amazed me, slipped between the tables. With astonishing balance, he carried his tray laden with bottles, glasses and cups which swayed in the air; thus did he hold aloft above the animated, wildly gesticulating crowd, this ever-threatening load, from which never a grain of sugar fell.

And he was being summoned from all sides. But, aware of his dignity, his only acknowledgement was a slight nod. Without flinching or making a mistake, he distributed with absolute fairness the various orders which the thirsty customers were eager to drink. To each one his due. No favours. And no fuss!

Henri Bosco: 'L'Antiquaire'

18 Léon (2)

When, in a moment's respite, he reached the very middle of the terrace, he would stop, turn to face the boulevard and slowly gaze round with satisfaction at all these heads. At such moments one felt that he was not serving, but reigning, indisputably. His fleshy but thickset features revealed self-control, capability and vigilance. His half-closed, heavy-lidded eyes, which appeared lifeless, had a certain heaviness which made his look weigh down on you to the point of making you feel somewhat uneasy. His mouth, as thin as a thread, belied the good nature of his words which were spoken with familiarity but always with courtesy. It was a mouth so fashioned as not to say all he was thinking. His broad, irascible cheeks were controlled by a will-power that forced them to remain impassive.

Thus did Léon tower over his people on the hotel terrace.

Henri Bosco: 'L'Antiquaire'

19 The Foundry (1)

Imagine yourself in front of a great furnace which spits out flames and blasts of heat which hit me full in the face. The flames come out of five or six openings at the bottom of the furnace. I place myself right in front of it ready to feed in about thirty large copper coils which an Italian worker, a girl with a frank, courageous face, is making next to me; these coils are for trams and underground trains. I have to take great care to see that none of the coils falls into one of the openings, for it would melt; to do this I have to get right in front of the furnace and not let the pain caused by the blasts of heat on my face and by the flames on my arms (I still bear the scars) force me into a wrong movement. I lower the front of the furnace; I wait for a few minutes; I raise the front and with a hook I lift up the coils which are now red hot, pulling them very quickly towards me (otherwise the last ones to be pulled out would begin to melt), and again taking great care to see that no wrong movement ever sends a coil into one of the openings.

Simone Weil: 'La Condition ouvrière'

20 The Foundry (2)

And then it all begins again. Opposite me, a welder, seated, with blue goggles and a serious expression, is working carefully; whenever my face is twisted with pain, he gives me a sad smile, full of friendly sympathy, which does me more good than I can say. On the other side a gang of boilermakers is working round large tables; they work as a team, carefully and unhurriedly; the work is highly skilled: one must know how to make calculations, read very complicated drawings and apply principles of descriptive geometry. Farther on, a brawny young man is hammering away with a sledge-hammer on iron bars, making a skull-splitting din. All this is going on in a corner, at the far end of the workshop, where you feel at home, and where the foreman and the supervisor hardly ever come. I spent four shifts of two or three hours there (I earned seven or eight francs an hour—and that is something, you know!). The first time, after an hour and a half, the heat, fatigue and pain made me lose control of my movements. Seeing this, one of the boilermakers (all of them grand fellows) at once rushed to take my place. I would go back to this little corner of the workshop at any time if I could (or at least as soon as I got back my strength). On such evenings I knew the joy of eating bread that has really been earned.

Simone Weil: 'La Condition ouvrière'

21 The Uniform

Nicolas' uniform was ready at the end of April. He tried it on at home, in front of the mirror, and was surprised that he did not recognise himself in this odd, skinny official. Was it possible for a mere uniform to bring about such a change in a person's appearance and character? There doubtless existed, the world over, clerks whom Nicolas despised merely because of their

appearance, but who were neither worse nor better than he. And what was true for a clerk's uniform must be so for a general's uniform. If a general was condemned, it was first of all his uniform which was being condemned. The man was forgotten. With the help of this disguise, Nicolas suddenly understood all kinds of injustices of which revolutionaries were probably guilty. He was afraid at this belated rush of pity. He refused to think about it. But, in the mirror, a sad-looking, unknown petty official, was looking at him anxiously with disturbing fixity. This petty official was calling him to account in the name of all the officials who had fallen and who were still to fall beneath the bullets and bombs. In a fury, Nicolas undid his collar and unbuttoned his tunic. Always too much thinking before action. He would suffocate one day in the forest of his dreams.

Henri Troyat: 'Tant que la terre durera'

22 An Uneasy Conscience

He looked at the dirty skylights through which a smell of ink and dust was wafted up to him: the smell of other people's work; the sunlight flooded in over the old oak furniture, whilst the people below were stifling in the dull light of the green-shaded lamps; all afternoon the machines hummed monotonously. Sometimes he would run away. Sometimes he would stay still for a long time and let remorse sink into him through eyes, ears and nostrils. At ground level, beneath the dirty panes of glass, boredom hung over everything; and in the long room with its pale walls, remorse spread in sickly wreaths. He didn't know that through the fanlight the workers could look up and catch sight of his fresh face, the face of a well-brought up middle-class child.

From the gloomy ground floor the smell pervaded the whole of the house. 'One day it will be your house.' On the front of the building, cut into the stone, were the words 'Blomart and Son, Printers'. His father would walk calmly up from the workshops to the living quarters and he breathed in unperturbed this stuffy atmosphere which permeated the staircase. Elisabeth and Suzon were not affected either: they hung prints on their bedroom walls, arranged cushions on their divan beds. But his mother, he was sure, was aware of this uneasiness which spoilt even the best days.

He would have liked to question her, but he could not find the right words; one day he had tried to talk about the people in the workshops and she had replied very quickly and calmly: 'Well, you know, they're not as bored as all that; they are used to it. And in life everyone has to do boring things.' He hadn't questioned her any further.

Simone de Beauvoir: 'Le Sang des autres'

23 A Jealous Father (1)

The only living things in the cold night were the yellow, pink-streaked patches of light from the street lamps and, far off, the glow given by the luminous posters, purple, motionless and gloomy like that of blast furnaces. A few passers-by were hurrying along with their coat collars turned up and their hands in their pockets, and they seemed to be giving out great puffs of smoke in the icy air. Cars went by making a soft noise like the tearing of felt.

'Come and have something to drink,' Guerétain said. 'It's freezing.'

The bistrot was small and stuffy; a lot of the room was taken up by a huge bar-counter with its tarnished metal top. They went into the back room, where the waiter had to put on the lights specially for them. There was a billiard table covered with a grey cloth, with the piece of blue chalk lying on the edge. Billiard cues were stacked together like trophies on either side of a window. There was a smoky, sugary-sweet smell which caught in one's throat.

'Two white coffees.'

Henri Troyat: 'Grandeur nature'

24 A Jealous Father (2)

Guerétain tilted back his hat and undid his coat, jacket and waistcoat, for, as he used to say, being buttoned up got in his way when drinking. Then he drank down his coffee in short sips, with his eyebrows raised and his eyes half-closed. Finally he put down his half-empty glass, warmed his hands for a moment in the steam and announced:

'I went to see *Jack* again last night at the Mondial-Palace, with my wife and some mates who hadn't seen it before. It's not rubbish, I can tell you! It's great, really great!'

Antoine, who had admired the film a lot when it first came out, was now annoyed that anyone else should admire it. A sudden change of mood made him find strangers' praises exaggerated and he tried to explain their misapprehension to them, to reason with them and to win them over to the clearer understanding which he thought he had finally achieved.

'Don't let's overdo it,' he said. 'On the whole it's a good production, but in parts it's unjustifiably slow.'

'Come off it, old man,' Guerétain protested. 'I admire the modest way you talk about the film which made your son famous. That's very nice! Very smart! But you've no need to put yourself out for me: just admit that it *is* a complete success.'

Henri Troyat: 'Grandeur nature'

25 The Sons of Oedipus

Créon: ... Do you know what kind of man your brother was?

Antigone: In any event, I knew you'd tell me vile things about him!

Créon: A stupid little playboy, a hard soulless little womaniser, a little brute just about fit to drive around faster than anyone else in his cars or spend more money in bars. I was there once when your father had just refused to give him a large sum of money he'd lost gambling; he went white and raised his fist, and called him a foul name!

Antigone: That's not true!

Créon: His brute's fist, right in your father's face! It was pitiful. Your father sat at his desk with his head in his hands. His nose was bleeding. He was crying. And, in a corner of the office, there was Polynices, sneering and lighting a cigarette.

Antigone (now almost imploringly): That's not true!

Créon: Remember, you were twelve years old. You didn't see him again for a long time. That's true, isn't it?

Antigone (tonelessly): Yes, that's true.

Créon: It was after that quarrel. Your father didn't want him brought to court. He enlisted in the Argive army. And as soon as he joined the Argives, the man-hunt started for your father, this old man who couldn't make up his mind to die and give up his kingdom. One attempt after another was made on his life and the killers we captured always ended up admitting that he'd paid them money. And not just him, either. That's what I want you to know, the inside story of this drama you're so eager to take part in, the whole sordid story.

Jean Anouilh: 'Antigone'

26 The Check-up (1)

As I'm setting off tomorrow, I thought it best to take my car to the garage. A mere formality, inseparable from the summer holiday rush, I thought, a routine inspection like the annual medical check-ups that you have in large firms.

Not a bit of it! There are places one can never enter with impunity, and these include garages and hospitals. It's always the same: I arrive to get a tyre inflated, I come away with a new dynamo. It's no use protesting. In the first place, I'm completely ignorant in such matters. Secondly, it's for my own good. And lastly, everyone has to earn a living. And anyway, the foreman impresses me. He wears his white coat with the authority of a surgeon. No grease soils his well-cared for hands. He is courteous and never at a loss for words, ever ready to explain the firing order in the patronizing tone used with children.

As soon as I arrive with my car, he extracts an admission card from a drawer in his desk. Somewhat nervously, we reel off our particulars: name ..., Christian name ..., make ..., cylinder capacity ... It is generally at this point that the first stab comes:

'If there should be anything seriously wrong, can we reach you on the phone?'

Philippe Bouvard: 'Le Figaro' 11–7–64

215

27 The Check-up (2)

It's no use my protesting that my car is first class, or swearing that I am very satisfied with it and wouldn't exchange it for all the Rolls-Royces in the world: my specialist sorrowfully nods his head as he looks at the mileometer:

'She's done twenty thousand already.'

I fondly imagine that I can silence this expert.

'Yes', I say, 'but I've never had to replace a single part.'

'That's just what worries me,' the fellow replies. 'Your troubles are just beginning.'

Whereupon, sure of his power and its effect, my tormentor begins a sort of ritual dance around my car. The further his examination proceeds, the gloomier his expression becomes. When he finally turns to look at me, his face seems to take on all the cares in the world. And since he is tactful, he leans towards me like those experts with the scalpel who, before an operation on someone dear to you, ask you first of all whether they can tell you everything. My hand tightens around my cheque book. I indicate that they can go ahead, that I shall be brave. And now he comes straight out with it:

'She must be completely stripped down, then we'll know better what's wrong.'

On such evenings, it's advisable to find a taxi to get you home. The precious car won't be ready until tomorrow or the day after, or next Saturday, or Tuesday week. It needs a bolt, or a road test, or three pints of engine oil, or the battery needs recharging or the paintwork needs touching up. The only thing that can be promised is that the bill will be ready the day before I leave.

Philippe Bouvard: 'Le Figaro' 11–7–64

28 Bureaucrats (1)

Although the office rule stated: 'The administrative offices will be open between eleven and four', it was unusual for M. de La Hourmerie not to stay behind working until six or seven in the evening. In wintertime this meant a consumption of paraffin and coke guaranteed to dismay the store-keeper, parsimonious M. Bourdon, who did in fact bewail this and watched with suppressed anger a year's economies, painstakingly made at the expense of the rest of the personnel, vanish in a single season through the hands of his colleague.

Consequently, relations between these two gentlemen equally fired with zeal which however worked in opposite directions, had become strained, and then embittered; they had reached the point of not speaking to each other or even greeting one another when they met; they communicated by means of dry, ceremonious letters on matters of common interest in the administration. Bourdon called La Hourmerie a pen-pusher and a waster: La Hourmerie, for his part, called his colleague 'Mr Grocer', an allusion to the string and candles of which the store-keeper was the great provider, and these grotesque hostilities made Lahrier sweat profusely.

Georges Courteline: 'Les Ronds-de-Cuir'

29 Bureaucrats (2)

And so on this day, as usual, M. de La Hourmerie was still working although it was nearly half-past five.

He had just lit his lamp, and was revising Chavarax's drafts before sending them to be signed by the manager.

This was for him the really good time of the day, when his inveterate bureaucrat's instincts could gobble and relish, at their ease, some choice administrative prose. Reading Chavarax's sentences, bristling with harsh clichés, he tasted the delights of a gourmet. His pleasures were infinite, though, be it said, quite private and scarcely betrayed by the trace of a smile: less than a trace; a shadow, an idea, a speck! something indefinable, tenderly voluptuous, dozing at the corners of his mouth.

Georges Courteline: 'Les Ronds-de-Cuir'

30 A Rough Diamond

M. Patru was a man such as you often meet in this part of Dauphiné: a warm heart beneath a rough exterior. Short in stature, broad-shouldered, passionate, hot-tempered, hiding behind big silver-rimmed spectacles his little blue eyes sparkling with fire and mischievousness, he combined an abruptness of tone and manner with a delicacy of feeling which his face did not proclaim. Although he heartily detested his enemies and treated them harshly, he was on the other hand unfailingly loyal in his friendships; you could rely on him in any circumstances and he did not wait for his services to be asked for. He foresaw and anticipated one's wishes; and when it came to showing his friendship he had a whole host of little devices which ordinary friends do not think of; but there was no need to thank him: he could not stand people feeling grateful and rebuffed them unmercifully. He claimed that in any case he didn't care about anybody, that he was simply seeking his own pleasure, and that, if he were to throw himself into the water to save a friend, it would be because he liked cold water and was not averse to showing he could swim. Perhaps he was telling the truth; but selfishness is not usually so kind.

Cherbuliez

31 A Writer's Progress (1)

Middle-aged writers don't like being complimented too enthusiastically on their early work: but it is to me, I am certain, that such compliments give least pleasure. My best book is the one I am currently writing; immediately afterwards comes the most recently published one, although I am secretly preparing to take a dislike to it. Should the critics find it bad today, I shall perhaps be hurt, but in six months' time I shan't be far from sharing their opinion. But on one condition: however empty and worthless they consider this work to be, they must set it above everything else I have done before; I agree to my work as a whole being downgraded, provided the chronological hierarchy is preserved, which alone leaves me the chance of doing better tomorrow, better still the day after, and of producing a masterpiece eventually.

Jean-Paul Sartre: 'Les Mots'

32 A Writer's Progress (2)

Of course, I am not fooled: I am well aware that we repeat ourselves. But this more recently acquired knowledge erodes my old beliefs without removing them entirely. My life has a few supercilious observers who forgive me nothing; they often catch me falling into the same habits. They tell me so and I believe them; then, at the last minute, I am pleased with myself: in the past I was blind; my present progress consists in having understood that I am making no progress. Sometimes I am my own witness for the prosecution. For example I remember that two years previously I wrote a page which might be of use. I look for it but can't find it; so much the better: giving in to laziness, I was about to slip an old idea into a new work: I write so much better at present, I shall write it again. When I have finished the piece of work, by chance I come across the page I had lost. To my amazement I find that, give or take a few commas, I expressed the same idea in the same terms. I hesitate and then I throw away this out-of-date document and keep the new version: it is, somehow, far better than the old one. In short, I adapt: with open eyes, I deceive myself so as to feel once again, despite the decrepitude of advancing years, the youthful rapture of the mountain climber.

Jean-Paul Sartre: 'Les Mots'

33 A Besieged City (1)

One of the most noteworthy results of the closing of the gates was indeed the unexpected separation imposed on individuals who were unprepared for it. Mothers and children, husbands and wives, lovers, who a few days beforehand had thought they were going to be separated for a short time, who had kissed goodbye on the platform of our station, with only a word or two of advice, confident that they would be seeing each other again a few days or a few weeks later, wrapped up in the blind trust of mankind, scarcely diverted by this departure from their everyday preoccupations, suddenly found that they were irremediably cut off from each other, unable to meet again or to communicate. For the gates had been closed a few hours before the prefect's decree was published, and of course it was impossible to take individual cases into account. It can be said that the first result of this ruthless invasion by disease was to force our fellow-citizens to behave as though they had no personal feelings. During the first hours of the day when the decree came into force, the Prefecture was invaded by a crowd of petitioners who, by telephone or face to face with officials, explained their predicaments which were all equally deserving of sympathy and at the same time equally impossible to look into. In fact it took several days for us to realise that we were in a situation where no compromise was possible, and that the words 'to compromise', 'favour', 'exception', no longer had any meaning.

Albert Camus: 'La Peste'

34 A Besieged City (2)

The gates of the town were again attacked during the night more than once, but this time by small armed groups. Shots were fired, some people were injured and some escaped. The guard posts were reinforced and these attempts stopped fairly quickly. They were enough however to stir up a breath of revolution in the town, which led to a few violent incidents. Some houses which had been burnt or closed for health reasons were ransacked. To tell the truth, it is hard to believe that these acts were premeditated. Most of the time a sudden opportunity led hitherto respectable people to commit blameworthy actions which were immediately imitated. Thus there were some people mad enough to rush into a house while it was still burning and even in the presence of the owner, dazed with grief. In the face of his indifference the first people's example was followed by several bystanders and in this dark street, in the light of the fire, shadowy figures could be seen running off in every direction, distorted by the dying flames and by the pieces of furniture or other possessions which they were carrying on their shoulders. It was such incidents which obliged the authorities to make the state of plague comparable to a state of siege and apply the appropriate laws. Two thieves were shot, but it is doubtful whether this made any impression on the rest, for among so many deaths, these two executions were a drop in the ocean and passed unnoticed. And indeed similar incidents recurred fairly often without the authorities making a show of intervening. The only measure which appeared to impress all the inhabitants was the imposition of the curfew. After eleven o'clock the town, plunged in complete darkness, was quite dead.

Albert Camus: 'La Peste'

35 The Causes of the French Revolution (1)

Although there have been political revolutions in England, its social development has proceeded peacefully: the French Revolution, on the other hand, was carried out by violent means. On the Continent, in the nineteenth century, the change was initiated by Napoleon's armies; subsequently, the action of governments has been more important than that of the governed: in France, the Third Estate carried out its own liberation. This explains why, everywhere except in France, the aristocracy retained for a long time a much larger share of its wealth and influence. These special characteristics of the French Revolution stem from its immediate causes and in particular from the collapse of the central power which, in other countries, managed to keep control of events.

There would not have been a French Revolution—in the form which it took—if the king, 'tendering his resignation', had not summoned the Estates-General. Thus the immediate cause lies in the governmental crisis for which Louis XVI proved incapable of finding any other solution.

Georges Lefebvre: 'Quatre vingt neuf'

36 The Causes of the French Revolution (2)

But it was by no means the Third Estate which reaped the first advantages, contrary to the general opinion for which, be it said, the revolutionaries themselves were primarily responsible: the people rose up, they repeated *ad nauseam*, and overthrew despotism and the aristocracy. No doubt this is what happened in the end. But the initiative did not come from the people. The bourgeoisie, with no legal spokesman, was in no position to force the king to appeal to the nation; and this was even more true in the case of the peasantry and the workers. On the other hand the privileged classes did have the means: the clergy in its Assembly, the nobility in the Parlements and the provincial Estates. It was they who forced the King's hand. 'The patricians', wrote Chateaubriand, 'began the revolution; the plebeians completed it.' The first act of the Revolution, in 1788, was thus marked by the triumph of the aristocracy. The latter, taking advantage of the governmental crisis, thought it had achieved its revenge by seizing back the political power of which the Capetian dynasty had stripped it. But, having paralysed the power of the king which shielded its own social pre-eminence, it opened the way to the bourgeois revolution, then to the people's revolution in the cities, and finally to the peasant revolution — finally to be buried beneath the debris of the Ancien Régime.

Georges Lefebvre: 'Quatre vingt neuf'

37 The French Philosophers

The first thing that strikes one when one looks through one of their books is its simplicity of form. Leaving aside, in the second half of the nineteenth century, a period of twenty or thirty years, when a small number of thinkers, coming under foreign influence, at times strayed from their traditional clarity, it can be said that French philosophy has always been guided by the following principle: there is no philosophical idea, however profound and subtle, which cannot and should not be expressed in everyday language. Philosophers do not write for a limited circle of initiates, but for all mankind. Although in order to measure the depth of their thought and understand it fully, one needs to be a philosopher and a scholar, there is, nevertheless, no cultured man who is unable to read their principal works and draw some benefits from them. When they have needed new means of expression they have not found them, as happened elsewhere, by creating a special vocabulary (which so often results in using artificially composed terms to express insufficiently assimilated ideas), but rather by ingeniously combining everyday words, giving them new shades of meaning and enabling them to convey more subtle or more profound ideas. This explains why a Descartes, a Pascal, a Rousseau, to mention only a few, have greatly increased the strength and flexibility of the French language: whether the object of their analysis was more especially concerned with thought (Descartes) or also feeling (Pascal, Rousseau).

Bergson: 'La Science française'

Verbs

1 Formation of the Subjunctive

(a) Present Subjunctive

With most verbs, the third person plural of the present indicative provides the **stem**:

donner	ils donnent	je donne
finir	ils finissent	je finisse
perdre	ils perdent	je perde
servir	ils servent	je serve

The **endings** are:

-e	je serve	*-ions*	nous servions
-es	tu serves	*-iez*	vous serviez
-e	il serve	*-ent*	ils servent

Note that the first and second persons plural have the same form as the imperfect indicative. This occurs in many verbs that have an irregular present indicative. Examples:

jeter	je jette	nous jetions	vous jetiez
devoir	je doive	nous devions	vous deviez
prendre	je prenne	nous prenions	vous preniez

The present subjunctive of the following verbs is irregular (see Verb Tables): *aller, avoir, être, faire, falloir, pouvoir, savoir, valoir, vouloir.*

(b) Imperfect subjunctive

The **stem** is the same as for the past historic. For example, the first person singular is formed by adding *-se* to the second person singular of the past historic:

donner	tu donnas	je donnas*se*
vendre	tu vendis	je vendis*se*
recevoir	tu reçus	je reçus*se*

The **endings** are:

je donn*asse*	je vend*isse*	je reç*usse*
tu donn*asses*	tu vend*isses*	tu reç*usses*
il donn*ât*	il vend*ît*	il reç*ût*
nous donn*assions*	nous vend*issions*	nous reç*ussions*
vous donn*assiez*	vous vend*issiez*	vous reç*ussiez*
ils donn*assent*	ils vend*issent*	ils reç*ussent*

Venir and *tenir* are the only exceptions to these three types (see Verb Tables).

(c) Perfect and pluperfect subjunctive

The auxiliary is put into the subjunctive form:

Vous *avez* réfléchi	:	Il faut que vous *ayez* réfléchi.
J'*avais* réfléchi	:	Bien que j'*eusse* réfléchi.
Il *est* venu	:	Avant qu'il *soit* venu.
Nous *étions* venus	:	De peur que nous ne *fussions* venus.

2 Formation of the Past Historic

The past historic is always one of three types. The **endings** are:

-ai	*-is*	*-us*
-as	*-is*	*-us*
-a	*-it*	*-ut*
-âmes	*-îmes*	*-ûmes*
-âtes	*-îtes*	*-ûtes*
-èrent	*-irent*	*-urent*

Venir and *tenir* are the only exceptions (see Verb Tables).

3 Certain Verbs in *-er*

(a) Verbs in *-ger, -cer*. The *g* or *c* must be softened (*ge, ç*) before *o* or *a*:

nous siégeons; il rangeait
nous commençons: il commençait

(b) Verbs such as *mener, lever, acheter* require *è* before mute *e* endings:

il amène; il amènera

(exceptions: appeler and jeter double the consonant.)

(c) Verbs such as *espérer, siéger, régler* change *é* to *è* before mute *e* endings, except in the future:

il siège; il gérera

4 Verb Tables

(a) Regular verbs

Infinitive	Participles	Present Indicative	Past Historic	Future	Present Subjunctive
donner	donnant donné	donne -es -e donnons -ez -ent	donnai	donnerai	donne -es -e donnions -iez -ent
finir	finissant fini	finis -is -it finissons -ez -ent	finis	finirai	finisse -es -e finissions -iez -ent
vendre	vendant vendu	vends vends vend vendons -ez -ent	vendis	vendrai	vende -es -e vendions -iez -ent

(b) Irregular verbs

Infinitive	Participles	Present Indicative	Past Historic	Future	Present Subjunctive
acquérir	acquérant acquis	acquiers -s -t acquérons -ez acquièrent	acquis	acquerrai	acquière -e -es acquérions -iez acquièrent
aller	allant allé	vais vas va allons allez vont	allai	irai	aille -es -e allions -iez aillent
apercevoir: *like* recevoir					
assaillir	assaillant assailli	assaille -es -e assaillons -ez -ent	assaillis	assaillirai	assaille -es -e assaillions -iez -ent
s'asseoir	asseyant assis	assieds -s assied asseyons -ez -ent	assis	assiérai	asseye -es -e asseyions -iez -ent
atteindre: *like* craindre					
avoir	ayant eu	ai as a avons avez ont *Imperative:* aie ayons ayez	eus	aurai	aie aies ait ayons ayez aient
battre	battant battu	bats bats bat battons -ez -ent	battis	battrai	batte -es -e battions -iez -ent
boire	buvant bu	bois -s -t buvons -ez boivent	bus	boirai	boive -es -e buvions -iez boivent
concevoir: *like* recevoir					
conclure	concluant conclu	conclus -s -t concluons -ez -ent	conclus	conclurai	conclue -es -e concluions -iez -ent
conduire	conduisant conduit	conduis -s -t conduisons -ez -ent	conduisis	conduirai	conduise -es -e conduisions -iez -ent
connaître	connaissant connu	connais -s connaît connaissons -ez -ent	connus	connaîtrai	connaisse -es -e connaissions -iez -ent
construire: *like* conduire					
coudre	cousant cousu	couds -s coud cousons -ez -ent	cousis	coudrai	couse -es -e cousions -iez -ent
courir	courant couru	cours -s -t courons -ez -ent	courus	courrai	coure -es -e courions -iez -ent
couvrir: *like* ouvrir					
craindre	craignant craint	crains -s -t craignons -ez -ent	craignis	craindrai	craigne -es -e craignions -iez -ent
croire	croyant cru	crois -s -t croyons -ez croient	crus	croirai	croie -es -e croyions -iez croient
croître	croissant crû (*f* crue)	croîs croîs croît croissons -ez -ent	crûs	croîtrai	croisse -es -e croissions -iez -ent
cueillir	cueillant cueilli	cueille -es -e cueillons -ez -ent	cueillis	cueillerai	cueille -es -e cueillions -iez -ent
détruire: *like* conduire					

220

Infinitive	Participles	Present Indicative	Past Historic	Future	Present Subjunctive
devoir	devant dû (ƒ due)	dois -s -t devons -ez doivent	dus	devrai	doive -es -e devions -iez doivent
dire	disant dit	dis -s -t disons dites disent	dis	dirai	dise -es -e disions -iez -ent
dormir	dormant dormi	dors -s -t dormons -ez -ent	dormis	dormirai	dorme -es -e dormions -iez -ent
écrire	écrivant écrit	écris -s -t écrivons -ez -ent	écrivis	écrirai	écrive -es -e écrivions -iez -ent
envoyer	envoyant envoyé	envoie -es -e envoyons -ez envoient	envoyai	enverrai	envoie -es -e envoyions -iez envoient
être	étant été	suis es est sommes êtes sont *Imperative:* sois soyons soyez	fus	serai	sois sois soit soyons soyez soient
faillir	faillant failli	—	faillis	faillirai	—
faire	faisant fait	fais -s -t faisons faites font	fis	ferai	fasse -es -e fassions -iez -ent
falloir	— fallu	il faut	il fallut	il faudra	il faille
fuir	fuyant fui	fuis -s -t fuyons -ez fuient	fuis	fuirai	fuie -es -e fuyions -iez fuient
haïr	haïssant ✓ haï	hais hais haït haïssons haïssez haïssent	haïs	haïrai	haïsse -es -e haïssons -iez -ent
lire	lisant lu	lis -s -t lisons -ez -ent	lus	lirai	lise -es -e lisions -iez -ent
mentir: *like* dormir					
mettre	mettant mis	mets -s met mettons -ez -ent	mis	mettrai	mette -es -e mettions -iez -ent
mourir	mourant mort	meurs -s -t mourons -ez meurent	mourus	mourrai	meure -es -e mourions -iez meurent
mouvoir	mouvant mû (ƒ mue)	meus -s -t mouvons -ez meuvent	mus	mouvrai	meuve -es -e mouvions -iez meuvent
naître	naissant né	nais -s naît naissons -ez -ent	naquis	naîtrai	naisse -es -e naissions -iez -ent
nuire	nuisant nui	nuis -s -t nuisons -ez -ent	nuisis	nuirai	nuise -es -e nuisions -iez -ent
offrir: *like* ouvrir					
ouvrir	ouvrant ouvert	ouvre -es -e ouvrons -ez -ent	ouvris	ouvrirai	ouvre -es -e ouvrions -iez -ent
paraître: *like* connaître					
partir: *like* dormir					
plaire	plaisant plu	plais -s plaît plaisons -ez -ent	plus	plairai	plaise -es -e plaisions -iez -ent
plaindre: *like* craindre					
pleuvoir	pleuvant plu	il pleut	il plut	il pleuvra	il pleuve
poindre	poignant point	il point ils poignent	il poignit	il poindra	il poigne
pouvoir	pouvant pu	peux (puis) -x -t pouvons -ez peuvent	pus	pourrai	puisse -es -e puissions -iez -ent

221

Infinitive	Participles	Present Indicative	Past Historic	Future	Present Subjunctive
prendre	prenant pris	prends -s prend prenons -ez prennent	pris	prendrai	prenne -es -e prenions -iez prennent
produire: *like* conduire					
recevoir	recevant reçu	reçois -s -t recevons -ez reçoivent	reçus	recevrai	reçoive -es -e recevions -iez reçoivent
réduire: *like* conduire					
se repentir: *like* dormir					
résoudre	résolvant résolu	résous -s -t résolvons -ez -ent	résolus	résoudrai	résolve -es -e résolvions -iez -ent
rire	riant ri	ris ris rit rions riez rient	ris	rirai	rie -es -e riions riiez rient
savoir	sachant su	sais -s -t savons -ez -ent *Imperative:* sache sachons sachez	sus	saurai	sache -es -e sachions -iez -ent
sentir: *like* dormir sortir: *like* dormir					
servir: *like* dormir souffrir: *like* ouvrir					
suffire	suffisant suffi	suffis -s -t suffisons -ez -ent	suffis	suffirai	suffise -es -e suffisions -iez -ent
suivre	suivant suivi	suis -s -t suivons -es -ent	suivis	suivrai	suive -es -e suivions -iez -ent
tenir	tenant	tiens -s -t tenons -ez tiennent	tins -s -t tînmes tîntes tinrent	tiendrai	tienne -es -e tenions -iez tiennent *Imp:* tinsse -es tînt tinssions -iez -ent
traduire: *like* conduire					
vaincre	vainquant vaincu	vaincs -s vainc vainquons -ez -ent	vainquis	vaincrai	vainque -es -e vainquions -iez -ent
valoir	valant valu	vaux -x -t valons -ez -ent	valus	vaudrai	vaille -es -e valions -iez vaillent
venir	venant venu	viens -s -t venons -ez viennent	vins -s -t vînmes vîntes vinrent	viendrai	vienne -es -e venions -iez viennent *Imp:* vinsse -es vînt vinssions -iez -ent
vêtir	vêtant vêtu	vêts -s vêt vêtons -ez -ent	vêtis	vêtirai	vête -es -e vêtions -iez -ent
vivre	vivant vécu	vis -s -t vivons -ez -ent	vécus	vivrai	vive -es -e vivions -iez -ent
voir	voyant vu	vois -s -t voyons -ez voient	vis	verrai	voie -es -e voyions -iez voient
vouloir	voulant voulu	veux -x -t voulons -ez veulent *Imperative:* veuille veuillons veuillez	voulus	voudrai	veuille -es -e voulions -iez veuillent

222

Grammatical Index

References are to the passage and grammar section: e.g.
8.4 refers to passage 8, grammar section 4.

224